国粹解人生

传统文化中的生命智慧

文嘉 编著

中国纺织出版社

内 容 提 要

本书精选我们所熟知的国粹经典，比如古代图书典籍、种类不同的戏曲、诗词歌赋、书法绘画、武术、中医、民间艺术以及传统的建筑、服饰和烹饪等，根据与之相关的故事和它本身的特点，发掘国粹中所蕴藏的传统智慧，探寻个中滋味，让读者领悟立身处世的道理。

图书在版编目（CIP）数据

国粹解人生：传统文化中的生命智慧/文嘉编著．—北京：中国纺织出版社，2015.5（2024.1重印）

ISBN 978－7－5180－1304－3

Ⅰ.①国…　Ⅱ.①文…　Ⅲ.①中华文化—研究　Ⅳ.①K203

中国版本图书馆 CIP 数据核字（2014）第 299965 号

责任编辑：李伟楠　　特约编辑：李瑞瑞　　责任印制：储志伟

中国纺织出版社出版发行
地址：北京市朝阳区百子湾东里 A407 号楼　邮政编码：100124
销售电话：010—67004422　传真：010—87155801
http：//www. c-textilep. com
E-mail：faxing@ c-textilep. com
中国纺织出版社天猫旗舰店
官方微博 http：//weibo. com/2119887771
北京兰星球彩色印刷有限公司　　各地新华书店经销
2015 年 5 月第 1 版　2024 年 1 月第 3 次印刷
开本：710×1000　1/16　印张：17
字数：201 千字　定价：49.80元

前言

中国人凡事讲究一脉相承。山川谓“龙脉”，河流即“水脉”，华夏文明的发祥与流传则被称作——文脉。

文脉之始，乃文字。世界四大文明中，古巴比伦的楔形文字留下了粗糙、零散的文明碎片，惊鸿一瞥却匆忙离世；古印度文明玄奥、神奇，但曲高和寡的特点让世人望而却步；同样古老的埃及文明，它们有卢克索神庙上的象形文字，却只有少数能被破译，没有更多的文学意义。

与此同时，中国文学则开始在《诗经》这座文字密林里渐露枝芽。那里有鸟语花香，有山清水秀，有耕织稼穑，更难能可贵的是，有纯真无邪的爱情。隔着时光的巷道，那些音韵和谐、质朴无华的句子汇成心间的清泉，流进我们的想象，凝聚成诗。

没有古巴比伦的繁华绚烂，没有古印度的玄奥繁复，没有卢克索的壮丽雄伟，《诗经》流露的，是中国人非凡的生命哲学：古雅而朴实，温润而敦厚。就像黄土地里拔地而起的华夏文明，也曾被踩踏，也曾卑微过，但它仍旧活着，且生生不息。

这就是中国传统文化中老庄的智慧，顺应天地，无为而治。

现代工业文明中，这种智慧依旧散发光芒，熠熠生辉。在许多人眼中，苹果创始人乔布斯既是一个商业神话，也是一个能将技术与艺术完美结合的奇才。他将人的感官感受融入精巧的设计中，创造了令人印象深刻的触觉记忆。那种消费者与技术的肌肤之亲大抵如同成语中所说的“耳鬓厮磨”，时间长了就像身体的一部分，难以割舍。在苹果新产品的发布会上，乔布斯不修边幅、趿着拖鞋的样子，常被指为“美国的庄子”，那种逍遥与自在难免有点庄子身上“放浪形骸”的意味。他这种超然物外的洒脱与产品的设计研发相互渗透，与今天苹果产品独一无二的舒适感之间存在一种微妙的联系。

古人云，天地有大美而不言。枯荣是美，精巧是美，质朴也是一种美。如若，我们用那些五彩缤纷的美去比照千姿百态的中华国粹，就会发现，无论琴棋书画诗酒茶，还是篆隶行楷草，抑或亭台楼阁、民间艺术，朴素之美都永远存于“文脉”之中。

如今，中华传统文化之精髓已被越来越多的年轻人注入血液。他们仰望星空，不再左顾右盼，让自己从纷扰、浮躁的信息碎片中逃出，静滤心胸、洗净尘埃，遨游于典籍诗文、琴棋书画、民间艺术之中，让心灵于传统文化的星空下腾空而起。

编著者

2014 年 11 月

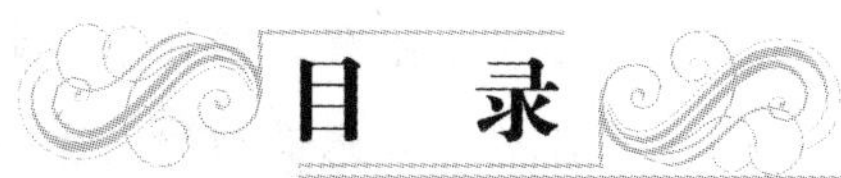

目　录

第一篇　字里乾坤：典籍诗文篇

第二篇　泼墨人生：书画戏棋篇

第三篇　舌尖智慧：美食节日篇

第四篇　生命哲学：传统奇艺篇

第一篇

字里乾坤：典籍诗文篇

第一章　叹古吟今赋藻辞，一曲诉情思

想象给生活带来色彩——神话

相传，远古时代，天山上住着一个叫夸父族的巨人氏族，他们的首领叫夸父，他身材高大，力大无穷。那时候，世界上毒蛇猛兽横行，人们生活凄苦。为了让人们能够活下去，夸父每天都率领众人跟毒蛇猛兽搏斗。他常将捉到的凶恶的黄蛇挂在自己的耳朵上作为装饰，引以为荣。有一年，天大旱。火一样的太阳烤焦了庄稼，晒干了河流。人们热得难受，实在无法生活。夸父见状，就立下誓言，一定要把太阳捉住，让它听从人们的吩咐，更好地为大家服务。

一天，太阳刚刚从海上升起，夸父就从东海边上开始了他逐日的征程。太阳在空中飞快地转，夸父在地上疾风一样地追。饿了，摘个野果充饥；渴了，捧口河水解渴。他一直在鼓励自己："快了，就要追上了，人们的生活就会幸福了。"他追了九天九夜，离太阳越来越近，红彤彤、热辣辣的太阳就在他的头上了。他心里兴奋极了。可就在他伸手要捉住太阳的时候，他突然感到头晕眼花，晕过去了。他醒来时，太阳早已不见了。

后来，夸父不气馁，他使出全身的力气，又出发了。可是离太阳越近，太阳光就越强烈，夸父越来越感到焦躁难耐，觉得浑身的水分都被蒸干了，当务之急，他需要喝大量的水。于是，夸父走到东南方的黄河边，俯下身子，猛喝一气，黄河水被他喝干了，他又去喝渭河里的水。谁知道，他喝干了渭河水，还是不解渴。于是，他打算向北走，去喝更多的水。可是，夸父实在太累、太渴了，当他走到中途时，身体就再也支持不住了。

夸父死后，他的身体变成了一座大山，就是“夸父山”，据说位于现在河南省灵湖峪和池峪中间。夸父死时扔下的手杖，也变成了一片五彩云霞一样的桃林。桃林的地势险要，后人把这里叫作“桃林寨”。

夸父死了，可是他的精神感动了天帝，天帝惩罚了太阳。从此，人们过上了幸福的生活。

“夸父追日”是我国古老的神话之一。神话是人类最早的幻想性口头散文作品，人类童年时期的产物，文学的先河。神话中充满了神奇的幻想，它把原始劳动者的愿望和世界万物的生长变化都蒙上了一层奇异的色彩。神话中神的形象大多具有超人的力量，是原始人类把认知和愿望理想化的产物。

神话贯穿于我国古代人们的生活，体现了人们对于生活的美好愿望。人们的思想就好像是一个舞者，总是在一定的节奏和规律的限度内自由跳跃。积极的思想，就好像是一支欢快的舞曲，振奋着人们的精神，激励着人们前进；消极的思想，就好像是低沉的乐曲，让人觉得悲凉，连生命也失去了原有的激情。所以我们要时刻调整好自己的情绪，不要因为一时的悲观，影响整个人生前进的脚步。

▷ 对事件做出准确的判断——叙事诗

唐代大诗人杜甫，生长在一个没落的官僚家庭，从小就很用功，也游历了许多名山大川，写下了很多千古传唱的诗歌。30 多岁的时候，他在洛阳遇见了李白。虽然两个人的性格不同，但是，共同的志趣和爱好使他们成为亲密的好友。

后来，他参加了进士考试，那时正是宰相李林甫掌权之际。李林甫最嫉恨读书人，怕这些来自下层的读书人当了官，议论起朝政来，对他不利，于是勾结考官，欺骗玄宗说这次应考的人考得很糟，没有一个够格的。唐玄宗很奇怪，于是李林甫上了一道祝贺的奏章，说这件事正说明皇帝圣明，有才能的人都已经得到任用，民间再没有遗留的贤才了。

那时候，读书人想要谋出路，只有科举一条路，很多人都把希望寄托于此。杜甫受到这样的挫折，懊丧的心情就不用说了。他在长安过着贫穷愁苦的生活，亲眼看到富贵人家的豪华奢侈和百姓受冻挨饿的凄惨情景，按捺不住心里的愤慨，就用诗歌控诉这种不平的现象。

“朱门酒肉臭，路有冻死骨”，就是他写下的不朽诗句。

杜甫在长安待了10年，刚刚被授封一个官职，“安史之乱”爆发了。长安一带的百姓纷纷逃难。杜甫的一家也加入了难民的行列，历尽了千辛万苦。杜甫好容易找到一个村子，把家安顿下来。这时，他听到唐肃宗在灵武即位的消息，就离开家投奔肃宗，在半路上碰到叛军，被抓到长安。

此时，长安已经陷落，叛军到处烧杀抢掠，宫殿和民房在大火中熊熊燃烧。唐王朝的官员，或者投降，或者被抓，所剩无几。杜甫被抓到长安以后，叛军的头目看他不像什么大官，就把他放了。

亲眼目睹了封建统治的阴暗和腐朽，杜甫深感愤慨和悲哀，但是他的心事却无处诉说，只能付诸笔端，那一首首叙事诗就是他情感的最好发泄地。叙事诗用诗的形式刻画人物，有比较完整的故事情节，它通过写人叙事来抒发情感，与小说戏剧相比，它的情节一般较为简单。这种体裁，有诗的形式和体裁，又有故事、人物等小说的内容，而且情景交融，兼有抒情诗和小说的特点。

笔间波澜

叙事诗多是诗人在目睹了社会现状之后，有感而发，所以叙事诗的现实性很强。但是很多诗人虽然看到了社会的现状，却不能审时度势，找到正确的出路，所以叙事诗人多郁郁而终。现实生活中，审时度势很重要，明白自己目前的状态和处境，才能够准确做出判断，找到正确的出路，所以“识时务者”，方可为“俊杰”。

▷ 用诗意装点生活——抒情诗

青年时期，李商隐得到令狐楚的赏识，跟随他学习“四六文”（骈体文），从而自然而然地成为令狐楚的幕僚。但也正是由于这一段经历，使他一生都被卷入牛李党争的政治旋涡中。

牛李党争源于一次科举考试。时任宰相的李吉甫因为应试举子牛僧孺、李宗闵在试卷中严厉地批评了他而对他们进行了打击。由此，李吉甫与牛僧孺、李宗闵等人结怨，这笔恩怨后来被李吉甫的儿子李德裕继承下来。以牛僧孺、李宗闵为领袖的“牛党”和以李德裕为领袖的“李党”在数十年中互相攻讦，斗争不断，成为晚唐政治的一大矛盾。

李商隐最初的府主令狐楚属于“牛党”，在他的帮助下，李商隐步入政坛。令狐楚之子令狐绹还协助李商隐中了进士。令狐楚去世后，李商隐成为“李党”成员王茂元的幕僚并受到其赏识，娶了他的女儿为妻。这桩婚姻使他被牛党排挤。但李商隐本人可能原想置身事外，他的交往有牛有李，诗文中对两方都有所肯定，也都有所批评。但是，在政治斗争中想保持中立显然是一相情愿。结果李商隐两边不讨好，令狐绹尤其厌恶他，认为他忘恩负义。李商隐曾多次尝试补救，包括写了一些诗给令狐绹（如《寄令狐郎中》），希望他顾念旧情，但令狐绹始终不理睬他。

在这种情况下，李商隐的仕途显然很不顺，他曾于唐文宗开成四年、唐武宗会昌五年两入秘书省，但只是短期地担任过低级官职。李商隐也在基层政府做过小官，同样短暂和坎坷。他一生的大部分时间都在一些外派官员的幕下供职。事实上，无论是“牛党”还是“李党”得势，李商隐从来没有机会得到晋升。唐宣宗大中十二年，他回到家乡，不久即病故。

李商隐一生惆怅，所以留下的诗作大多是抒情诗。抒情诗是诗歌的一种，这种诗以集中抒发诗人在生活中激发起来的思想感情为特征，主要通过抒发诗人的思想感情来反映生活，因此不去详细叙述生活事件的过程，一般没有完整的故事情节，不具体描写人物和事件。抒情诗的特点是侧重直抒胸臆，借景抒情，优秀的抒情诗则往往激荡着时代的旋律。

抒情诗是我们情感最真实的表达。诗如其人，几千年前，无数的诗人已用自己的行动和诗句为生活做出了完美的诠释。

那里有“采菊东篱下，悠然见南山”的恬静，有“老骥伏枥，志在千里”的雄心，也有“古道西风瘦马”的寂寥。幸福时，他们用广博的情怀体会天地间的大美，落寞时，他们也能将自己置身于广袤的宇宙间，静静感悟。这样的情怀与通达，没有人不向往。

我们不是诗人，我们有太多的责任需要承担，但这与我们诗意地生活并不矛盾。在自由面前，我们快乐地生活便是诗意；在梦想面前，我们敢于攀登便是诗意；在成功面前，我们不失品格便是诗意。诗意地生活，从诗中来，往生活中去。少一点功利与麻木，多一点真情与感悟，便也能在生活中收获一份清明与淡定。

▷ 悲天悯人，含蓄也是一种美——词（婉约派）

婉约，即婉转含蓄。婉约词派的特点主要是内容侧重儿女风情，结构深细缜密，音律婉转和谐，语言圆润清丽，有一种柔婉之美。代表人物有李清照、柳永、秦观等。

李清照出身于书香门第，她的父亲李格非擅长写散文，精通经史，母亲王氏也知书能文。在家庭的熏陶下，她很小的时候便文采出众。李清照对诗、词、书法、绘画无不通晓，而以词的成就最高。她的词委婉、清新，感情真挚。前期的词，主要描写少女、少妇的生活，多写闺中情感，流露了她对爱情生活的向往和别离相思的痛苦。她后期的词，多是悲叹身世，有时也流露出对中原的怀念，表达了她浓郁的爱国情思。李清照的文学创作具有鲜明独特的艺术风格，居婉约派之首，对后世影响较大，在词坛中独树一帜，被称为“易安体”。

李清照 18 岁时，在汴京与太学生、丞相赵挺之之子赵明诚结婚。婚后，夫妻感情深厚，常常以诗词来传递对彼此的感情。一年重阳，李清照作了那首著名的《醉花阴》，寄给远在千里之外的丈夫：“薄雾浓云愁永昼，瑞脑销金兽。佳节又重阳，玉枕纱橱，半夜凉初透。东篱把酒黄昏后，有暗香盈袖。莫道不销魂，帘卷西风，人比黄花瘦。”秋闺的寂寞与闺人的惆怅跃然纸上。根据《琅嬛记》的记载，赵明诚接到后，叹赏不已，又不甘下风，就废寝忘食三日三夜，写出了五十阕词。他把李清照的这首词也混入其中，请他的一位叫陆德夫的朋友品评，陆德夫把玩再三，说：“只三句绝佳。”赵明诚问是哪三句，陆德夫答：“莫道不销魂，帘卷西风，人比黄花瘦。”

公元 1127 年，金兵攻破汴京城池，徽宗、钦宗父子被俘，高宗仓皇南逃。

李清照夫妇也先后渡江南去，第二年，赵明诚死于建康（今南京）。李清照从此独身漂泊江南，在孤苦凄凉中度过了晚年。连遭国破、家亡、夫死之痛，从此以后，李清照所作辞章更为深沉感人。

虽然同属于词类，但是婉约词派和豪放词派有着很大的区别。豪放词派气势宏大，个性粗犷，收放自如；而婉约派婉转含蓄，没有过激的言辞，也不会大开大合。品读婉约词，与人生相系，也深感婉约做人的难能可贵。做事情需要激情，需要调动自己的情绪，使自己一直处于最佳状态，但是做人就没有必要特别高亢，特别直接。婉约含蓄的为人处世方法，更从容不迫，也更有诗意。

▷ 随心流转，诗酒趁年华——词（豪放派）

刘过，南宋时期著名词人、诗人。他的诗词多抒发抗金的伟大抱负，所以他深得一般爱国志士的敬重。当时，辛弃疾任浙东安抚使，而刘过则是一个怀才不遇、流落江湖的落魄文人。刘过十分敬佩辛弃疾，想尽一切办法要结识辛弃疾。

一天，衣衫褴褛的刘过来到辛府，几次请见都被门吏拒之门外。于是他故意大吵大闹，惊动了正在酣饮的辛弃疾。辛弃疾忙出来迎接，见刘过虽然衣衫破旧，却仍旧挡不住英气四射，不愧是一位爱国文人。于是请他入席饮宴，刘过也不卑不亢地坐着喝酒。

酒过三巡，旁边有位宾客对刘过说："听说先生不仅善于辞赋，而且作诗也相当了得。"刘过很有分寸地说："诗词之道，略知一二。"当时席上正好有一大碗羊腰肾羹，辛弃疾就让他以此为题，赋诗一首。刘过豪爽地说："天气特别的冷，我应该先饮酒后作诗。"辛弃疾马上命人为他斟了满满一碗酒。由于刘过双手已经冻僵，接碗在手，颤抖不止，碗中的酒很多都顺势流到了他胸前的衣襟上，辛弃疾就请他以"流"字为韵。刘过沉吟片刻，马上吟出了一首既切题又符合当时情景的绝句：拔毫已付管城子，烂首曾封关内侯。死后不知身外物，也随樽酒伴风流。

"拔毫"指拔羊毛，"管城子"指毛笔。煮羊必先拔羊毛，用羊毛制成毛笔，可供文人使用。"烂首"指煮烂羊头，来自于东汉时流传的一首歌谣：烂羊头，关内侯，讽刺小人得封诸侯，专权误国。羊死后，当然不知身外物，但可作为佳肴和樽酒一起陪伴风流人物，当然风流人物就是指辛弃疾等人。众人当即对刘过的精彩诗句表示赞赏。

豪放词派的特点大体是创作视野较为广阔，气势恢弘雄放，喜用诗文的手法、句法写词，语词宏博，用典较多，不拘守音律，然而有时失之平直，甚至涉于狂怪叫嚣。代表词人为苏轼、辛弃疾等。

笔间波澜

有一个小和尚，每天早起，负责清扫寺院里的落叶。这是一件苦差事，尤其是在深秋，每天一起风，满地都是树叶。每天都需要花费很长时间才能清扫完，而且，过不了半天，树叶又飘落满地。这让小和尚头疼不已，他冥思苦想，一直想要找个好办法让自己轻松些。有人告诉他，打扫之前用力摇树，把要落的叶子统统摇下来，一次性扫干净，就可以了。小和尚觉得可行，就照做了。可是第二天，院子里还同往常一样，依旧是落叶满地。这时，老和尚走了过来，对他说："傻孩子，无论你今天怎样用力，明天的落叶还会飘落下来的。"世界上的很多事情是无法提前完成的，唯有认真地活在当下，顺其自然，才是最真实的人生。所以豪放派的词人总是不拘小节，他们豪放、自由，凡事看得开，一切顺其自然，不刻意追求，也不奢求，就活在当下，活在最真实的生活里。我们也不妨效仿他们，卸下心里的包袱，随性地生活，做最真实的自己。

▷ 以乐观心态面对生活——歌

歌，本是古代歌曲的一种形式，后成为古代诗歌的一种体裁。其音节、格律一般比较自由，形式采用五言、七言、杂言的古体，富于变化。代表作品有白居易的《长恨歌》等。

相传，唐代大诗人白居易 3 岁时就开始念诗，5 岁时已经可以写出许多首诗了。至 9 岁，他已经掌握了诗歌的韵律，且善于对句了。10

岁生日那天，亲朋好友都来祝贺。饭后，其舅父把白居易叫到堂上对句，他给出上句“曹子建七步成诗”。

白居易稍一思索，便有了腹稿，但他故意不作声。舅父以为他对不上来，就开始取笑他说：“神童神童，今日如虫。”白居易笑着说：“其实我早就对上来了，只是未说出而已。”众人催白居易快说，白居易便说道：“白居易一时无对。”舅父听了颇为高兴。

白居易长大以后，舅父带他到长安向当时的名诗人顾况求教。白居易见到顾况说：“顾大人，我来向您请教，特写了一卷诗，请大人指点！”

顾况见是从乡下来的，很不耐烦。当他看到诗卷上的名字写着“白居易”时，更觉得可笑，说：“长安米贵，‘白居’不‘易’啊！你还是快回乡下去吧！”

“我是在乡下居住，很快就要回去了。只是听说您是很有学识的人，想请您帮忙看看，指点一下。要是您要务在身，来不及看，我可先读一首，请您听一听。”说罢，白居易翻出一首诗，读了起来：“离离原上草，一岁一枯荣。野火烧不尽，春风吹又生……”

顾况听到“野火烧不尽，春风吹又生”以后，竟然不由自主地站了起来。他伸过手去，把诗卷接了过来，并表示愿意收白居易为弟子。顾况对白居易说：“你能写出这么好的诗，‘居’天下何难！”

笔间波澜

通常，人们都是在心情好的时候才开始唱歌，因为唱歌可以抒发感情，反过来说歌本身又象征欢乐，所以唱歌也代表了我们对快乐的追求，有了对快乐的执着追求，人的内心就很自然地拒绝了怨恨，拒绝了悲伤，拒绝了痛苦，一些小的矛盾、小的摩擦，也开始不以为意。我们的成长历程，总是或多或少地掺杂了挫折与苦痛，特别是一些刚刚步入社会的年轻人，日后经历的事情可能还要更多，但是只要一直坚持把快乐作为生活的方向，以乐观的心态面对生活，自然不会专注于太多伤痛，也不会在精神上备受打击。

▷ 形散神聚，不乱方寸——散文

我国古代，为区别于韵文、骈文，凡不押韵、不重排偶的散体文章，包括经、传、史书在内，一律称之为散文。

开始有文字，也就有了记史的散文。周朝时，各诸侯国的史官进一步以朴素的语言、简洁的文字记录了列国间的史实，如《春秋》。随着生产力的发展，时代需求的增大，日渐产生了描述现实的历史文学，这就有了《左传》、《国语》、《战国策》等历史著作。

《左传》是《春秋左氏传》的简称，又名《左氏春秋》，相传是春秋末年鲁国的史官左丘明所著，记载了春秋 240 年间列国的政治、军事、外交活动和言论以及鬼神、灾祥、占卜之事。这部书叙事富于戏剧性，情节紧凑，战事描写尤为出色，语言精练。

《国语》是一种国别体史书，分别记载了周王朝及各诸侯国之间发生的事情，记言多于记事，所记大多为当时较有远见的开明贵族的话。

《战国策》的作者为西汉刘向。它同《国语》一样，也是分国记事，记载了西、东周及秦、齐、楚、赵等诸国之事，记载内容是谋臣策士的种种活动及辞说。《战国策》内文章的特点是长于说事，善于使用比喻，人物形象塑造得极为生动。

先秦历史散文为中国以后的文学发展奠定了基础，对后世历史学家和古文家都产生了极为深远的影响。

春秋战国时期是社会大变革的时代，各种学术流派纷纷立说，争论不休，形成百家争鸣的局面。这些思想流派有儒家、墨家、道家、法家等。记载他们言论的书流传到现在的有《论语》、《孟子》、《墨子》、《庄子》、《韩非子》等。不同阶级或阶层的思想家的著作，促进了说理散文的发展。

与诗词不同，散文追求的是“形散而神不散”，这就好比一头弄乱的头发，再怎么乱，它依然长在头上。它有根可依，而不是随处飘零。同时它的凌乱又给多情的人一点震动。生活就是如此，你可以疯狂，可以婉约，可以根据自己的性格变换各种风格，活出自我、活出本真，但是有一条，那就是对得起自己，不妨碍别人，这大概是人生里的“形散神聚”吧。

▷ 方圆之内创造绚烂——骈文

骈文是与散文相对而言的。其主要特点是以四六句式为主，讲究对仗，因句式两两相对，犹如两马并驾齐驱，故被称为骈体。在声韵上，则讲究运用平仄，韵律和谐；在修辞上，注重藻饰和用典。由于骈文注重形式技巧，故内容的表达往往受到束缚，但运用得当，也能增强文章的艺术效果。代表作有庾信的《哀江南赋》等。

庾信，梁武帝天监十二年出生在一个官僚地主家庭。其家族世代业儒，鸿名重誉，“七世举秀才，五代有文集”，所以对庾信的思想和文学修养影响很大。少年时的庾信天资聪颖，勤奋好学，博览群书。15岁入宫为皇太子的伴读，20岁开始仕途生涯，是梁武帝重用的文武全才。梁武帝太清二年，侯景造反，打破了“五十年来江表无事”的局面，使庾信面临国破家亡的境地，这对他后半生的影响和震动是巨大的。承圣三年，庾信仕魏，在北朝度过了他的后半生，历经两朝五帝二十八个春秋，官任抚军将军、右金紫光禄大夫、车骑大将军、开府仪同三司等。庾信的晚年是凄苦的，他一直背负着沉重的精神负担。在白首之年，家庭又遭不幸。晚年老病交加，景况凄凉，67岁因病去职，两年后的暮秋便与世长辞了。

庾信的文学创作生涯，以42岁为界，分为前后两个不同时期，在思想内容和艺术风格上有很大的不同。他的前期创作多为咏物抒情小赋，艺术成就较高，影响也比较大，显露出年轻诗人的才华和文学修养，在赋的发展史上占有一定的地位。庾信仕魏后，由于生活环境和北地民歌的影响，他摆脱了前期的"绮艳"，代之以清新、悲慨、苍凉的艺术风格，抒写"乡关之思"成了贯穿其许多作品的重要主题。庾信后期诗赋传世之作甚多，《哀江南赋》和《拟咏怀》二十七首，是他创作成果中的双璧。他的作品在声律方面宫商抑扬；文采方面绣错绮交；用典方面灵活自然；语言方面对偶匀称妥帖，骈散结合，不呆板，有错综变化之美。这些作品是骈赋的划时代的杰作，具有史诗的规模和气魄，在赋史上具有里程碑的意义。

与散文广泛的取材不同，骈文的内容表达要受到制约，文体格式也要讲究严格的对仗。俗话说，没有规矩不成方圆，正是这种文体与内容的制约，才使得骈文有别于散文，形成了自己独特的风格。人们的生活同样需要规矩的制约。有红绿灯的路口，虽然可能因为等待汽车排起了长龙，但是绿灯亮起，车还是能按照顺序一辆辆驶过去。有时候，如果哪个路口的红绿灯出了故障，而恰巧那儿没有警察，我们不难发现，南来北往的车交叉在一起，不一会儿，路口就会被完全堵死。等交通警察到来后，执行人工红绿灯的功能，费很久的时间，才能把交通疏导开。仔细算下来，等一个红绿灯的时间需要几分钟，大家都闯红绿灯后的代价则可能变成几个小时。所以，尽管我们总是抱怨规矩太多，但是没有规矩是万万不行的。

▷ 应时而生，趁势而上——散曲

散曲是一种同音乐结合的长短句歌词，经过长期酝酿，到宋金时期又吸收了一些民间流行的曲词，尤其是少数民族乐曲的传入并与中原正乐融合，导致传统的词和词曲不能再适应新的音乐形式，于是逐步形成了一种新的诗歌形式。可以说散曲的兴起和词的衰退几乎是同时的。因其金元时在北方起源，故散曲又称北曲。它包括小令、套数和介于两者之间的带过曲等几种主要形式。代表人物有马致远等。

马致远原名视远，元初在家乡就以好学、聪明而小有名气。为了追求自己的理想，他想要离家远行。临行前，他到县城铁佛寺参拜铁佛。东光的铁佛远近闻名，香火兴盛，寺里僧众甚多，长老学问很高。

拜罢铁佛后，他求见长老，说："吾名视远，有心求学，求长老赐名，促学业！"长老见他气宇不凡，便与他长谈起来，并教诲说："非淡泊无以明志，非宁静无以致远。你志在千里，来日定成大器，但须牢记，才为民所有，不图富贵。"从此，他改名为致远，号东篱。不料时运不济，马致远奔波数载却壮志难酬，但是他创作的杂剧、散曲却声名日盛。更让他始料不及的是因他的文学成就，使自己的家乡躲过了一场劫难。

明初，燕王朱棣发动了历史上有名的"靖难之役"，使河北、河南等地的百姓惨遭杀戮，逃亡殆尽。"靖难之役"后，冀鲁豫广大地区的人民饱受战乱和自然灾害的侵袭，中原大地，满目荒凉。

据说，燕王曾读过马致远的杂剧和散曲，对马致远非常崇敬。他北征来到东光，得知东光是马致远的故乡后，便下令说："逢马不杀！"谁知他手下的兵将听错了，将王命宣成了："冯马一家，一个不杀！"于是马氏宗族躲过了这场劫难，冯姓也跟着沾了光，躲过了一劫，其他不姓马的也纷纷说姓马，因此保全了一家老小的性命。

别的文学形式都是在文化发展的基础上形成和广泛流传的，而散曲更加贴近时代的发展，是社会经济发展到一定阶段的产物。散曲应时而生，并顺应时代的需求，趁势而起，在文化发展长河中闯出了自己的一片天。在人的一生中，机遇很重要，如果自己不懂得把握，错过了一次，就很可能再也等不来第二次了。成功存在太多的偶然性，就好像比尔·盖茨，如果他没有把握时机的魄力，还在留恋大学的美好时光，那么他很可能会错过成功的机会，抱憾终生。

▷ 话浅理不浅，智慧藏民间——谚语

据传，一次兵荒马乱过后，在清理战场时，漳州府为了减少负担，将一批受伤的战马拉到南门外圩市上拍卖。许多人看伤马的价钱要比好马便宜得多，就纷纷购买回去杀了吃马肉。

有一天，一位城郊农夫到圩市卖菜，听说伤马很便宜，也去买了一匹，拉回家去。由于回家时天色已暗，他就先把马绑在猪圈里，等待明天天明再把它杀掉。

这天半夜，有一个毛贼到村里偷东西，听见农夫家的猪圈里有大猪号叫的声音，走近一看，原来是一只大肥猪。他高兴极了，偷偷地把猪圈门撬开。他刚钻进猪圈，一不小心摸到了那只伤马的尾巴。马最怕有人揪尾巴，觉得尾巴被抓住了，急忙伸腿一踢，正好踢中毛贼。毛贼痛得哇哇大叫。农夫一家人听到了，马上冲到猪圈。毛贼一看到有人来，就开始苦苦哀求：“放我走吧，我以后不敢来偷东西了！”

第二天，这件事情就被传开了，村里的人都说：“莫看这是一只歹马，歹马也有一步踢。”农夫也舍不得把马杀掉，于是精心喂养，结果这只伤马成了一匹壮马。后来，“歹马也有一步踢”这句谚语就传

开了。

谚语是民间集体创作、广为口传、言简意赅并较为定型的艺术语句，是民众丰富智慧和普遍经验的规律性总结。它用简单通俗的话来反映深刻的道理，恰当地运用谚语能够让语言显得活泼风趣，增强文章的表现力。谚语多半在民间口语中广泛流传，表达人们丰富的社会生活经验，闪耀着人民智慧的光芒，像“知识是智慧的火炬”“宝剑不磨要生锈，人不学习要落后”，等等。

笔间波澜

“冬天已经到来，春天还会远吗”，“过去属于死神，未来属于你自己”，是对人生未来的追求和向往，体现了人们乐观的心态；“生活就是战斗”，“人生的价值，并不是用时间，而是用深度去衡量的”，是人们经历波折而不屈不挠的人生态度；“燕雀安知鸿鹄之志哉”，“穷且益坚，不坠青云之志”，是人们对生活的远大抱负，是对人生理想的信仰。谚语涉及人们生活的各个方面，是人们日常生活的总结。谚语能够深入人心，教人各种为人处世、待人接物的智慧。生活总是在平淡中向前延伸的，平淡中也有大智慧，就看我们有没有一双善于发现的眼睛。

▷ 大道至简，言精意深——对联

对联，又叫楹联，俗称对子，是我国特有的一种汉语言文学艺术形式，为社会各阶层人士所喜闻乐见。

清代有名的大学士纪晓岚自幼聪颖好学。他的私塾老师石先生是个非常古板的人，纪晓岚对他十分反感。有一段时间，纪晓岚喂养家雀，他将砖墙挖一个很深的小洞，喂饱家雀后便将它送回洞内，堵上砖头，防止它飞走。这件事情被石先生发现了，他趁纪晓岚不在，偷偷把家雀摔死，仍旧送回洞内堵好，并在墙上戏书一联：“细羽家禽砖后死。”

当纪晓岚再去喂家雀时，发现它已经死了。心里正在疑惑，见墙上有一上联，他断定这是石先生所为，于是续写了下联："粗毛野兽石先生。"

石先生见了大为恼火，认为纪晓岚不该辱骂老师，于是手持教鞭责问。纪晓岚一脸从容地解释说："我是按照先生的上联套写的。有'细'必有'粗'，有'羽'必有'毛'，有'家'必有'野'，有'禽'必有'兽'，有'砖'必有'石'，有'后'必有'先'，有'死'必有'生'。所以，我便写了这副对联，如果不是这样写，还请先生改写。"

石先生捻着胡子想了半天，也没有想出满意的下联。他无可奈何地叹了口气，扔下教鞭，拂袖而去。

对联的形式是多种多样的。

一天傍晚，苏东坡和好友佛印和尚泛舟长江。他忽然用手指向左岸，笑而不语。佛印顺势望去，只见一条黄狗在啃骨头，顿时有所领悟，随即将自己手中题有苏东坡诗句的折扇抛入水中。两人相视片刻，不禁大笑起来。

原来，这是一副哑联。苏东坡上联的意思是："狗啃河上（和尚）骨。"

佛印下联的意思："水流东坡尸（东坡诗）。"

笔间波澜

每到春节，人们就会在门窗上贴上对联，红色的纸，营造了过节的喜庆气氛，同时也表现了人们对于生活的美好祝愿。岁月悠悠，人生的漫长往往泯灭了人们兴奋的激情，但是，总会有那么一个或几个点，刺激人们的思维，给人一种幸福的感觉。其实，快乐远没有我们想象中那么遥不可及。快乐就是一种感觉，比如贴上一副好看的对联，看见一篇好的文章，遇到一个久违了的朋友，收到一条有趣的短信，这种快乐即使短暂，也是自己心灵对于生活的感悟和回报。所以，维系心灵的敏感，向生活敞开心扉，快乐随时都会来到我们身边。

第二章 书卷多情似故人，词解心中意

▷ 温故知新，从经典中汲取营养——《论语》

春秋时期，鲁国为了兴国强邦，特意制定了一项策略，如果遇到鲁国人在外为奴，可以拿钱为他赎身，为之赎身的花费可由国家报销。因为这样的举措，使数以千计的鲁国人得到了自由，返回乡里重新开始耕作。孔子有一个弟子叫子贡，他在帮一奴隶赎身以后，当众撕毁了赎身票据，表示不愿增加国家负担。子贡本以为孔子会因此表扬他的道德高尚，没想到反而遭到了孔子的斥责。孔子说：子贡的这种做法看似道德高尚，实际上却是将国家制定的让国人返乡的仁政逼入了死角。因为你擅自提高了道德的标准，让想为别人赎身的人陷入了两难的境地：既难以承担赎买费用，又要以去报销为辱，于是只有干脆不去赎买奴隶了。

这是《论语》中的一个故事，它将道德与仁政的关系说得非常明白，即拔高道德标准，会使得道德被边缘化。这种睿智的故事在《论语》里比比皆是。其中有很多，即便放到今天依然是集思想性与艺术性于一身的好故事，对今人有着非常深刻的启发和影响。《论语》由孔子的弟子及其再传弟子编纂而成。通行本《论语》共二十篇。它首创语录之体，事实上汉语文章的典范性也发源于此。在这本书里，作者们以生动简洁的笔触，忠实记述了孔子及其弟子的言行，因此比较集中地反映了孔子的政治主张、伦理思想、道德观念及教育原则，是儒家经典智慧的集大成者。

同一本书，不同的人解读，会产生不同的想法。从《论语》里有人看见了政治思想，也有人看出了道德观念，还有人看出了交友原则。这也是《论语》之所以具有无穷魅力的原因。事实上，《论语》里最出彩的，应该是其中的为人处世的智慧。作为一部涉及人类生活诸多方面的儒家经典著作，许多篇章谈到了为人处世的问题，这对当代人具有很好的借鉴作用。“人之生也直，罔之生也幸而免”告诉人们要正直磊落；“弟子入则孝，出则弟，谨而信，泛爱众，而亲仁。行有余力，则以学文”，其中的孝悌、谨信、爱众、亲仁不正好是我们如今很多人缺乏的吗？“吾日三省吾身”又体现了儒家追求完美，注重自身全面发展的思想；等等。这些以“仁”为本的做人品格和处世态度，在今天看来，恰好是人与人之间互助合作的基础。所以重温《论语》经典，意义非凡。

▷ 角色互换，将心比心——《孟子》

战国时期，百家争鸣，游说之风非常盛行。很多游说之士，不但有高深的学问、丰富的知识，而且善于运用深刻生动的比喻，来讽劝执政者。孟子也是当时的一个著名辩士。

一次，孟子对宋国句践说：“你喜欢游说各国君主吗？我告诉你怎样游说：别人理解也安详自得，别人不理解也安详自得。”句践问：“怎样才能安详自得呢？”孟子答道：“尊崇道德，喜爱仁义，就可以安详自得了。所以士人困穷失意时不离开仁宅义路，显达得意时不背离道德。穷困时不失仁义，士人就能安详自得；显达时不背离王道，民众就不会失其所望。古代的士人，得志时把恩惠施与百姓，不得志时修养自身以显现于世。穷困就独善其身，显达就兼济天下。”

以辩论的形式来反映治国修身的道理，是《孟子》惯用的手法。《孟子》是我国古代著名的儒家经典。书中主要反映了孟子的思想。该书主要探讨了个体、社会、天人问题，分别回答了人与自身、人与社会、人与天的关系。孟子追求的个体人格的完善、社会的和谐、人与自然和谐以及个体、社会、天人三者之间的和谐，它们是《孟子》一书的主要内容。

与《论语》不同，《孟子》在提出“修齐治平”的观点后，进一步提升了“仁爱”在现实生活中的地位。“民为贵，社稷次之，君为轻”、“得道者多助，失道者寡助”体现了君民之爱；“老吾老以及人之老，幼吾幼以及人之幼”、“人人亲其亲、长其长，而天下平”体现了人与人之间的关爱……这种仁爱，不仅拉紧了彼此的情感纽带，也大大减少了各种利益之间的纠纷和摩擦。日常生活中，很多人都喊着人际关系难处理，其实是我们对别人关心太少，缺少真诚。在与人交往的过程中，如果人人都能在自己的内心中体会角色的互换，在做事情时尝试从别人的角度出发，就不会整天只想着自己，处处计较个人的得失。

▷ 敞开心扉，摘掉人心的面具——《诗经》

《诗经·卫风·木瓜》：“投我以木瓜，报之以琼琚。匪报也，永以为好也。投我以木桃，报之以琼瑶。匪报也，永以为好也。投我以木李，报之以琼玖。匪报也，永以为好也。”

这可能是“投桃报李”这个成语最早的出处了。一个长途跋涉的行者，在饥渴难耐之时，受到别人的惠赠，可能是赠予他木瓜或者桃李之类的鲜果以解渴或者止饥。但受惠之人并非就此忘记了这滴水之恩，而是以涌泉报之——拿出随身携带的贵重的美玉相赠。

成语是中国传统文化中不可或缺的一部分，很多成语都来源于《诗经》。《诗经》是我国第一部诗歌总集，共收入自西周初期至春秋中叶约五百年间的诗歌305篇，所以又称“诗三百”。它开创了我国古代诗歌创作的现实主义的优秀传统。《诗经》“六义”指的是风、雅、颂、赋、比、兴，前三个说的是内容，后三个说的是手法。《风》、《雅》、《颂》三部分，是依据音乐的不同而划分的。

笔间波澜

《诗经》与以往民间流传的诗歌有所不同，它很少幻想和虚构，而是采用现实主义的手法，直接反映人们生活中最真实的一面，自然，淳朴。作为一种艺术形式，尚且可以做到如此真实，我们的生活也未尝不能做到。虽然我们每个人都有一种自我保护心理，觉得社会过于复杂，害怕受到伤害，不愿意将自己最真实的一面展示给人看，可是这并不妨碍我们拒绝虚假。当我们尝试着敞开心扉，将那层把别人隔于千里之外的面具拿掉的时候，我们就会发现，生活本身并没有过多的负担，一直以来都是我们自己在折磨自己，把自己弄得疲惫不堪。

▷ 为达梦想须努力至极——《楚辞》

战国时期，楚国和秦国争夺霸权。楚怀王很器重屈原，但是屈原的主张却屡屡遭到以上官大夫靳尚为首的守旧派的反对，他们不断在楚怀王面前诋毁屈原，使楚怀王渐渐疏远了屈原。

公元前229年，秦国攻占了楚国八座城池，后又派使臣请楚怀王去秦国议和。屈原看破了秦王的阴谋，冒着生命危险进王宫陈述利害，楚怀王不但不听，反而将屈原逐出郢都。

楚怀王遵守与秦王的约定，如期赴会，但是一到秦国，他就被囚禁起来。楚怀王悔恨交加，忧郁成疾，三年后客死于秦国。楚顷襄王即位不久，秦王又派兵攻打楚国，顷襄王仓皇撤离京城，秦军攻占郢城。屈原在流放途中，接连听到楚怀王客死异乡和郢城被秦军攻破的噩耗后，悲痛万分，仰天长叹一声，投入了激流滚滚的汨罗江。

屈原的尸体淹没在了汨罗江的滔滔江水之中，可是他的精神却永远流传了下来。今天我们依然可以从《楚辞》中读出诗人当时的情怀。楚辞是屈原创造的一种诗体。它运用楚地（今两湖一带）的文学样式、方言声韵，叙写楚地的山川人物、历史风情，具有浓厚的地方特色。汉代时，刘向把屈原的作品及宋玉等人“承袭屈赋”的作品编辑成集，名为《楚辞》。

笔间波澜

现今社会，很多人把屈原看作“愚忠”的代名词，认为他直言进谏，就是不懂得怎样迎合上司，不会处理人际关系，他的投江，也是因为顽固不化，不懂得变通。这样的观点无疑是错误的。我们学习屈原，是因为他的爱国主义情怀、强烈的忧国忧民的意识和对真理的执着追求，尤其侧重于后者。尽管历经波折，精神上忍受了巨大的痛苦，可是他却能一直坚定自己的信念不动摇，坚持对真理的追求和探索不放弃，并用自己的一生写下了“路漫漫其修远兮，吾将上下而求索”的千古绝唱，这是屈原精神中最难能可贵的。生活在太平盛世的我们，也许早已远离了颠沛流离，也无法切身感受国破家亡的苦痛，但是对于真理的追求，坚持对真理的信念，却是我们应该永远铭记于心的。

回首往事，不过红尘一梦——《红楼梦》

曹雪芹出生于一个贵族家庭。他的曾祖曹玺曾经得到康熙帝的宠信，被派到南方当江宁织造。江宁是南方富裕的地方，织造是专替皇族办服装的，是个赚钱的差使。曹玺死后，曹雪芹的祖父和父亲先后接任了这个差使，一家三代前后做了六七十年织造官，所以家产越来越多，成了豪门望族。

雍正帝登基以后，皇室内部的纠纷牵连到曹家。雍正帝认为曹家反对过他，因此不但将曹雪芹的父亲革职免官，还下令查抄了曹家。那时候，曹雪芹已经十岁，开始懂事了，看到家里遭到这样大的灾难，他幼小的心灵受到极大的打击。

父亲丢了官，在江宁待不下去，只好回到老家北京。家庭的灾难又接二连三发生，生活也越来越穷。到后来，曹雪芹的父亲也死了。曹雪芹的生活更加困难，只好搬到北京西郊，在几间简陋的屋子里读书。有时候，粮食不够吃，只好喝点薄粥充饥。

曹雪芹住在郊外，生活的环境变了，接触了一些穷苦百姓，再想起小时候家里的豪华生活，免不了产生许多伤情和感触。后来，他决心根据他的亲身体验写出一部反映当时社会生活的小说，这就是《红楼梦》。

《红楼梦》是成书于清代乾隆年间的一部章回体古典长篇小说，曾用名《石头记》、《情僧录》、《风月宝鉴》、《金陵十二钗》。作者曹雪芹，清代小说家。该书以贾宝玉、林黛玉的爱情悲剧为主线，通过对贾、史、王、薛四大家族荣衰的描写，展示了广阔的社会生活视野，包罗万象，囊括了多姿多彩的世俗人情。人们称《红楼梦》容纳了一个时代，是封建末世的百科全书。

虽然研究“红学”的人越来越多，可是《红楼梦》依然像是一个谜吸引着我们。有人认为曹雪芹写《红楼梦》，就是借贾家的兴衰荣辱慨叹自己家庭的变故，这也不无可能性。俗话说：富不过三代。事事都没有定数，人生更是如此。我们每个人都不可能一生平坦，大起大落是人生的插曲，挫折也是成长的必修课程。所以在经历挫折时，我们唯一可以做的，就是要调整自己的心态，坦然面对。

在差异间寻求平衡——《三国演义》

建安十三年七月，曹操败袁绍、破乌桓后，挥师南下，想要一举歼灭刘表、孙权，从而统一天下。

曹军进兵新野，当时荆州刘表已死，他的儿子刘琮不敢应战，弃城投降。曹操收编刘表部众，号称“八十万大军”向长江推进。刘备得知此事，忙派诸葛亮赴柴桑会见孙权，共谋抗曹。吴国的大将周瑜、鲁肃与诸葛亮等精辟分析局势，指出曹军兵力虽多，但有后方不稳、远道劳师、不服水土、短于水战等弱点，从而坚定了孙权与刘备联合抗曹的决心。孙权命周瑜为主将，率3万精锐水军，联合刘备的驻军，共约5万人沿长江西进，迎击曹军。曹军不善水战，又赶上疾疫流行，被孙刘大军逼至赤壁，隔江与联军对峙，战斗力大减。曹操听了庞统的献计，下令将战船首尾相连，结为一体，以利于形成强大的水军，伺机攻击敌军死穴。

黄盖献火攻计，周瑜命令他写信给曹操，假装投降，以等待时机出其不意发兵。曹操自信稳操胜券，戒备松懈。黄盖看准时机，派船逼近曹军，下令同时点燃船只，火船乘风闯入曹军船阵。曹军船阵顿时成为一片火海，延及岸上曹营，曹军死伤惨重。周瑜等率军乘势冲杀，曹军溃败。曹操率残部从华容道出逃，兵力损伤大半，无力再战，退却而走。

联军乘胜扩张领土，周瑜率军沿江进攻江陵，孙权统领大军东征合肥。刘备率兵沿汉水向北进发，以迂回到曹操军队的后方，并分兵抢占荆州要地。从此，魏、蜀、吴三国鼎立的局面形成。

三国鼎立的局面一直维持了很久，这其中也不乏很多历史故事的诞生。以三国的历史和杂记为背景，在广泛吸取民间传说和民间艺人创作成果的基础上，明代小说家罗贯中加工、再创作了长篇章回体小说《三国演义》。《三国演义》全称《三国志通俗演义》，是我国古代历史演义小说的代表作。作品写的是汉末到晋初这一历史时期曹魏、蜀汉、孙吴三个封建统治集团间政治、军事、外交等各方面的复杂斗争。通过这些描写，揭露了社会的黑暗与腐朽，谴责了统治阶级的残暴与奸诈，反映了人民在动乱时代的苦难和对明君施仁政的愿望。

笔间波澜

三国鼎立是一个相对的势力平衡，对于其中任何两家而言，另外一家的过度强大都是相当危险的。曹操南下，孙权联合刘备；关羽北上，孙权联合曹操。所有这些，不过是为了维持三家之间的一种大致的平衡而已。人与人之间也在努力维持着一种平衡。比如友谊，朋友在一起，相互鼓励，相互安慰，相互促进，总是一件好事。可是如果不经常在一起交流，心里就失去了安全感，互相的信任度也会降低；如果太近了，就失去了神秘感，也会让人觉得失去了自己的空间。俗话说“舌头哪有碰不到牙齿的”，毕竟是不同的人，总会有一些是你接受不了的东西，所以，掌握好分寸，维持一种平衡是非常重要的。

▷ 历经磨难，实现人生抱负——《史记》

公元前 99 年夏天，汉武帝派宠妃李夫人的哥哥李广利领兵讨伐匈奴，另派别将李陵随从李广利押运辎重。李陵带领步卒 5000 人出居延，孤军深入浚稽山，不幸与匈奴单于相遇。匈奴以 8 万骑兵围攻李陵。经过八昼夜的奋战，李陵斩杀了 10000 多匈奴兵，但终因孤军奋战，弹尽粮绝而不幸被俘。

消息传到长安以后，汉武帝本希望李陵能战死沙场，却听说他投降了，愤怒万分。满朝文武官员见风使舵，几天前还纷纷称赞李陵的英勇，现在却迎合汉武帝，指责李陵的罪过。当汉武帝询问司马迁的看法时，司马迁一方面安慰武帝；另一方面也痛恨那些见风使舵、不辨是非的大臣，尽力为李陵辩护。他认为李陵平时对母亲孝顺，对朋友讲信义，对人谦虚礼让，对士兵有恩信，常常奋不顾身地急国家之所急，有国士的风范。他对汉武帝说："李陵只率领5000步兵，深入匈奴，孤军奋战，杀伤了10000多匈奴兵，立下了汗马功劳。在救兵不至、弹尽粮绝的情况下，仍然奋勇杀敌，就是古代名将也不过如此。李陵自己虽陷于失败之中，而他杀伤敌军之多，也足以显赫于天下了。他之所以投降了匈奴，一定是想寻找适当的机会再回来报答汉室。"

司马迁真实地表达了自己的想法，认为是将军李广利没有尽到责任，他的直言触怒了汉武帝。汉武帝认为他是在为李陵辩护，讽刺劳师远征、战败而归的李广利，于是将司马迁打入了大牢。

虽然历经磨难，可是司马迁一直坚定他"究天人之际，通古今之变，成一家之言"的信念，终于写成了中国历史上第一部纪传体通史《史记》。全书共130篇，分为本纪、书、表、世家、列传五大部分。该书记事始于传说中的黄帝时期，一直写到汉武帝元狩元年，叙述了中国古代3000年左右的历史。生活的不幸使作者满怀悲愤，他将这种浓郁的感情融入《史记》的创作中，因而其笔下的人物刻画和论赞中都饱含着太史公诗人般的激情。如《屈原列传》是屈原伟大人格的赞歌，《项羽本纪》是一首充满悲壮叹惋之情的英雄史诗，《伯夷列传》是一首喷发出愤激不平之情的怨刺诗。

笔间波澜

任何伟业都不是一蹴而就的，不经一番寒彻骨，哪得梅花扑鼻香？任何人在人生中取得的成就，都是不畏艰险，一点一滴积累起来的。远大的理想与眼光，再加上点滴的积累和百折不挠的精神，为他们的成功奠定了基石。

人生皆有苦难，苦难成就人生。面对人生苦难，我们唯一能做的是微笑面对。这需要一种宽容、博大的心胸，一种坦然、顶天立地的从容。昂起高贵的头，扬起意志的风帆，迎着风雨远航。哪怕风儿报以残枝败叶的萧瑟，雨儿报以举步维艰的迷茫，皆愿以一种强者的风范，一种藐视万难的气度面对人生苦难。任何逆境和困厄都能锻炼人们的意志力，能使人的心性更趋坚强与完美。

▷ 以史为鉴知得失——《资治通鉴》

据《资治通鉴·梁纪》记载：梁武帝很注重孝道，待人仁慈宽厚，知识渊博，知书达理。他勤于政务，冬季四更起床处理政务，因天气寒冷，握笔的手都冻出了口子。他生活也异常节俭。

梁武帝是个虔诚的佛教徒，前后三次舍身佛寺，朝中大臣用重金将其赎回。正是因为梁武帝太过宽厚仁慈，地方官员有恃无恐，肆无忌惮地剥削老百姓。官员以权谋私，行贿受贿公开得如同集市一样。冤枉好人，滥施酷刑的事例数不胜数。即使谋反之罪被发现，他也不忍严惩而含着眼泪原谅了事。犯了重罪的逃犯，一旦躲在王公贵族家里，执法人员便不敢去搜查。梁武帝把这一切看在眼里，但由于他笃信佛教，以佛教慈悲为怀为理论，所以没有采取措施去禁止。

梁武帝一生好学，勤奋节俭，可谓“励精图治”，可是他并没有使国家走向繁荣富强；相反的，官吏横行，民不聊生，最终导致了“侯景之乱”，自己也沦为阶下囚。这说明了理论对于实践的重要性。以史实为主体，通过历史事件来阐述道理，是《资治通鉴》采用的方法。《资治通鉴》是我国古代著名历史学家、政治家司马光和他的助手编纂的一部规模空前的编年体通史巨著。书中内容以政治、军事和民族关系为主，兼及经济、文化和历史人物评价，目的是通过对事关国家盛衰、民族兴亡的统治阶级政策的描述，警示后人。

《资治通鉴》以史实警示后人，让人们从中吸取经验和教训。它就好像是一面镜子，折射着行为的真相。站在历史的镜子面前，我们能够看清楚自己：成功的人能够客观地审视自己，不至于因为成功而产生骄傲的情绪；失败者也可以从中学习，找到错误的原因，积极寻找补救的方法。站在历史的镜子面前，我们也可以发现镜子的污点和光芒。是污点，我们要避免，不要犯相同的错误；是光芒，我们就要照亮黑暗，发挥更多的优点，让它发散更多的光芒。但是事情也不是绝对的。以史为鉴，虽然可以从中学到很多的经验和教训，但是毕竟年代久远，有些事情已经失去实用性了。所以我们在学习的过程中要善于抓住精髓，不要过于局限于前人的思想和经验，要学会在吸取中创新。

德行修养源自启蒙教育——《三字经》

孟子是战国时期的大学问家。他小的时候非常调皮，为了让他受好的教育，他的母亲费尽了心思！开始时，他家住在墓地旁边。孟子就和邻居家的小孩一起玩办理丧事的游戏，学大人跪拜、哭叫的样子。孟母看到了，就皱起眉头，觉得那个地方不适合孩子居住，于是就带着孟子搬到市集旁边去住。到了市集，孟子又和邻居家的小孩学起商人做生意的样子，一会儿鞠躬欢迎客人，一会儿和客人讨价还价，学得像极了！孟母知道了，又皱皱眉头："这个地方也不适合我的孩子居住！"于是，他们又搬家了。这一次，他们搬到了学校附近。孟子开始喜欢读书，变得守秩序、懂礼貌。这时候，孟母才满意地点头说："这才是适合孩子居住的地方啊！"

"孟母三迁"是中国古代教育的典范，人们习惯于用它来说明环境对人的影响，表示人应该接近好的人、事、物，才能学到好的习惯。在《三字经》中，有很多都是教育思想的启蒙。《三字经》自南宋以来，已有七百多年历史，是学习中华传统文化不可多得的儿童启蒙读物，共一千多字。三字一句的韵文极易成诵，内容包括了中国传统的教育、历史、天文、地理、伦理和道德以及一些民间传说，广泛、生动而又言简意赅。现已被联合国教科文组织列入“世界儿童道德教育丛书”。

笔间波澜

玉石不经过雕琢，就不能用来做器物。人不学习，就不明事理。因此，历朝历代都把教育当作首要的事情。《三字经》作为儿童启蒙读物，更加重视传统教育。“苟不教，性乃迁”指出了教育的迫切性，“教之道，贵以专”对教育提出了要求……百年大计，教育为本。

教育源自书本，“书是人类最好的朋友”，读书可以使人明心、清脑、益智、养气。明心指读书可以开阔人的心胸，涤荡人的灵魂；清脑指读书可以拓宽人的思路，开阔人的视野；益智指读书可以增长人的智力和才干；养气指读书可以陶冶人的情操，提高人的自身修养和气质。

很多人抱怨说自己想看书却没有时间，其实无须考虑太久远，只要在朝夕之间去争取时间就好。教育要寓教于乐，而不在于逼迫。让读书变成生活中的一种习惯，每天读一点，日积月累就会积淀出博大的学识与修养。

▷ 贫贱不能移，富贵不忘本——《百家姓》

《百家姓》为什么从“赵”姓开始？

据说，这是由于《百家姓》是在宋朝所编，而宋朝是赵家的天下，为了表示对皇帝的尊敬，“赵”成了众姓之首。

根据《姓纂》记载，最初以赵为姓的人，是颛顼帝的子孙造父。他善于驾车，于周穆王的时候，得到了赵城这个地方为封地，就以封地的名称作为自己家族之姓，而世代相传下来。当时的赵城，现在的位置大致是在山西省赵城县西南。后来，这个家族曾繁衍到今甘肃、河南、江苏一带。这是赵姓的由来。而这个家族，从一开始便十分显赫，在春秋时代，自从赵衰辅佐晋文公称霸，赵氏子孙就世代为晋国的大夫，权倾当朝。

到了春秋末期，也就是周威烈王的时候，赵家的权势更大。历史上有名的“三家分晋”，就是赵家与同为大夫的韩家和魏家瓜分了晋国，而分别自立为诸侯。

后来，赵国的国势越来越强，成为“战国七雄”之一，其都城设在晋阳，大概在现在山西省太原县的北面。可见，现在所有姓赵的人，最早都是山西人，后来才逐渐移居他处，同姓“五百年前是一家”，以赵姓人来说，如果认真地推溯，又岂止是500年呢？

不同的姓氏有着不同的故事，不同的故事结集成了《百家姓》。《百家姓》是我国流传时间最长、流传最广的一种蒙学教材。它的成书和普及要早于《三字经》。据南宋学者王明清考证，该书前几个姓氏的排列是有讲究的：赵是指赵宋，既然是国君的姓，理应为首；其次是钱姓，钱是五代十国中吴越国王的姓氏；孙为当时国王钱俶的正妃之姓；李为南唐国王李氏。《百家姓》采用四言体例，句句押韵，虽然它的内容没有文理，但读来顺口，易学好记，与《三字经》、《千字文》相配合，成为我国古代蒙学中的固定教材。该书颇具实用性，熟悉它，于古于今都是有裨益的。

笔间波澜

《百家姓》把日常生活中人们不以为意的姓氏集合在一起，追溯其根源，传授知识的同时维持了对知识探寻的趣味性。人为什么要重视姓氏？皆因一个人没有了姓氏，就好像无安家之所一般，终日恍惚，不知自己到底是谁家的人。姓体现人的来源，名代表人的个性，缺一不可，对于人本身来说是再重要不过的了。

▷ 怀揣对梦想最初的热忱——《梦溪笔谈》

沈括十分重视兴修水利和发展农业生产。早在他24岁任沭阳县主簿的时候，他就曾组织几万民工修筑了渠堰。这不仅解除了当地人民的水灾威胁，还改变了沭阳人民的生活面貌，开垦出良田 7000 顷。在任宁国县令的时候，他写了《圩田五说》、《万春圩图书》等关于圩田方面的著作，积极倡导并且主持在今安徽芜湖地区修筑规模宏大的坚固的万春圩，开辟出能排能灌、旱涝保收的良田 1270 顷。

公元 1072 年，沈括主持了汴河的水利建设。他亲自测量了汴河下游从开封到泗州淮河岸共 840 多里河段的地势，采用分层筑堰法，测得开封和泗州之间地势高度相差十九丈四尺八寸六分。这种地形测量法，是把汴渠分成许多段，分层筑成台阶形的堤堰，引水灌注入内，然后逐级测量各段水面，累计各段水面的差，总和就是开封和泗州间“地势高下之实”。这在世界水利史上是一个创举。在对地势高度计算时，其单位竟细到了寸、分，由此可见，沈括的治学态度是极其认真的。

正是这种严谨治学的态度，促使沈括一生注重科学实践，并将自己在实践中获得的心得结集成册，写下了《梦溪笔谈》。《梦溪笔谈》包括《笔谈》、《补笔谈》、《续笔谈》三部分。全书内容涉及天文、历法、气象、地质、地理、物理、化学、生物、农业、水利、建筑、医药、历史、文学、艺术、人事、军事、法律等诸多领域。在这些条目中，属于人文科学，例如人类学、考古学、语言学、音乐等方面的，约占全部条目的 18%；属于自然科学方面的，约占总数的 36%；其余的则为人事资料、军事、法律及杂闻逸事，约占全书的 46%。

笔间波澜

《梦溪笔谈》的作者沈括在实践中总结经验，将自己的见闻与经历以日记的形式记录了下来。虽然经历了很多困难，但是沈括一直没有停止探索的脚步。他坚定信念，用勇气战胜了一切。生活在当今社会的我们，同样需要勇敢面对生活的勇气。我们熟悉的作家杰克·伦敦，一生经历了许多苦难，贫穷与饥饿是他生活的“老朋友”，流浪与漂泊的岁月也差一点要了他的命，可是他一直不甘心受命运的摆布，勇敢地去追求自己的梦想，最终成为被人们传颂的作家。其实困难并不可怕，可怕的是自己没有面对困难的勇气。只要我们坚定信念，鼓足勇气去面对，就一定可以战胜自己，创造命运的奇迹。

▷ 找到“灯塔”，为心指明航向——《徐霞客游记》

徐霞客的祖上都是读书人，他的父亲徐有勉喜欢到处游览，欣赏山水。徐霞客幼年受父亲影响，喜爱读历史、地理和游记之类的书籍。这些书籍使他从小就热爱祖国的壮丽河山，立志要遍游名山大川。

15 岁那年，他应过一回童子试，没有考中。父亲见儿子无意功名，就鼓励他博览群书，做一个有学问的人。徐霞客的祖上修筑了一座用来藏书的万卷楼，这给徐霞客博览群书创造了很好的条件。他读书非常认真，凡是读过的内容，别人问起，他都能记得。家里的藏书渐渐不能满足他对知识的渴求了，他就到处搜集没有见到过的书籍。他只要看到好书，即使没带钱，也要脱掉身上的衣服去当，把书买下来。

19 岁那年，他的父亲去世了。他很想外出去寻访名山大川，但是按照封建社会的道德规范，“父母在，不远游”，徐霞客因有老母在堂，所以没有准备马上出游。他的母亲是位明白事理的女性，她鼓励儿子说：“男子汉大丈夫，应当志在四方。你出去吧！到天地间去舒展胸怀，广增见识。不能因为我在，就像篱笆里的小鸡，套在车辕上的小马，留在家里，无所作为。”徐霞客听了，心里非常激动，决心去远游。临行前，他头上戴着母亲专门为他做的远游冠，拿上简单的行李，就离开了家乡。这一年，他 22 岁。从此，直到 56 岁逝世，他绝大部分时间都是在旅行考察中度过的。

经过 30 年的考察，徐霞客写成了《徐霞客游记》，开辟了地理学上系统观察自然、描述自然的新方向。《徐霞客游记》系统地考察了祖国的地貌地质，同时也描绘了华夏风景资源，在国内外具有深远的影响。近年，视徐霞客为“游圣”，“步徐霞客足迹，游览祖国大好河山”已成为中国旅游界的崭新时尚。

一只公鸡在荒芜的田野里寻找食物，找了很久，却一无所获。就在它饥饿难忍之际，它发现了一块宝玉，但它却扔掉了宝玉，说：“我需要的是一粒麦子，而不是一块宝玉。”现实生活中，人们总是迫切地希望满足自己最大的需求，却常常因为一路追逐，错过了其他可能更有价值的东西。《徐霞客游记》却不同，它对每一处资源与景物的描绘，都是很清晰、很富有目的性的，同时我们也可以从中感悟到作者眼光的独到：将那么多很典型的事物融合在一起，形成了自己的特色。有时候，眼光可以决定前进的距离。眼光就如同你选择的方向，它可以帮你确定自己的目标，从而沿着自己选择的方向，一路向前。

▷ 质疑权威，选择性地接受——《本草纲目》

24 岁时，李时珍开始学医。多年的临床经验使李时珍懂得，做一名医生，不仅要懂医理，也要懂药理。如果不小心把药物的形态和性能弄错了，肯定会闹出人命来。他阅读了很多前人留下来的医书，发现古代的本草书存在不少问题和纰漏，在药物分类上是“草木不分，虫鱼互混”。比如，兰花只能供观赏，不能入药用，而有的本草书，将兰花当作药用的兰草；更严重的是，竟然将有毒的钩藤当作补益的黄精。李时珍认为古代本草书上的错误，主要是缺乏对药物实地调查造成的。

随着中外文化交流的频繁，外来药物不断地增加，但均未载入本草书。李时珍认为应该在以前本草书的基础上进行修改和补充。这时，李时珍已经35岁了。

5年以后，为了填补太医院的缺额，朝廷要在全国选拔一批有经验的医生。武昌的楚王朱英燎推荐了李时珍。李时珍认为北京是明王朝的京都，那里不仅聚集了全国重要的医药书籍，还可看到更多的药材，这对修改本草书是一个极好的机会。于是，李时珍接受了推荐，进入太医院，并担任了太医院院判的职务。

他利用太医院良好的学习环境，阅读了大量医书，并对其他学科广泛涉猎，同时仔细观察了很多贵重药材，对它们的形态、特性都一一加以记录。过了一年左右，为了修改本草书，他再也不愿耽搁下去了，借故辞职。

《本草纲目》是明朝医药学家李时珍对本草学进行了全面的整理总结后写成的。全书共有190多万字，记载了1892种药物（新增374种），分成60类，集我国16世纪以前药学成就之大成，在训诂、语言文字、历史、地理、植物、动物、矿物、冶金等方面也有突出成就。

发现了古人关于医学记录的缺陷和不足，李时珍决定给予合理的补充和改进，于是经过努力，写成了《本草纲目》。很多时候，前人总结的经验并不一定都是对的，他们也可能因为实践不够或者认识片面而犯下各种各样的错误。所以我们在学习前人经验和听取前辈给予的意见的时候，要敢于怀疑，敢于提出质疑，做出正确的分析和选择。旧的观点可以成为你的拐杖，在你需要的时候扶你一下，但是你如果一直都不想抛开它，它就可能变成枷锁，锁住你的思想，也锁住你的自由。

▷ 医德仁术，心怀救济之志——《千金方》

孙思邈医道很广，内科、外科、针灸、按摩等无不精通。一次，深州刺史得了一种怪病：头颈肿得像葫芦，三天不进水米，眼看命在旦夕。刺史家人找到孙思邈，请求他设法解救。他按脉诊断后，用金针在刺史右手扎了几针。第二天，刺史颈肿消退，饮食正常，恢复了健康。

还有一次，在回家路上，孙思邈看见四个人抬着一口棺材，一位老婆婆跟在后面恸哭。他停步仔细观察，发现棺材的缝隙有鲜血渗出，忙上前问是得什么病死的。老婆婆哭着说："这是我的独生女，因为难产，折腾了两天两夜，小孩没生下就死了。"孙思邈从地下蘸起一点血，看了看说："看这血不像是真死，把棺材放下，让我看看。"

大家赶忙把棺材放下。孙思邈上前一瞧，那妇人脸色惨白，没有一点血色，仔细摸了摸脉搏，还在微弱地跳动。孙思邈忙选定穴位，给病人扎针，还用了特殊的手法捻针。不一会儿，产妇苏醒过来，接着，婴儿的"哇哇"哭声引得众人都破涕为笑。产妇救活了，婴儿得救了，老婆婆激动得给孙思邈磕了几个头。

一针救两命，起死回生，孙思邈的医术轰动一时。从此，来找孙思邈医治的人络绎不绝。

经过50多年的努力和积累，孙思邈于公元652年编写成《千金方》一书。他以人命重于千金为比喻，强调医生有救死扶伤的职责。全书共30卷，分232门，合方论5300篇，还收录了已失传的多种医学文献，是一部不朽的医学巨著。

《千金方》寓意人命重于千金，其实救人治病，最难得的是医者的品德。做人要思虑精细、智慧圆融而行为端方，这是孙思邈对于良医的要求。其实，何止于医者，仅从为人的角度上来讲，恐怕要做一个有气度、能担当的人，也不能悖此道吧！在欧美，有一个非常厉害的盗贼叫戴蒙德，他偷窃手法高明，偷窃时来去自如，警察也拿他没办法，可是他却因为偷了慈善家朱利安给穷苦人捐助的现款而深感自责。终于，他按捺不住心中的不安，决定将钱还回去并补上了自己的一些钱，但就在还款时，他被警察抓住了，被判了终身监禁。在接受采访时，戴蒙德说：“如果分析我失手的原因，我只能说，我对善良没有丝毫的免疫力！”是的，高尚的品德是我们任何人都没有办法回绝的，也只有高尚的品德，才能成就崇高的人生。

▷ 细心呵护求知欲——《周髀算经》

1876年的一个傍晚，在华盛顿的郊外，有一位叫伽菲尔德的中年人正在黄昏中散步。他走着走着，突然发现附近的一个小石凳上，有两个小孩正在聚精会神地谈论着什么，声音时大时小，时断时续。出于好奇，伽菲尔德向两个小孩走去——他想弄清楚那两个小孩在干什么。只见一个小男孩正俯着身子用树枝在地上画着一个直角三角形。于是，伽菲尔德便问他们在干什么，那个小男孩头也不抬地说：“我们想知道，如果直角三角形的两条直角边分别为3和4，那么斜边长为多少呢?”伽菲尔德答道：“是5呀。”小男孩又问道：“如果两条直角边长分别为5和7，那么这个直角三角形的斜边长又是多少?”伽菲尔德不假思索地回答道：“那斜边的平方一定等于5的平方加上7的平方。”小男孩又说：“先生，你能证明其中的道理吗?”伽菲尔德一时语塞，无法解释，因此心里很不是滋味。

伽菲尔德立即回家，潜心研究小男孩给他出的难题。经过反复思考与演算，他终于弄清了其中的道理，并做出了简洁的证明。这就是西方有名的伽菲尔德证明勾股定理的故事。

西方有文字记载的关于勾股定理的证明最早是毕达哥拉斯给出的，可是在我国，早在几千年以前就已经发现并应用勾股定理这一重要的数学原理了。在中国最早的一部数学著作——《周髀算经》的第一章，就有这条定理的相关内容。《周髀算经》是“算经十书”之一，约成书于公元前2世纪，原名《周髀》，在数学上的主要成就是介绍了勾股定理及其在测量上的应用，还使用了相当繁复的分数算法和开平方法。

笔间波澜

与以往的数学著作有所不同，《周髀算经》属于算经类，对于计算方面有很专业的阐释。它的成书，是人们对于数学领域的进一步探索，也是对人们求知欲的解答。因为求知欲，人们才有了探求的动力。孩子在小的时候，总是喜欢缠着大人问这个是什么、那个是什么，这就是强烈的求知欲望的体现。如果这个时候大人没有很好地给孩子解答，而严厉呵斥孩子，那么无疑会抹杀孩子对世界的探知欲望。所以对待孩子的求知欲，就如同在扶植一株幼苗的生长，千万不要掰去它的枝丫，而应该给予很好的照料，让它渐渐地长成参天大树。

▷ 保持完美不如不断完善——《九章算术》

《九章算术》是世界上最早系统阐述分数运算的著作，其中“盈不足”的算法更是一项令人惊奇的创造。在代数方面，《九章算术》在世界数学史上最早提出负数概念及正负数加减法法则，现在中学讲授的线性方程组的解法和《九章算术》介绍的方法大体相同。注重实际应用是《九章算术》的一个显著特点。该书的一些知识还传播至印度和阿拉伯，甚至经由这些地区传至欧洲。

《九章算术》约成书于东汉之初，共有246个问题的解法。在分数四则运算、正负数运算、几何图形的体积面积计算等方面，都属于世界先进之列，但因解法比较原始，缺乏必要的证明，刘徽对此作了补充证明。在这些证明中，显示了他在多方面的创造性的贡献。他是世界上最早提出十进小数概念的人，并用十进小数来表示无理数的立方根。在代数方面，他正确地提出了正负数的概念及其加减运算的法则，改进了线性方程组的解法。在几何方面，提出了“割圆术”，即将圆周用内接或外切正多边形穷竭的一种求圆面积和圆周长的方法。他利用割圆术科学地求出了圆周率 π＝3.14 的结果。刘徽在割圆术中提出的“割之弥细，所失弥少，割之又割，以至于不可割，则与圆合体而无所失矣”，这可视为中国古代极限观念的佳作。

任何科学上的雏形都有胚胎时的拙陋和绽放时的美丽。《九章算术》是通过多人之手逐次整理、修改、补充而成的集体创作的结晶。虽然有很多不足，但是这些不足总是能吸引很多相关人士对其进行完善和补充，在精推细算的同时，将所有的理论严谨化、科学化。这就如同很多人不希望有完美的人生一样，只有不足和缺陷，才能激发人们追求的信念和对生活的渴望。断臂的维纳斯成就了一代美的传奇，舞蹈《千手观音》更是由不完美转向完美的典范。

▷ 通过协调统筹思想——《天工开物》

宋应星年轻时读书就非常勤奋，知识涉猎很广。他不仅注意研究生产技术的学问，对自然哲学、天文学和乐理学，也做过较深的探讨。为了编写一本关于生产实际的书，他广泛调查了农业生产情况，并对许多农业谚语作了分析考证。例如，他记载的“寸麦不怕尺水，尺麦只怕寸水”，就有一定的科学道理。

宋应星观察事物非常仔细，他在《天工开物》中专讲蚕、桑、丝、棉、纺、织这一卷时，曾亲自数过每只雌蚕蛾产卵有 300 多粒，而且没有堆成一堆，而是自然均匀地铺撒在纸上。

为了弄清楚各种油料作物的出油率，宋应星到榨油坊进行调查，了解到芝麻、菜籽等 16 种油料作物的出油率，并把调查结果记入了《天工开物·膏液》卷里。

宋应星善于吸取前人的科研成果。他研究蜜蜂的生活规律时，参考了《蜂记》中记述的蜂王的作用，从而把蜜蜂的活动了解得一清二楚。

《天工开物》是中国古代一部综合性的科学技术著作，有人也称它是一部百科全书式的著作，书中强调人类要和自然相协调、人力要与自然力相配合。全书共18卷，叙述了陶瓷、采矿、冶炼等物品的原料生产和制造过程，是一本极丰富的科学技术巨著。

与其他的科学技术性著作不同，《天工开物》回避了技术追求的单一性，重视人与自然的协调。在我们的日常生活中，协调同样占有很重要的比重。人与人之间的交往，如果没有做及时的沟通，就容易累积下很多问题。比如代沟的产生，就是父母和孩子没有做好直接的交流。父母与孩子是这样，身份不同的人也容易产生矛盾。比如公司的员工，在做工作的时候如果没有与上司做好沟通和协调，就可能在工作过程中出现错误，从而让自己白忙一场或者给公司造成重大损失。所以，我们一定要多注意跟别人的交流，通过协调的方式统筹自己的思想，从而实现人生的最大价值。

▷ 脚踏实地，从小事做起——《齐民要术》

贾思勰很注重实践经验。为了了解畜牧业的生产知识，他开始养羊。开始时，由于缺乏饲养经验，他养的200只羊饿死了一大半。贾思勰并没有气馁，他种了20亩大豆，又养了一群羊。他想，这次羊有了足够的食物，应该不会死了吧！谁知过了不久，羊还是死了许多。贾思勰百思而不得其解，实在无计可施。邻里看到他这种状况，怕他急出病来，打听到离他们100多里外有一位养羊高手，立即把这消息告诉了他。贾思勰听后二话没说，连夜赶到那里向老羊倌求教。

贾思勰一到老羊倌家，便拜老人家为师，把自己养羊的情况和盘托出，诚恳地请老人家指教。老羊倌被他的诚意所感动，留他在家住了好几天，让他仔细观看自己的羊圈，并且把羊的选种、饲料的选择和配备、羊圈的清洁卫生及管理方法一一细细讲给他听。贾思勰从老羊倌的叙述中，明白了自己第二次养羊失败，大概是由于羊圈管理不得法的缘故。老羊倌说："尽管你吸取了第一次饲料不足的教训，准备了足够的饲料，但你不懂得羊是不吃弄脏了的饲料的道理。你不打扫好羊圈的卫生，你把饲料乱扔在羊圈里，让羊在上面踩来踩去，就是准备再多的饲料也是没用的啊！不过，像你这样的有志之士，一定会把羊养好的。"果然，功夫不负有心人，贾思勰回去后，按照老羊倌的指点又养了一群羊，他把这群羊养得膘肥体壮，产奶也多，成活率相当高。从此，贾思勰的名声传了出去，人们信服地称他为"养羊能手"，前来向他求教的人络绎不绝。

《齐民要术》是中国北魏时期的贾思勰所著的一部综合性农书，也是世界农学史上最早的专著之一，是中国现存最早、最完整的农书。

贾思勰深入民间，跟农民做进一步的接触，从平凡的生活中吸取经验，最终写成了《齐民要术》。其实，平凡的生活才是智慧的源泉，成功并不需要多么宏伟的计划，并不需要大肆渲染，只要你懂得付出，有信心，懂得在平凡中吸取和累积，就一定能成就不平凡的事业。

取长补短，为我所用——《武经七书》

三国时，吴国杀了关羽，刘备听到消息以后怒不可遏，亲自率领几十万大军讨伐吴国。蜀国军队从长江上游顺流而下，利用有利地形，一路过关斩将，势如破竹，连胜十余阵，士气正盛，直至深入吴国腹地五六百里，攻至彝陵、猇亭一带。孙权命青年将领陆逊为大都督，率5万人迎战。陆逊深谙兵法，正确地分析了形势，认为蜀军士气正盛，并且居高临下，吴军处于劣势，难以进攻。于是决定实行以退为进的战略，静观其变，伺机反攻。吴军完全撤出山地，这样，蜀军因为不熟悉地形，在五六百里的山地一带难以展开军阵，渐渐处于被动地位，欲战不能。这样对峙了半年，蜀军的斗志开始松懈下来。陆逊看到蜀军战线绵延数百里，首尾难顾，还在山林安营扎寨，犯了兵家之大忌。眼见时机成熟，陆逊马上下令全面反攻，打得蜀军措手不及，四处逃窜。陆逊命人放火烧了蜀军七百里连营，蜀军大乱，慌忙撤退，伤亡惨重。陆逊留下了战争中以少胜多、后发制人的历史佳话。

古时战事颇多，人们对于凝结军事智慧的书籍也投入了极大的热情。于是，出现了由《孙子兵法》、《吴子兵法》、《六韬》、《司马法》、《三略》、《尉缭子》、《李卫公问对》七部著名兵书汇编而成的《武经七书》。《武经七书》是北宋朝廷作为官书颁行的兵法丛书，是我国古代第一部军事教科书。

把七部著名兵书汇总，成就了《武经七书》。所以，最好的智慧就是汇集所有人的智慧。就好像我们在学校里学习，会学数学，也会学语文……将所有的学科智慧凝结于一身，在知识海洋里，就能逐渐领悟到真谛。现在，互联网发展越来越快，我们的生活也开始越来越依赖于网络，编辑组稿子，科学家搞科研……都离不开网络。为什么网络能够如此迅速地影响我们的生活？就是因为它对生活中所有的知识进行了汇总，需要什么，就有什么。所以，我们在做事情的时候，也要善于将多方智慧融合，取长补短，为我所用。

▷ 扬长避短，避实击虚——《孙膑兵法》

公元前354年，魏国命将军庞涓率军伐赵，兵围赵国都城邯郸。第二年，邯郸在久围之下濒临城破，而魏军也因久攻不下，损失很大。赵国向齐国求救，齐王命田忌为将，孙膑为军师，率军击魏救赵。孙膑分析形势，认为魏国因主力远征，都城十分空虚，于是令一部轻兵乘虚直趋魏都大梁，而以主力埋伏于庞涓大军归途必经的桂陵之地。魏王见齐军逼进，急令庞涓回师自救。庞涓闻之，忙率疲惫之师回国自救。至桂陵时，遭齐军埋伏，几乎全军覆没。这便是历史上著名的“桂陵之战”。

几年后，魏国恢复了国力，再次发动战争，将矛头指向了韩国。韩国抵挡不住魏军的攻势，就向齐国求救。齐威王再次以田忌为将、孙膑为军师，出兵救韩。孙膑依然采用围魏救赵的计策，率兵长驱魏境，兵锋直逼大梁。魏国鉴于前一次的教训，遂撤韩国之围，调10万大军，准备与齐军进行一场战略性决战。孙膑为蒙蔽敌人，创造战机，果断引兵东撤。一路上，他用“减灶计”造成齐军大量逃亡的假象，诱敌深入。庞涓果然上当，率轻骑精锐，丢下步兵，兼程穷追。至马陵，与齐军主力相遇遭伏击，庞涓兵败自杀。齐军遂全歼魏军，俘太子申，取得了马陵之战的重大胜利。

马陵之战后，田忌遭人陷害，被迫流亡楚国。孙膑辞官归隐，潜心于军事理论研究，终于写成了著名的军事名著——《孙膑兵法》。《孙膑兵法》是中国古代著名兵书，又称《齐孙子》。《孙膑兵法》继承并丰富了《孙子兵法》的朴素唯物主义和辩证法思想，强调主观能动性在战争中的作用，主张用种种方法造成敌人迷惑、骄傲、愤怒、饥饿、疲劳和兵力分散，然后“我并卒而击之”。它认为事物的普遍规律是“至则反，盈则败”、“代兴代废”、“有胜有不胜”、“有能有不能”，因此战争中不能“以一形之胜胜万形”，不能靠一成不变的方法和态势取胜，而必须“以万物之胜胜万形”，即因敌情的千变万化而创造无数种方法和态势取胜。

笔间波澜

《孙膑兵法》强调出奇制胜，而这种出奇制胜是建立在对自己和敌人的了解基础上，所以只有综合衡量自身的实力，了解对方的情况，从而进行恰当的战略部署，才能做到百战百胜。人生也像是一场战役。社会是一个多姿多彩的舞台，舞台越绚丽，陷阱越多。对于很多人来说，这一场战争才刚刚开始，一切还在漫长的过程当中，挫折与磨难、欢喜与忧愁都是在所难免的。所以要一直处于备战状态，不要等真的经历事情的时候，乱了阵脚，失了方寸。对于未来，要有足够的信心和充分的思想准备，知己知彼，才能百战不殆。

第二篇

泼墨人生：书画戏棋篇

第三章　挥毫落墨如云烟，笔下展宏图

▷ 凡事都要遵循章法——甲骨文

甲骨文是刻在龟甲和兽骨上的文字，是我国古代的一种文字，被认为是现代汉字的早期形式，也被认为是汉字的书体之一，也是现存中国最古老的一种成熟文字。它的发现过程，是十分偶然而又富于戏剧色彩的。

光绪二十五年的秋天，在北京任国子监祭酒（相当于现在中央教育机构的最高领导人）的王懿荣突然得了疟疾，便派人到宣武门外菜市口附近的达仁堂中药店买药。派去的人买回了一剂中药，其中掺杂了一味叫作龙骨的药品。王懿荣无意中发现，一些龙骨的上面竟然刻着一些符号。龙骨是古代脊椎动物的骨骼，在这种几十万年前的骨头上怎会有刻画的符号呢？他这样想着，心中的疑问引起他的好奇。对古代金石文字一向都有研究的王懿荣开始仔细研究起来，他越看越觉得这不是一般的刻痕，很像是古代文字，但是字体的形状既不是大篆也非小篆。

为了找到更多的龙骨进行深入研究，他派人再去达仁堂，以每片二两银子的高价，把药店所有刻有符号的龙骨全部买了下来。后来，他又通过一些古董商进行了大范围的收购，累计收集了1500多片。

在进行了仔细的研究和分析后，他认为，这些并非什么“龙”骨，而是几千年前的龟甲和兽骨。从甲骨上的刻画痕迹中，依稀能够辨识出“雨”、“日”、“月”、“山”、“水”等字，后来又找出商代几位国王的名字。由此肯定这是刻画在兽骨上的古代文字。从此，这些刻着古代文字的龟甲和兽骨引起了社会各界人士的共同关注，文人学士和古董商人竞相搜求。

1900 年，八国联军侵略中国。侵略军兵临城下，慈禧太后带着皇室人员仓皇出逃，王懿荣对朝廷彻底失望了。他对家人说："吾义不可苟生！"随即服毒坠井而死，年仅 56 岁。后来，人们称王懿荣为"甲骨文之父"。

中国的汉字结构从一开始就采取方块结构，甲骨文就是最好的例子。甲骨文的方块字笔画线条非常讲究空间的均衡、对称、和谐；运笔讲究坚实挺拔、刀迹遒劲；字体结构疏密有度，雄健恢弘，严谨中有飘逸的风骨，气势不凡。甲骨文字的书法风格，就像中国古代先人凡事崇尚和谐，希望达到人性、社会、宇宙万物之间的互相协调、适度。这种精神塑造了中国最早的礼学思想与美学思想，塑造了整个中华民族的民族性，不但民间的群众讲究以和谐处世，就连在国家治理方面，也讲究建设和谐社会。

▷ 不事雕琢，自然即美——金文

金文是指铸刻在商周青铜器上的文字，也叫钟鼎文。商周是青铜器的时代，青铜器的礼器以鼎为代表，乐器以钟为代表，"钟鼎"是青铜器的代名词。所以，钟鼎文或金文就是指铸在或刻在青铜器上的铭文。

周朝初期，青铜器冶炼、铸造技术有了很大的进步，商周王朝用大量的青铜作为赏赐用品。这些人铸造青铜器时，往往要刻铸铭文来记述时王的恩赐，颂扬祖先的功烈，企望长久地留传给子孙后代。当时的青铜器上有记做器原因和用途的，也有记载人名或重要文献的。字形比较原始，字数由少到多，比如西周第二个帝王成王诵时的令彝有 187 个字，西周第十二个帝王宣王靖时的毛公鼎有499个字。金文是西周时期通行的字体，各种器物上的文字，比甲骨文长且完整。

裘锡圭先生曾说：著有族名金文的铜器，时代往往比早期甲骨文晚，甚至在西周早期的铜器上都还时常能看到这种金文。但是它们的字形却比早期甲骨文更象形。这种现象应该是古人对待族名的保守态度造成的。

现今所见到的最早的有铭文的青铜器，都是商代中期以后的文物。铭文都很简单，文字书体近似于甲骨文，最有代表性的是西周的青铜器铭文。现存字数最多的是西周遗物毛公鼎，载文499字。其次是战国时期的中山王鼎，载文469字。再次是与中山王鼎同时出土的中山王方壶，载文448字。各种器物上的文字，多刻或铸在器物的外面，但也不乏铸于器物内壁者，甚至还有的刻或铸在器物的盖、耳、足、颈之上。真是五花八门，不一而足。

在西周时，铜器主要是周王室的器皿，而对这种器皿，不容许诸侯大臣有铸造权。可是到了东周，青铜器物可以任意铸造，而周王室之器倒是几乎绝迹了。从字的形体上看，也有很大的发展。特别到了战国的时候，南方吴、越、楚等国的文字还增加了不少类似鸟虫的装饰成分。

笔间波澜

金文是按照墨书原本铸造的，它不像甲骨文那样需要一笔一笔刻画，所以力求墨书的笔意和美感。它特别强调一种自然美：平整朴素又不失端庄凝重，一笔一画顾盼生辉，就像自然的脉络相连接。其实，有时候越自然的东西往往越能显现事物本身的美态。自然美才是真正的美。

▷ 谨言慎行，婉通圆转——小篆

小篆也叫“秦篆”，通行于秦代。形体偏长，匀圆齐整，由大篆衍变而成。小篆的鼻祖——李斯，字通古，今河南上蔡县人，后做了秦相，整理制定了秦代的标准书体小篆。现存于西安碑林的《峄山碑》，系宋代摹刻。李斯所书的刻石多已毁，存世的原石仅两块。

在碑刻如林的岱庙里，最珍贵、最有价值的，自然是秦代李斯的小篆碑。此碑历来被视为书法艺术的珍品，其遒劲若虬龙飞动，其清秀如出水芙蓉，举世瞩目，堪称瑰宝。

据说，此碑是秦朝丞相李斯奉始皇之命所刻，为其歌功颂德，特立于岱顶玉女池上。明代嘉靖年间，为防止其破损，移于碧霞祠东庑。到了清代乾隆五年，碧霞祠突然失火，火借风势，越烧越旺，李斯碑也因之不翼而飞，下落不明，许多人都为之惋惜。到了嘉庆二十年，喜欢舞文弄墨的泰安新知县汪汝弼上任伊始，就四处张贴告示，悬赏寻碑。

不久，一位90余岁的赵氏老翁，在家人的搀扶下来到县衙，对知县说：“我是个瓦匠，以前在山顶修玉女池时，见过一截残碑，不知是否是大人所寻之物。”老翁把碑的形状、字迹等情况一一做了介绍，说：“那截残碑当时被人扔进玉女池，望大人差人前往探查。”知县听了赵翁的介绍，估计十有八九是那丢失的李斯碑，自然喜出望外，也不怕山高路险，亲自上山寻找。果然从玉女池中找到一截残碑，冲洗后，“臣斯臣去疾昧死请”等字历历在目，确实是李斯真迹。于是知县大加庆祝，在山顶造房兴宫，还建了一座精美的小亭，取名曰“宝斯亭”，以后又改为“读碑亭”。安放之日，还举行了隆重的仪式，重赏了赵氏老翁。

光阴似箭，日月如梭，一晃又过了17个年头。到了道光十二年，东岳庙因年久失修，在一场暴雨中有一面墙塌倒，此祸殃及“读碑亭”，碑亭被砸塌，时任知县徐宗干得知，忙差人去寻找，将碑移到山下，放置于岱庙道院。光绪十六年，有一个小偷看到人们如此珍视此碑，想此物必定值千金，便在一个风雨之夜将此碑偷走。事发以后，继任知县毛蜀云下令全城搜索，终于在十日后于北关的石桥底下发现，重新置于岱庙。现在，李斯碑存于岱庙东御座内，我们今天能目睹秦代书法艺术精品，实在很幸运。

与大篆相比，小篆在用笔上迟重收敛。它粗细均匀的线条变化，讲究上密下疏、婉通圆转，深浅不一，方圆有度。做人也当如此。平时，我们在与人交往的时候，很容易碰上一些说话直来直去的人，他们也并非多嘴，只是在不适宜的场合说了一些不该说的话，伤害了别人的自尊心，让别人觉得很没有面子。说话者也未必就是成心，但是伤害已经造成了，恐怕就没有办法可以弥补了。为人处世，一定要小心谨慎。说话之前一定要想好合适不合适，如果分不清该不该说，最好能够控制，少说为妙。即使没有控制住，话已经出口了，也要想办法补救，将伤害减到最低。

▷ 用沉淀过滤浮躁——飞白

汉朝的蔡邕不但是文学家，在书法方面也有很深的研究。“飞白书”就是他独创的。蔡邕不是一个整天把自己关在房里闭门读书、写字的人，为捕捉灵感，丰富阅历，他经常出门旅行。这一天，他把写好的文章送到皇家藏书的鸿都门去。那儿的人架子向来都很大，无论是谁来了都得在门外等上一阵。蔡邕正等待接见的时候，有几个工匠正用扫帚蘸着石灰水在刷墙。他就站在一边看了起来。

一开始，他只是为了消磨时光。可看着看着，他就看出点门道儿来了。他发现每一次工匠一扫帚下去，墙上都会出现一道白印。由于扫帚苗比较稀，蘸不了多少石灰水，墙面又不太光滑，所以一扫帚下去，白道里仍有些地方露出墙皮来。蔡邕一看，眼前不由一亮。他想，以往写字用笔蘸足了墨汁，一笔下去，笔道全是黑的。要是像工匠刷墙一样，让黑笔道里露出些帛或纸来，那不是更加生动自然吗？想到这儿，他一下来了兴致，交上文章，马上奔回家去。

蔡邕回到家里，也没顾得上休息，赶紧让人准备好笔墨纸砚。想着工匠刷墙时的情景，他提笔就写。谁知想起来容易，做起来就难了。一开始不是露不出纸来，就是露出来的部分太生硬难看了。但是他一点儿也不气馁，经过一次又一次的尝试，他终于在蘸墨多少、用力大小和行笔速度各方面，掌握好了分寸，写出了黑色中隐隐露白的笔道，使字变得飘逸飞动，别有风味。

蔡邕独创的这种写法，很快就在民间推广开来，并被称为“飞白书”。

“飞白”是指在书法创作中，笔画中间夹杂着丝丝点点的白痕，且能给人以飞动的感觉。飞白书本于八分，是隶书八分体的一种变体。

如果说篆书的特点是均齐圆整，隶书则是自然奔放，它在继承和改进了篆书的特点后，加大了笔法的自由度。墨法上，它追求自然浑厚，笔锋之间浓烈的厚重感，给人温柔可靠的感觉。人性与书法有很多共性，其中之一就是注重厚重感。在我们的身边，有很多人只重视眼前利益，喜欢攀比，喜欢奢华。其实做人也应该厚重一些，性格需要稳重，思想也要有所沉淀，毛毛躁躁是注定做不了大事的。我们现在生存的环境本身就是很复杂的，到处充满了诱惑，如果一时不慎，就可能走弯路，而性格的浮躁，自然就会影响你对事物的判断力。

▷ 敞开心胸，学会宽容——颜体

公元 782 年，唐王朝有五个藩镇叛乱，其中以自称“天下都元帅”的淮西节度使李希烈兵势最强。五镇叛乱，使朝廷大为震惊。唐德宗找宰相卢杞商量，卢杞说："不要紧。只要派一位德高望重的大臣去劝导他们，无须动刀枪，就能把叛乱平息下来。"卢杞推荐年老的太子太师颜真卿，唐德宗马上同意。

颜真卿是当时一个很有威望的老臣。安史之乱前，他担任平原太守。安禄山发动叛乱后，河北各郡大都被叛军占领，只有平原城因为颜真卿坚决抵抗，没有陷落。颜真卿又是我国历史上著名的书法家。他写的字雄浑刚健，挺拔有力，表现了他的刚强性格。他为人正直，常常被奸人诬陷排挤，只是因为他威望高，一些奸人不得不表面上尊重他。

宰相卢杞是个心歹之人。他嫉恨颜真卿，所以趁藩镇叛乱的机会，派颜真卿去做劝导工作，成心陷害他。许多文武官员听说朝廷派年迈的颜真卿去叛镇，都为他的安全担心。但是，颜真卿却不在乎，带了几个随从就到淮西去了。

李希烈听到颜真卿来了，想给他一个下马威。在见面的时候，叫1000多人聚集在厅堂内外。颜真卿刚开始劝说李希烈停止叛乱，那些部将就冲了上来，个个手里持刀，围住颜真卿，摆出要杀他的架势。颜真卿面不改色，朝着他们冷笑。李希烈假惺惺地站起来护住颜真卿，命令他的部将退出，接着，把颜真卿送到驿馆里，企图慢慢软化他。

过了几天，四个叛镇的头目都派使者来跟李希烈联络，劝李希烈即位称帝。李希烈大摆筵席招待他们，也请颜真卿参加。那些使者见颜真卿来了，都向李希烈祝贺说："早就听说颜太师德高望重，现在元帅将要即位称帝，这不是有现成的宰相了吗？"颜真卿听后，朝着使者骂道："什么宰相不宰相！我年纪快80了，要杀要剐悉听尊便。"四名使者被颜真卿凛然的神色镇住了，一时说不出话来。李希烈没办法，只好把颜真卿关起来，派兵士监视着。

兵士们在院子里掘了一个土坑，扬言要把颜真卿活埋。第二天，李希烈来看他，颜真卿对李希烈说："你何必玩弄这些花招。一刀把我砍了，岂不痛快！"过了一年，李希烈自称楚帝，又派部将逼颜真卿投降，无果，就派人逼迫颜真卿自杀了。

颜真卿虽然死了，但是他创立的颜体却成为中国书法上的一朵奇葩，亮丽而夺目。颜体是楷书的一种。从特点上论，颜体形顾之簇新、法度之严峻、气势之磅礴前无古人。从美学上论，颜体端庄美、阳刚美、人工美，数美并举。从时代论，唐初承晋宋余绪，未能自立，颜体一出，唐书坛所铸新体成为盛唐气象鲜明标志之一。

唐代书法发展空间很广，出现了很多书法名家。在楷书书法美上追求“肃然巍然”、大气磅礴的境界，产生了以颜真卿、柳公权为代表的端庄宽舒、刚健雄强的风格。颜体注重的是阳刚美，豁达大方，与唐代的时代精神——“豁达宏大”之风相应和，同时也体现了做人的风骨。自古以来，国人讲究的就是豁达、宽容，这对人们的生活非常重要。早上坐公交，赶上上班的高峰期，车总是很堵，人又多，就容易产生摩擦，如果不懂得宽容，一味地去和人争吵，那么不仅会影响自己的情绪，还可能因为自己的计较影响到别人的生活，所以我们要尝试着敞开自己的胸怀，把中国自古留下来的宽容大度的风骨延续下去。

▷ 苍劲绵柔，收放自如——柳体

柳公权小的时候，字写得很糟，常常因为字写得七扭八歪而受先生和父亲的训斥。小公权很要强，他下决心一定要练好字。经过一年多的日夜苦练，他写的字大有起色，渐渐成为全村最拔尖的了。他写的大字，得到同窗称赞、老师夸奖，连严厉的父亲的脸上也露出了微笑，小公权很得意。

一天，柳公权和几个小伙伴在村旁的老桑树下举行“书会”，约定每人写一篇，互相观摩比赛。公权很快就写完了。这时，一个卖豆腐脑儿的老头来到桑树下歇凉。他很有兴致地看孩子们练字，柳公权递过自己写的，说："老爷爷，你看我写得好吗?"老头接过一看，上面写的是："会写飞凤家，敢在人前夸。"老头觉得这孩子太骄傲了，沉吟了一会儿才说："我看这字写得并不好，不值得在人前夸。这字好像我担子里的豆腐脑儿一样，软塌塌的，没筋没骨，有形无体，还值得在人前夸吗?"小公权见老头一直批评他，不服气地说："人家都说我的字写得好，你偏说不好，有本事你写几个字让我看看!"

老头笑着推辞："我老汉是一个粗人，写不好字。可是，人家有人用脚都写得比你好得多呢！不信，你到华京城里看看去吧!"

起初小公权很生气，以为老头在骂他。后来想到老头和蔼的面容，又不大像骂他，就决定到华京城里去看看。柳公权一进华京城寿门，见北街一棵大槐树下挂着个白布幌子，上写"字画汤"三个大字，字体苍劲有力，笔法雄健潇洒。树下围了许多人，他挤上去看，不禁惊得目瞪口呆。只见一个黑瘦畸形的老头，没有双臂，赤着双脚坐在地上，左脚压住铺在地上的纸，右脚夹起一支大笔，挥洒自如地在写对联。他运笔如神，笔下的字迹似群马奔腾，博得围观看客们阵阵喝彩。

小公权惭愧极了，心想：和"字画汤"老爷爷比起来，我真是差得太远了。他扑通一声跪在"字画汤"面前，说："我愿拜您为师，请收下我，愿师父告诉我写字的秘诀……""字画汤"经不住柳公权的苦苦哀求，在地上铺了一张纸，用右脚提起笔，写道：

"写尽八缸水，砚染涝池黑；博取百家长，始得龙凤飞。"

老人对公权说："这就是我写字的秘诀!"

柳公权把老人的话牢牢地铭刻在心里，他深深地谢过"字画汤"，才依依不舍地回去了。

自此，柳公权发愤练字，手上磨起了厚厚的茧子，衣肘补了一层又一层，终于成为我国著名的书法家，并创立了柳体字。

柳体字结构严谨，刚柔相济，疏朗开阔，为书法界所珍视，与颜体字素有"颜筋柳骨"的美称。它的特点是两竖相向，即一个字中左右两边并列的两面三刀竖，在左的向右弯，在右的向左弯，形成一种相向之势，收放有致、参差变化。在一字之内，有的笔画写得比较收敛，有的则很舒展。

笔间波澜

古人云："一张一弛，文武之道。"如柳体那般，有张有弛，收放自如。太松，磨灭了汉字整体的气韵，太紧，写不出潇洒的笔力，只有刚柔并济，才能运笔如神，挥洒出苍劲有力的字迹。

正如只有平时紧张地学习，才会觉得周末分外珍贵和放松，如果长期无事可做，又会向往上学、工作。新鲜的环境和节奏总是让人精神振奋，有一种从头开始的激情；崭新的目标也会让人重新审视自己，找到属于自己的天地。

当你在一种状态中感到乏力时，不妨换一个节奏来放松自己，或者稍稍调整一下方向，往自己擅长的路进发。这种转换在整个人生轨迹中是一种张弛有度的艺术，就像柳体的运笔，时而舒展，时而收敛，调和出一种舒朗开阔的韵律。如此，方能领悟到闲忙适宜、无忧无虑的生活哲学。

工夫深，铁杵磨成针——行楷

行楷是字体的一种，是近似于楷书的行书。我国古代著名书法家王献之在行楷上成就颇丰，他的《洛神赋十三行》是行楷发展史上的代表作之一。

王献之是著名书法家王羲之的儿子，自幼聪明好学。他七八岁时开始学书法，师承其父。有一次，王羲之看献之正聚精会神地练习书法，就悄悄从他背后走过，突然伸手去抽献之手中的毛笔，献之握笔很牢，没有被抽掉。父亲很高兴，夸赞道："此儿后当复有大名。"小献之听后心中沾沾自喜。还有一次，羲之的朋友让献之在扇子上写字，献之拿起笔来就写，突然笔落扇上，把字污染了，小献之灵机一动，一只小牛栩栩如生绘于扇面上。众人都对献之的书法、绘画赞不绝口，小献之由此滋长了骄傲情绪。他的父母见此情景，若有所思……

一天，献之问母亲："我只要再写上三年就行了吧?"母亲摇摇头。"五年总行了吧?"母亲又摇摇头。献之急了，问母亲说："那您说究竟要多长时间?""你要记住，写完院里这18缸水，你的字才会有筋有骨，有血有肉，才会站得直、立得稳。"献之一回头，原来父亲站在了他的背后。王献之心中不服，但是没说出来。他一咬牙又练了5年，把一大堆写好的字给父亲看，希望听到表扬的话。谁知，王羲之一张张掀过，一个劲儿地摇头。掀到一个"大"字，父亲现出了较满意的表情，随手在"大"字下添了一个点。

小献之心里不服，又将全部习字抱给母亲看，并说："我这5年完全是按照父亲的字样练的。您仔细看看，我和父亲的字还有什么不同?"母亲果然认真地看了3天，最后指着王羲之在"大"字下加的那个点儿，叹了口气说："吾儿磨尽三缸水，唯有一点似羲之。"

献之听后泄气了，有气无力地说："难啊！这样下去，什么时候才能有好的结果呢?"母亲见他的傲气已经消尽了，就鼓励他说："孩子，只要工夫深，铁杵也能磨成针。你只要像这几年一样坚持不懈地练下去，就一定会达到目的的!"

献之听完后深受感动，又锲而不舍地练下去。功夫不负有心人，他用尽了18大缸水来练字，终于在书法上突飞猛进。后来，王献之的字也到了力透纸背、炉火纯青的程度，他和王羲之并列，被人们称为"二王"。

在书法的几种字体中，行书最具亲和力。行楷介于正草之间，无论是用笔还是结体，都可以从楷书和行书中得来，所以进可以尽显行书的流丽婀娜，退可表现楷书的端庄刚健，是进可攻、退可守的智慧融合体。人生的智慧同样在于进退自如。人生就好像一个大的舞台，每个人都在其中扮演了不同的角色。有人入戏太深，难免会为其中的枝节所动，即使戏曲终了，也没办法及时抽身；有人没有融入戏中，就好像是一个看客，所以只能永远坐在观众席上。所以，人生能否快乐，就看你能否在舞台上进退自如，能否掌握好让和争的节奏，而生命的美丽也将在这一进一退之间绽放。

▷ 行似水袖，无拘无束——行草

类似于草书的行书，叫作行草。我国古代著名的文学家苏轼是行草的行家。

苏轼的楷书极少，他的书作与严谨的唐楷大相径庭，不仅字形多欹侧而向左倾斜，且笔法自然不拘，多带行书意。有人说他的书法，腕著而笔卧，故左秀而右枯。黄庭坚为之辩白，说这是以“翰林侍书之绳墨尺度”来看待苏书。也就是说，苏轼并不强调书法的严谨法度，他总是喜欢追求自己的风格，即便楷书也是如此。从墨迹上看，苏书并非“卧笔”，不过是执笔稍偏下，依然运笔中锋，故有笔圆韵胜之姿。他的行书，更是随行大小，肉丰骨劲，拙中藏巧，兼有颜真卿、杨凝式二家长处。

苏轼晚年的作品相对较少，以《答谢民师帖》、《渡海帖》等最知名。其中《答谢民师帖》是给谢举廉的手札，前部已经缺损，文又载入《东坡集》，是苏轼表白个人文学创作见解的一篇重要文章，书法强劲有力，不似《黄州寒食诗》那样变化多端。清代顾文彬跋中引用前人书评“东坡尺牍狎书，姿态横生，不矜而妍，不束而严，不轶而豪”，来称赞此帖书法之妙。苏轼不计较书法的工拙、丑妍的得失，这就在创作上取得了最大限度的自由，因而成为北宋的书法大家。但是因元祐党人案受牵连，不仅《宣和书谱》等对苏轼没有记载，而且他的书法作品也被大量毁去。世间流传下来的苏轼的书法真迹有近30件，早中期作品以《治平帖》最为知名，考为其30余岁所作。至中期，名作较多，如楷书《前赤壁赋》和《祭黄几道文》；行书《杜甫桤木诗》、《黄州寒食诗》和《新岁展庆，人来得书二帖》等。

苏轼在谈到自己的书法时说，“我书意造本无法，点画信手烦推求”。正是这种追求意趣的书法风格取向，这种注重书法但更重自由的表现形式，努力丰富各种对比关系的做法，影响了他身后一代又一代人。

与行楷相比，行草多了草书的自由随意，更加不拘泥于小节，想放就放，想收就收。笔锋之间是人生的重现。生活中，我们难免会遇到很多事情，有些事可能很重要，我们就可以适当地加以重视，有些事也许真的是无关紧要，那么事情过去了，就要学会忘记。如果我们不分事情的大小，把所有的事情都放在心上，就会给自己造成很大的心理压力，加重思想的负担。所以生活不必过于拘谨，该放手的时候就放手，该努力的时候就去努力，随意一些，自由一些，别管别人怎么说，也不要太在意别人的脸色，就做一个最简单的自己，最快乐的自己。

▷ 纵览全局，保持独立的思维——草书

章草是早期的草书，始于汉代，“今草”的前身，由草写的隶书演变而成。与“今草”的区别，主要是保留隶书笔法的形迹，上下字独立而不连写。其得名有几种说法：其一，《书苑菁华》引唐代蔡希综说：“章草兴于汉章帝。”认为由汉章帝创始。其二，《书断》卷上引唐代韦续说：“因章帝所好名焉。”认为由汉章帝爱好而得名。其三，《书断》载后汉北海王受明帝命草书尺牍十首，章帝命杜度草书上事。认为因用于章奏而得名。其四，《书断》引王愔语：“汉元帝时史游作《急就章》，解散隶体，兼书云，汉俗简惰，渐以行之。”认为由史游《急就章》而得名。近代有学者考证，“章”含有字体结构彰明严格之义，故得名。

章草是早期草书和汉隶相融的雅化草体，波挑鲜明，笔画勾连呈“波”形，字字独立，字形偏方，笔带横势。章草在汉魏之际最为盛行，后至元朝方复兴，蜕变于明朝。

关于“章草”的由来，众说纷纭，莫衷一是。书体的出现，遵循着产生、发展、成熟的客观规律，章草亦然。将某种书体的原创归属于某个朝代的某个人，不是一种科学的论证方式。章草是一种特殊的书体，主要抽去书体象形成分的“符号化”，而“符号化”的基础是：只要不误读，能代表原字、说明原字就可以了。

笔间波澜

章草因从隶书演化而成，所以笔法上还残留一些隶书的形迹，构造彰明，字字独立，不相连绵，既飘扬洒落，又渗透了坚定和刚强。独立同样是我们成长过程中的一次蜕变。

佛家讲，每个人的世界都是由自己的心创造的，每个人的世界都完全不同于别人的世界。自己才是一切的根源，所以我们做事要有自己的原则。有比较、有参照，一个人能够扬长避短、查漏补缺，但所谓“参照”并非要时刻以他人为镜，与他人同手同脚。原则则是一把尺子，规范言行，也规范内心。

如果一个人一味屈从于他人的意志和目光，或一直模仿他人的言行，就会成为他人的傀儡，被牵着鼻子走。长此以往，人就会屈服于舆论导向，盲目地效仿别人，甚至丧失自我，就像没有思想也没有自由的“提线木偶”一样。

真正尊重自己的人，总是勇于肯定自己，相信自己。因为他们懂得，只有这样才能发挥个体最大的能量，使生命变得丰富多彩。

▷ 信手运墨，随势而变——今草

章草进一步“草化”，脱去隶书笔画行迹，上下字之间笔势牵连相通，偏旁部首也做了简化和互借，称为“今草”，今草是章草去尽波挑而演变成的，今草书体自魏晋后盛行不衰。

素有“书圣”之称的王羲之，在今草上成就极高。

王羲之 7 岁那年，拜女书法家卫铄为师学习书法。王羲之临摹卫书一直到 12 岁，虽已不错，但自己却觉得不是很满意。因平时常听老师讲历代书法家勤学苦练的故事，使他对东汉张芝的书法产生了钦羡之情，并决心以张芝的“临池”故事来激励自己。

为了练好书法，他每到一个地方，总是跋山涉水四下寻找历代碑刻，揣摩其风格特色，积累了大量的书法资料。他在书房内、院子里、大门边甚至厕所的外面，都摆着凳子，安放好笔、墨、纸、砚，每想到一个结构好的字，就马上写到纸上。他在练字时，凝眉苦思，甚至废寝忘食。

他养了很多鹅，觉得那不仅可以陶冶情操，还能从鹅平时的一些体态姿势上领悟到书法执笔、运笔的道理。相传有一天清早，王羲之和儿子王献之乘一叶扁舟游历绍兴山水风光，船到县禳村附近，只见岸边有一群白鹅，它们摇摇摆摆的模样、磨磨蹭蹭的形态，很是招人喜爱。王羲之看得出神，不觉对这群白鹅动了喜爱之情，便想把它们买回家去。王羲之询问附近的道士，希望能把这群鹅卖给他。道士说：“倘若右军大人想要，就请代我书写一部道家养生修炼的《黄庭经》吧！”羲之求鹅心切，欣然答应了道士提出的条件。这就是历史上有名的“王羲之书换白鹅”的故事。

王羲之的书法作品很丰富，除《兰亭序》外，著名的尚有《官奴帖》、《二谢帖》、《奉橘帖》、《快雪时晴帖》、《黄庭经》等。其书法主要特点是平和自然，笔势委婉含蓄，遒美健秀，后人评曰，“飘若游云，矫若惊蛇”，王羲之的书法是极美的。

今草的表现力丰富，笔终而意无尽，气势连贯，借力发力，点画之间流畅跳荡，随势而变，线条形态纵横，虽包举万类，各有现象，却最终会统一到抽象的形态。

人人都有闪光点，千万不要一味计较自己的不足。在这个世界上，每个人都潜藏着独特的天赋，这种天赋就像金矿一样埋藏在我们平淡无奇的生命中。那些总是羡慕别人而认为自己一无是处的人，永远挖掘不到自身的金矿。

当然，我们除了要学会挖掘自身的优势，还应该善于发现和借鉴别人的长处，将两者整合起来。面对种种挑战，人不可能样样精通，所以要想立于不败之地就必须学会借用外界的资源，根据当时的局势、环境、时机、情况判断出最佳方案，随机应变地规避掉对自己不利的因素，并且做出于己最有利的行为。

▷ 恣意挥洒，大象无形——狂草

到了唐代，今草写得更加放纵，笔势连绵环绕，字形奇变百出，称为“狂草”，亦名大草。在草书艺术史上，怀素其人和他的《自叙帖》，一直为书法爱好者称颂了1200多年。

怀素，字藏真，俗姓钱，永州零陵（今湖南零陵）人，10岁出家为僧。年少时就爱好书法。那时因为贫穷，没有钱买纸墨，为了练字，他种了一万多棵芭蕉，用蕉叶代纸。由于住处触目都是蕉林，因此他风趣地把住所称为“绿天庵”。他又用漆盘、漆板代纸，勤学精研，盘、板都写穿了，还写坏了很多笔头，后把它们埋在一起，名为“笔冢”。

他性情疏放，锐意草书，却无心修禅，平日里更是喜欢饮酒吃肉，交结名士，与李白、颜真卿等都有交游。他以“狂草”名扬于世。唐代文献中有关怀素的记载甚多。“运笔迅速，如骤雨旋风，飞动圆转，随手万变，而法度具备”。王公名流也都爱结交这个狂僧。唐任华有诗写道：“狂僧前日动京华，朝骑王公大人马，暮宿王公大人家。谁不造素屏，谁不涂粉壁。粉壁摇晴光，素屏凝晓霜。待君挥洒兮不可弥忘，骏马迎来坐堂中，金盘盛酒竹叶香。十杯五杯不解意，百杯之后始癫狂……”前人评其狂草继承张旭又有新的发展，谓“以狂继癫”，所以把他二人并称“颠张醉素”，对后世影响极大。

怀素善以中锋笔纯任气势作大草，如“骤雨旋风，声势满堂”，到了“忽然绝叫三五声，满壁纵横千万字”的境界。虽然是疾速，但怀素却能于通篇飞草之中，极少失误。与众多书家草法混乱常出现很多缺漏相比，实在高明得多。由是知怀素的狂草，虽率意颠逸，千变万化，终不离魏晋法度。怀素传世的书迹较多，计有《千字文》、《清净经》、《圣母帖》、《藏真帖》、《自叙帖》、《苦笋帖》、《食鱼帖》、《四十二章经》等。

狂草是草书中最为纵情狂放的一种，常一笔数字，隔行之间气势不断，笔势连绵回绕，酣畅淋漓；运笔如骤雨旋风，飞动圆转，出神入化。中国自古不乏狂放之人。大凡自命不凡的人内心都有点狂，但在中国这个以谦虚为美德的国度里，狂在表面的毕竟不多，且也多为俗世所不容。实际上，在儒家老祖宗那里，狂并非是大逆不道之事，相反，倒还是一种甚为可贵的美德。孔子有言：“不得中行而与之，必也狂狷乎！狂者进取，狷者有所不为也。”按照孔老夫子的意思，如果能兼有狂者和狷者的长处，取中行之道，自然最好；若不可得，退而求次，或狂或狷，亦不失为君子。

第四章　妙手松烟染素纱，水墨晕风雅

▷ 简单质朴，青山依旧水盈盈——白描

徐悲鸿是中国当代杰出的画家。他出生于江苏宜兴，幼年跟着父亲学习绘画，后远赴巴黎进修，先后去英、德、法、意及瑞士观摩并学习，吸取了不少世界艺术精华。他精研素描与油画，擅长中国画、油画，尤精素描。

徐悲鸿很喜爱马，他画马堪称一绝，最早也是以画马闻名的。他曾对马的肌肉、骨骼以及神情、动态等做过长期的观察研究。平日里，他经常在山乡和有马的地方对真马写生，关于马的速写稿累积了不下千幅。所以他下笔时能做到“全马在胸”，笔墨酣畅。早年，他流落上海时，曾画了一幅马图，寄给上海美术馆，得到主持该馆的岭南派画家高氏兄弟的赞赏，说：“虽古之韩干，无以过也。”

1934 年，徐悲鸿应邀到莫斯科举办画展。一天，他应苏联文化局局长之请为现场观众做一次画马的现场表演。他充分运用中国画独有的线条，寥寥数笔，一匹势不可当的奔马便跃然纸上。素有爱马之癖的骑兵元帅布琼尼见状，拨开人群走到徐悲鸿面前说：“徐先生，就将这匹马赠给我吧，否则我会发疯的！”徐悲鸿答应了他。布琼尼高兴地和徐悲鸿热烈拥抱，并大声称赞道：“徐先生，你不仅是东方的一支神笔，也是属于世界的一支神笔。你笔下的奔马，比我所骑过的那些战马更加奔放、健美！”

徐悲鸿画的马落笔有神，奔放处不狂狷，精微处不琐屑。以周穆王

八匹名马为题材所画的《八骏图》，成为这位艺术大师的不朽名作。其最著名的《九方皋相马》，现存于北京徐悲鸿纪念馆。

白描画是中国画里纯以笔勾勒线条而不设色，或渲染水墨来描绘景物或形象的一种绘画形式，也是中国画的基础训练形式之一，对于训练中国画家的造型能力是必不可少的一个过程。其画作亦可成为独立的绘画品种。

只用简单的线条勾勒，不设颜色，所以白描画简单朴素，大方典雅。平时，人们总是喜欢将自己的生活安排得很满，习惯于热闹与喧哗，华丽与铺张，可是时间长了，就会觉得很累，生活也没有了意义。这个时候，我们不妨暂时冷却一下对名利的追逐，给自己一点空间，让生活换一种色彩。朴素，可能不能满足人们的虚荣心，但是只有这样的人生底色，才能让你避开浮躁，躲开纷争。著名主持人杨澜，总是一副很平常、很朴素的装扮，从来都不会给人花哨的感觉，但是她的干练却无人能及。所以人生的典雅，不在于你花费了多少钱去装饰，而在于你秉持的生活态度，从容、朴素即是好态度。

▷ 胆大细心，切不可半途而废——山水画

以描写山川自然景色为主体的绘画称山水画。在魏晋南北朝时就已逐渐发展，但仍附属于人物画，作为背景的居多。隋唐开始独立。五代、北宋山水画大兴，如王希孟、赵伯驹的“青绿山水”，南北竞辉，达到高峰，从此成为中国画领域的一大画科。元代山水画趋向写意，以虚代实，侧重笔墨神韵，开创新风。

《游春图》是山水画的经典之作，它的主题是春游。在明媚的春光里，人们欢心畅玩，远处青山叠翠，湖水轻荡，画中人物有的乘骑于山

径，有的泛舟于湖上，姿态各异，生动有趣。展子虔的这种画法发展到唐代的李思训，便形成了“青绿山水”，被后世誉为“唐画之祖”，成为中国山水画中一种独具风格的画体。

辛亥革命后，溥仪被逐出皇宫，《游春图》被他带走，存放在天津。伪满政权建立后，《游春图》又被日本关东军参谋吉冈安直运往长春。日本投降后，敛聚的珍宝流向社会，一些精明的古董商看准商机，急赴长春寻觅收购。《游春图》被一古董商穆氏购得，并有意高价出售给外国人。著名鉴赏收藏家张伯驹在得知此消息后，找到当时的故宫博物院院长，请他出面制止将画外流；张伯驹又请朋友出面与古董商人马霁川协商，在多方的共同努力下，马霁川终于同意以 200 两黄金转售。张伯驹为筹巨款，只好变卖了自己的豪宅。张宅原本是清朝太监总管李莲英的府第，豪华舒适，但是为了买画，张伯驹不得不忍痛割爱……

当他好不容易凑足了 200 两黄金前去购画时，却被告知黄金成色不足，只能合 140 两。张伯驹只好再次请朋友担保，欠款取回了《游春图》。在张伯驹筹款期间，当时国民政府秘书长张群曾托画家张大千高价购买此画，但是马霁川等几个商人以诚信为上，没有将《游春图》卖给张群。

新中国成立以后，张伯驹将《游春图》捐献给了国家。

山水画强调“平远”、“高远”和“深远”，运用散点透视法，“平远”如同“漫步在山阴道上”，边走边看，焦点不断变换，可以画出很长的画卷，括进江山万里；“高远”如同乘降落伞从山顶缓慢下降，焦点也在变换，从山顶画到山脚，可以画出立轴长卷；“深远”则运用远近山的形状深淡对比，画出立体、山谷深邃的效果。“远”的道理同样适用于人们的生活。将眼光放远，就能让视野更开阔。很多年轻人毕业以后走上社会的舞台，找工作是他们必须面对的。择业时，很多人喜欢用工资的多少来评价工作的好坏，完全不看专业是否对口，适不适合以后的发展。其实，就算是高工资，也只是相对于开始而言的。年轻人开始做的都是经验的积累，以后的路还很长，一定要从长远出发，不要只顾着眼前的利益，丢了前途。

▷ 参悟形式与内容的平衡——花鸟画

元末文坛很有影响的诗人王冕，字元章，他同时又是画坛上以画墨梅开创写意新风的花鸟画家。他 7 岁的时候，父亲就去世了，仅靠母亲做点针线活供他到学堂读书，条件十分艰苦。尽管这样，他还是因为经济条件有限而被迫辍学。但他并没有放弃，一边替人放牛，一边很勤奋地读书。

一天，王冕放牛倦了，在绿草地上坐着。须臾，浓云密布。一阵大雨过后，那黑云边上镶着的白云渐渐散去，透出一派日光来，照得满湖通红。湖边上的山，青一块，紫一块，绿一块。树枝都像水洗过一样，尤其绿得可爱。湖里有十来枝荷花，苞子上清水滴滴，荷叶上水珠滚来滚去。王冕看着这美丽的景色，心里想：古人说“人在画中”，真是一点不错。可惜这里没有画师，不然把这美景画下来该多好。他转念又一想：天下没有学不会的事，我为什么不能自己学着画画呢？于是，王冕省吃俭用买来一些画画用的东西，开始学画荷花。因为没有人指导，所以一开始他画得很不好。看着自己画得荷花那么难看，王冕心里很不是滋味，一度想放弃学画。但他想起做事要锲而不舍，不能半途而废。于是他还是每天都到湖边去，一边放牛，一边画画。他仔细地观察荷花的神韵，天天练习，坚持不懈。

3 个月之后，他画的荷花活像从湖里摘下来的，栩栩如生。王冕到了 20 岁的时候，绘画技艺更加纯熟，尤以画墨梅知名，开创写意花鸟画风之先河。

在中国画中，凡以花卉、花鸟、鱼虫等为描绘对象的画，都被称为花鸟画。花鸟画中的画法中有“工笔”、“写意”、“兼工带写”三种。工笔花鸟画即用浓、淡墨勾勒对象，再分层次着色；写意花鸟画即用简练概括的手法绘写对象；介于工笔和写意之间的就称为兼工带写。

笔间波澜

与动物画追求动态自然的风格不同，花鸟画注重对内容的修饰和雕琢。在自然写意中，只要稍微细心修饰一下，就会使画卷上原有的特色景物魅力大增。作画如此，人生亦然。无论是做人还是做事，都要懂得修饰。现在很多网站横空出世，希望赚取用户的点击率。每天的新闻就是那么多，内容也都差不多，凭什么来赢得人们的注意？一靠内容，二靠瑰丽的形式。所以在这个时代，有时候取胜的不仅仅是内容，包装也同样占有很高的比例。

▷ 计白当黑，韵味无穷——水墨画

齐白石是我国绘画界的名人，他对花鸟、山水、人物等方面多有研究，尤工虾蟹。

抗日战争时期，有一次，北平伪警司令、大特务头子宣铁吾过生日，强邀国画大师齐白石赴宴作画。齐白石不得已，来到宴会上，环顾了一下满堂宾客，略微想了一会儿，铺纸挥洒。转眼之间，一只水墨螃蟹跃然纸上。众人看后，赞不绝口，宣铁吾也十分高兴。不料，齐白石笔锋轻轻一挥，在画上题了一行字——“横行到几时”，后书“铁吾将军”，然后拂袖而去。

一个汉奸向齐白石求画。齐白石画了一个涂着白鼻子、头戴乌纱帽的不倒翁，还题了一首诗：乌纱白扇俨然官，不倒原来泥半团。将妆忽然来打破，浑身何处有心肝？

1937 年，日军占领了北平。齐白石为了不受敌人利用，坚持闭门不出，并在门口贴出告示，上面写着："从来官不入民家，官入民家，主人不利，谨此告知，恕不接见。"齐白石还嫌不够，又画了一幅画来表明自己的心迹。画面很特殊，与平常人不同。一般人画翡翠时，都让它站在石头或荷茎上，窥伺着水面上的鱼儿；齐白石却一反常态，不去画水面上的鲟鱼，而画深水中的虾，并在画上题字："从来画翡翠者必画鱼，余独画虾，虾不浮，翡翠奈何？"齐白石闭门谢客，自喻为虾，并把做官的汉奸与日本人比作翡翠，意味深长，引人深思。

齐白石七十多岁的时候，对人说："我现在才知道自己不会画画。"人们都称赞老人的谦逊。他却说："我真的不会画。"人们越发称赞老画家的品行，当然没有人相信他不会画画。

水墨画是中国画的一种，指纯用水墨所作之画。基本要素有三：单纯性、象征性、自然性。相传始于唐代，成于五代，盛于宋元，明清及近代以来继续发展。其以笔法为主导，充分发挥墨法的功能。

与其他的绘画类型不同，水墨画讲究留白，讲究意境，不能满纸都画满，要有一些地方空出来，给观者以想象的空间。人生也需要留白，没有必要将自己的生活安排得太满。比如跟朋友相处，你可以在他需要的时候给予关心和爱护，但是如果你把过多的爱给他，没有给他留有一丝一毫自己的空间，那他就会觉得有压力，甚至会跟你产生不必要的矛盾。对待已经分手的恋人，没必要还坚守"从一而终"，懂得放手，你才能发现除了他以外还有其他更合适的人。人生需要留白，需要你去调节，就像是一个容器，什么东西装得太满都会溢出来的。所以我们要多一些随意，多一些宽容，多一些谅解，对别人不要太苛刻，对自己更应如此。

▷ 运以精心，出以妙笔——扇面画

在中国画门类中，历代书画家都喜欢在扇面上绘画或书写以抒情达意，或为他人收藏或赠友人以诗留念。扇面上采用书法，以东晋王羲之“书老媪扇”这脍炙人口的故事为先。到了宋代，随着绘画艺术的发展，特别是山水画、花鸟画在唐末、五代基础上得到空前的提高。文人与绘画的关系越来越密切，形成了文人画创作高潮。加上皇帝对扇面艺术的重视，书画扇面相应得到飞速发展。两宋盛极一时的画扇，有大批不朽之作，小至花鸟画中的野草闲花，昆虫禽鱼，都运以精心，出以妙笔。

根据扇面的形状不同，可以分为圆扇和折扇两种。因为折扇的扇面上宽下窄，所以画家在命笔之时必须考虑在这种特定的空间范围中安排画面，精思巧构，展示技法。只有这样，才能够匠心独具，笔随意转，创造出富有魅力的形象和意境。

折扇的书画实物要数明宣德二年画的大折扇，明代永乐、宣德年间谢缙《汀树钓船图》为最早。当时的宫廷绘画势力日衰，“浙派”也步入末流，“吴门派”代之而起。以沈周为首，文徵明继起，连同唐寅、仇英，人称“吴门四家”。他们技艺全面，选材广泛。这一时期是明代“吴门派”绘画最活跃的时期，也是明代书法艺术的兴盛期。如文徵明的书画扇面，在清代就出了《文徵明书画扇册》。吴荣光题词中说，“到明代四家，唐、沈、文、仇始为书画，蔚为吴下人书画扇面之风气”。从此以后，书画折扇风气大盛，名人显贵、文人墨客都运笔于折扇，遂成了独具一格的扇面画。折扇以其独特的造型———一条圆弧和经过这条弧的两个端点的两条圆半径的图形而定为扇形。无数丹青妙手为之倾倒。

扇面的书画更能反映每位书画家的艺术真谛。巧妙的构图，使扇面展开时不觉得是画在半环形式的扇面上，感觉如同画在一张平整的长方形的横幅上一样。

小至野草闲花，昆虫禽鱼，大到社会万象，人间百态，扇面画都运以精妙的构思，以妙笔传神。巧妙的构思，使扇面画就如同一个小的世界，色彩斑斓，精彩无限。思及人生，同样要善于思考。比尔·盖茨小时候经常躲在自己的卧室不出门，他母亲很奇怪，就问他："你天天在你的卧室里能干什么？"比尔说："我在思考，难道你们就不思考吗？"后来，比尔在短短的几年时间里创造了不可估量的财富，这一切的一切，与他善于思考分不开。他的成功就在于他善于思考，能够发现别人发现不了的问题，能够独具慧眼，从而奠定其在软件王国里不可取代的地位。任何一个人都应该形成自己的思维，做每一件事情都应该多思多想。

▷ 借景抒情，委婉表达观点——文人画

文人画是画中带有文人情趣，画外流露着文人思想的绘画，亦称"士夫画"，是中国画的一种，泛指中国封建社会中文人、士大夫所作之画，以别于民间画工和宫廷画院职业画家的绘画。

《鹊华秋色图》是文人画中典型的代表，它是赵孟頫凭着记忆画出来的。公元1295年，赵孟頫辞去了官职回到了家乡，文辞书画酬答中结交了不少朋友，周密就是其中的一位。周密是南宋文学家，与赵孟頫以兄弟相称。一天，赵孟頫、周密和几位好友喝酒作诗。席间，大家说起曾经游历的名山大川，赵孟頫力推济南山水，谈到鹊山和华不注山，一个浑圆敦厚，一个高耸入云，穷尽山之俊美巍峨，使在场的人无一不为之神往，只有周密一人沉默不语。赵孟頫很疑惑，问过之后才知道，原来，周密祖籍是山东，1126年金兵南下，北宋旋即灭亡，中原士大夫纷纷南下避难，周密的曾祖父就在那时离开祖籍南迁。周密没有回过自己的故乡，思乡之情与日俱增。

晚上，周密回到家，想到好友对自己家乡的赞美，再联想到自己也许永远也回不了故土，不禁悲伤起来。次日清晨，周密直奔赵孟頫家中，想要诉说自己的思乡之情，可又担心他笑话自己多愁善感，不好意思说出来。最后，在赵孟頫的一再追问下，周密才将心事说了出来，希望赵孟頫能多给他讲讲家乡的山水。听了周密的话，赵孟頫旋即起身，到书房拿出笔墨，对周密说道："想不到周兄对故乡有着如此深切的思念之情，我一定满足周兄的要求，不过言不尽意，唯恐有不详之处，还是把故乡的山水画成画赠与你，或许可以解你思乡之苦。"说罢，赵孟頫提起笔，凭着记忆描画起来，他一边画，一边给周密介绍济南的山水、民俗风情。就这样，被后人誉为"思乡之画"的传世之作《鹊华秋色图》诞生了。

文人画重视观念和情感的表达，侧重个性的表现，通常是画者将浓郁的情感寄托于笔端，以借物寓意的手法表现出来，但是经过艺术加工的过程，画者的情感会渐渐地冷却和沉淀，所以表现出来的往往是深刻的认识和理智的抒发。感悟社会，似乎每个时期都有一个或者几个问题成为人们同时关注的话题，人人聚焦、大家议论，甚至可能造成某种思想和行为上的过激冲突。如果就事论事，貌似据理力争，却有可能给对方火上浇油，达不到统一思想和解决问题的目的。因为社会理解力有它的惯性，要改变这种惯性需要时间的等待和实践的过程。强迫不理解的人马上接受你的观点，反而会挑起更激烈的争论。鲁迅先生曾经说过：反对者的赞同，往往在改革者成功之后。因此，把许多"热"问题放一放、看一看或换一种处理办法，在过程中让人们的注意力慢慢转移，那么原先接受不了的事物，就有可能慢慢地适应了。

夫唯不争，故天下莫能与之争——宗教画

吴道子少时孤贫。开始时学习书法，后来转为学习绘画，20 岁才崭露头角。他曾做过兖州瑕丘县尉，浪迹洛阳时，唐玄宗闻其名，任以内教博士，改名道玄。

吴道子擅画道释人物，同时也擅画花鸟、台阁，笔迹落落，气势雄峻。曾作壁画三百余间，“奇迹异状，无一同者”。早年行笔较细，风格稠密，中年雄放，变为遒劲，线条富有运动感，点画之间，时见缺落，有笔不周而意周之妙。后人把他与张僧繇并称“疏体”，以别于顾恺之、陆探微劲紧连绵、较为古拙的“密体”。

他的壁画比较出名的是《地狱变相图》。此图生动形象地描绘出人死后在地狱里的各种经历，指出了人生的结果都是自作自受，揭示了善因善果、恶因恶报的因果观。所以说，《地狱变相图》不仅仅是一幅图，更是一面镜子，慎思之，深思之。

他兼工山水，描绘蜀道怪石崩滩也是非常有名气的。苏轼认为：“画至吴道子，古今之变，天下之能事毕矣。”吴道子是“画塑兼工”，善于掌握“守其神，专其一”的艺术法则，千余年来被奉为“画圣”。

吴道子是一位全能画家，人物、鬼神、山水、楼阁、花鸟等，无所不能，无所不精，但是他主要从事宗教壁画的创作。宗教画是取材于宗教之教义、故事和传说且服务于宗教宣传的绘画。如道教中表现神仙的画像，佛教中表现佛本生故事的绘画，中国道教题材的绘画早在魏晋时代就有专门关于神仙和传说中故事场面及神仙形象的绘画。佛教绘画兴盛于中古时代的印度，后流传入中国（随佛教流传）后，逐渐被中国古代画家用中国绘画的形式描绘而形成了中国特色佛教绘画。

平时常会见到许多寺观门口绘有《寒山持芭蕉图》、《拾得持扫把图》。在莆仙方言里，“蕉”字与“招”字谐音，寓意“招来百福”；

“扫”字寓意“扫去千灾”。另外，有的宫庙还常可见到：《寿星图》《福禄寿图》《富贵荣华图》《观音送子图》，这些壁画充分表达了人们对平安吉祥、财运亨通、人丁兴旺、五谷丰登的热切渴望，反映了某些宗教信仰者的功利心理。一个人越是有私心，越难以成就自己；越想有所作为，就越不能有所作为。如果你与全国人去争国家，与全天下人去争天下，与全事业领域中的人去争成败，结果必然是一无所获。你如果不与人们去争，恬淡无为，反而会有所得。所以老子说：“深知什么是荣耀，却安守卑下的位分，甘愿当天下的川谷。甘愿当天下的川谷，永恒的德行才能得到充足，回复到自然开端的朴素、纯真的状态之中。”

简而能远，淡而有味——禅意画

禅画是中国禅宗特有的艺术，修禅者用笔墨来表达禅道。禅者喜欢解构生活中的一切事物，他通过用智慧解构万事万物来促使人们在有限的人生中积极地感悟永恒大道，体验一即一切、一切即一的至高境界。禅者借用笔墨，表现心声，传递生活智慧。

在对禅画的发展历史进行考证的过程中，人们普遍认为唐代的大诗人王维是中国绘画史上“禅画”这一画种的创始人。深受佛教思想影响的王维将禅心与画意融合在其空灵清寂的“水墨渲淡”山水画中，再现了他参禅修禅的艺术体验，开拓出极为优美深邃的美学境界，达到了诗与画互相融合的最高境界，充分体现了空淡清幽的艺术风格。

在中国美术史册中，杰出的禅画名作有梁楷的《泼墨仙人图》等。此图画的是一位仙人袒胸露怀、步履蹒跚、憨态可掬的形象。他眼里醉意蒙胧，仿佛看透了世间的一切，嘴角边还露出一丝神秘的微笑。那副既顽皮可爱又莫测高深的滑稽相，使仙人超凡脱俗又满带幽默诙谐的形象活灵活现。画面上几乎没有对人物做严谨的细节刻画，通体都以泼洒般的淋漓笔法抒写，那浑重而清秀、粗阔而含蓄的大片泼墨，可谓笔简神具，绝妙地表现出仙人既洞察世事又难得糊涂的精神状态和性格特征。

《泼墨仙人图》的产生，与南宋佛教禅宗思想的盛行是分不开的。这张图画的标题是后人加上去的，从其大头鼓腹的形象来看，倒有点像当时民间信奉的布袋和尚；从对其精神体态的描写来看，又有点像与梁楷同时的济颠和尚。

笔间波澜

禅，是一种生活的智慧，是一种独特的思维方式，是对个人生命和心灵的关注，是对生活的真实呈现，但是自古以来，禅都是只可意会，不可言传的，所以即使是付诸笔端，成了画体，也还是没有固定的思想传达，而是仁者见仁，智者见智。生活中有很多事物都是没有统一说法的，角度不同、思维方式不同，所得出的结论也是不一样的。就像北京奥运会，很多人都因为中国成了金牌榜榜首，认为中国是这届奥运会的大赢家，可是美国则以获得奖牌的总数最多而认为自己才是体育界的冠军。每个人心中的标尺不同，你有你的想法，别人也会有他自己的见解，所以人们会说“一千个读者，就有一千个哈姆雷特”，这正是仁者见仁、智者见智的结果。

▷ 有追求的人生，才不会迷茫——主题画

主题画是画家通过一定的故事情节、人物、场景、题材展示给欣赏者的对社会和人生的某种看法或感想，或对某些历史故事、事件等的形象刻画与再现等。它具有一定的再现性、真实性或揭示性。一般每幅画的立意比较明确，时间、事件等较为明晰。

北宋著名画家张择端绘制的不朽杰作《清明上河图》，是我国绘画史上的瑰宝。它是一幅用现实主义手法创作的长卷风俗画，通过对世俗

生活的细致描绘，生动地再现了当时北宋汴京的繁荣景象。

这一享誉古今中外的传世杰作，在问世以后的800多年里，曾被无数的收藏家和鉴赏家把玩欣赏，同时也是后世帝王权贵巧取豪夺的目标。它曾辗转漂泊，几经战火，历尽劫难……演绎了许多传奇故事。

《清明上河图》最先由北宋皇帝宋徽宗收藏于宫廷之中。公元1126年，金兵掳走了徽、钦二帝，洗劫了宫中的所有宝物，但是《清明上河图》却意外地流落于民间。元灭金后，此画第二次被送入皇宫。元代至正年间，宫中有个装裱匠，用临摹本把该图的真本换出，卖给了某真定守兵，后又转卖武林（今杭州）的陈彦廉。陈彦廉害怕事情败露，自己又急于用钱，就将此画卖给了博雅好古、寓居北京的杨准。

明朝时，因为隆庆帝不喜欢字画，成国公朱希忠就趁机奏请皇帝将《清明上河图》赐予他，皇帝却让估成高价，抵其俸禄。画将要给朱希忠时，一个小太监得知此画价值连城，便将画盗走，正要出宫，管事人来了，小太监急将画藏到阴沟里，恰遇当天下雨，一连三天，画已腐烂，不堪收拾。可是事实上《清明上河图》并没有被销毁。此故事被明人詹景风收入他的《东图书览编》中，实为盗画人冯保所杜撰。

冯保是万历年间的秉笔太监，时任东厂的首领，有权有势，可以自由出入皇宫。冯保得到《清明上河图》以后写有题跋，如果是皇帝的赏赐，他一定会在题跋中大书特书，但冯保只字未提，显系盗窃到手，为了掩人耳目，他编造了以上离奇的故事。

散文缺少了主题，不仅是形散，神也跟着散了；书画没有主题，就会书不成书，画不成画。同样，人生要是没有了主题，就会失去前进的方向，变得空洞和迷茫。梳理人生，给自己一个梦想，就是给自己一个前进的主题曲。虽然在实现梦想的过程中，会有很多挫折与苦痛，但是因为心中有目标，所以就有了战胜困难的希望。

▷ 精谨细腻，细节乃点睛之笔——工笔画

工笔画即是以精谨细腻的笔法描绘景物的中国画表现方式。中国的工笔画历史悠久，从战国到两宋，工笔画的创作从幼稚走向了成熟。工笔画使用“尽其精微”的手段，通过“取神得形，以线立形，以形达意”获取神态与形体的完美统一。在工笔画中，无论是人物画，还是花鸟画，都是力求形似，“形”在工笔画中占有重要的地位。

工笔画盛行于唐朝。能取得卓越的艺术成就的原因，一方面取决于绘画技法日臻成熟；另一方面也取决于绘画材料的改进。工笔画须画在经过胶矾加工过的绢或宣纸上。初唐时期因绢料的改善而对工笔画的发展起到了一定的推动作用。

唐代花鸟画杰出代表边鸾，能够画出禽鸟活跃的姿态、花卉芳艳的色泽。他画的《牡丹图》，光色鲜艳，美艳绝伦。仔细观赏，可以确信画中所表现的是中午的牡丹，原来画面中的猫眼有“竖线”可见。

据说，北宋文学家欧阳修曾得到一幅画着牡丹花丛的古画，牡丹花丛的下面还画了一只猫，但是他识别不出这幅画画得是精妙还是粗糙。当朝宰相吴育与欧阳修是儿女亲家，吴育第一眼看到这幅画时就说：“这幅画画的是正午时的牡丹。我是凭什么知道的呢？因为画中的花，花瓣张开着并且有些下垂，颜色也不润泽，这刚好是中午时的花的体现。再者，在画中，猫眼中的瞳孔像一条线，这样子也正是中午时的猫眼。早晨带着露水的花，花瓣是收敛着而且颜色是润泽的。猫眼在早晨和晚上瞳孔都是圆的，近中午的时候瞳孔就变得狭长了，到中午时就像一条线了。”

一幅简单的图画，却能让人看出如此多的信息，这足见《牡丹图》作者边鸾画技的精湛。

禅意画讲究随意淡定，所以不拘泥于细节。但是工笔画不同，它以

工整严谨见长，精谨细腻的笔法是它的特色。审视我们的生活，做人做事同样需要严谨细致。比如早上出门，仔细检查好自己所带的东西是否齐全，这是必需的，不要等到了单位或者学校才发现自己掉了这个、落了那个。如果是在谈判桌上，自己的一点点失误都可能影响到全公司的利益。因小失大，会让自己悔恨莫及，所以要时刻保持认真谨慎的态度，不能有一点的松懈。

▷ 坚持特色，勿随波逐流——人物画

顾恺之是生活在我国东晋、南朝刘宋时期的一名大画家，被画界尊奉为“中国画家四祖之首”。顾恺之故居就在当年南京城内的顾楼街，他在南京留有大量作画的传奇故事。顾恺之多才多艺，诗词歌赋、绘画无一不通。他一旦创作灵感上来，就上小楼并叫家人将楼梯撤走，然后专心致志地作画，什么事也不管，什么人也不见，连一日三餐都是由妻子递上楼，直到画画好了才下楼。因此时人称其为“三绝”：“才绝”、“画绝”、“痴绝”。顾恺之是中国，也是世界上第一个被写入史书并留下传记的伟大画家。

单说顾恺之的“画绝”，其画绝就绝在传神。他善于画人物，却往往在画成之后好几年都不给此人点出眼睛。后人称赞顾氏之画“意在笔先，画尽意在”，连东晋著名宰相、“淝水之战”总指挥谢安亦赞叹道：“有苍生以来未之有也。”

顾恺之的传世之作《洛神赋图》，是他在看过三国时曹操的第三子曹植所写《洛神赋》这篇著名文学作品后有感而画的。传说曹植少时曾与上蔡县令甄逸之女相恋，后甄逸之女被嫁给了他的哥哥曹丕为后，而甄后在生了明帝曹睿后又遭谗致死。曹植在获得甄后遗枕后感而生梦，写出《感甄赋》以作纪念，明帝曹睿将其改为《洛神赋》传世。而洛神是传说中伏羲之女，溺于洛水为神，世人称作宓妃。把此二人相

提并论，实际上也是一种对甄后的怀念和寄托。顾恺之读过《洛神赋》后大为感动，一气画成《洛神赋图》。此卷一出，无人再敢绘此图，故成为千百年来中国历史上最为世人所传颂的名画。

人物画是绘画的一种，是以人物形象为主体的绘画的通称。中国的人物画简称“人物”，是中国画中的一大画科，出现较山水画、花鸟画等为早，大体分为道释画、仕女画、肖像画、风俗画、历史故事画等。人物画力求把人物个性刻画得逼真传神，气韵生动、形神兼备。其传神之法，常把对人物性格的表现，寓于环境、气氛、身段和动态的渲染之中。故中国画论上又称人物画为“传神”。

人物画总是能抓住人物的特色、人物的个性，从而形成自己特立独行的风格。做人也要活出自己的个性。俗话说，物以稀为贵，一件几百年的物品，和一件一模一样的仿制品，其价值却相差十万八千里，为什么？因为真品是独一无二的，绝无仅有。千人千脸相，千人千性格，构成了我们这个大千世界。在现时的经济大潮中，为了生存，我们开始改变自己的个性，学得圆滑，学得八面玲珑，以适应环境，于是我们越来越丧失个性，丧失了自己的人生航标，都以社会的价值观为自身的价值观，以别人的思想为自己的思想，随波逐流，在平庸中失去自我。静下心来想一想，我们是否一直活在别人的生存模式里？如果把那些属于别人的东西都扔掉，我们身上还会剩下什么？

▷ 保持好奇，不忘初心——动物画

唐代中期的政治家和画家韩滉与友人谈论绘画时，友人问他：“近来论画者一谈到驴、牛和马，都认为这些是常见之畜，最难以画得神似，不知吾兄有何高见？”韩滉稍加思索之后回答说：“此话有一定道理，因为牛、马都是人们非常熟悉的家畜，平日里经常能见到，画家稍微有一点儿不慎，或者偶有误笔，就能被人们发现，所以一般的画家都不涉及此类题材。”说到这里，他停顿一下继续说：“不过，我以为自古迄今，农事为天下之本，而耕牛则为农家之宝。只要画家能够细心观察，还是可以画出它的特点的。”友人听了，非常佩服他的独到见解。

还有一次，在一个天气晴朗的日子里，韩滉带着随从来到郊外田间小道上散步，迎着和暖的春风，站在一片碧绿中间，他的心情十分愉悦。田间，几头耕牛在低头吃草，两三个牧童在嬉戏玩耍，还有一个牧童骑在牛背上吹笛，逍遥自得。远处，可以看见一头耕牛翘首而奔，另有几头耕牛，有的回头舐舌，有的俯首寻草。在开阔的田地里，农夫正在赶牛耕地、翻土。

韩滉看得出神，连忙命随从取出画夹。他全神贯注地绘画，很快绘出了一幅幅耕牛的图景。后来，又经过一个多月的反复修改，终于绘出状貌各异的五头牛。一头牛在低头慢慢地吃草；一头牛翘首向前狂奔，仿佛是一头撒野的猛兽；一头牛在回顾舐舌，露出一副旁若无人的模样；另一头牛则纵趾而鸣，好像在呼唤着伙伴；还有一头牛在缓步前行，似乎走向田头，又如刚刚耕地归来，令人回味无穷。整个画面，用笔粗放中带有凝重，显示出农村古朴的风情。韩滉对这幅画的创作非常满意，给它取名为《五牛图》。

《五牛图》是动物画的代表作之一。动物画，在中国画中以动物形象作为艺术语言，是表达人们的希望、幻想和各种感情的一种绘画，描绘的题材很广泛，凡动物均可入画，但主要对象为人们常见的家禽、家畜和动物园中的各种动物。

笔间波澜

动物画取材于动物，抓住了动物灵活善动的特点，体现的是动态和自然。人的本心也应该是自然而又灵动的，自然，随意，不刻意强求。

可能很多时候我们过于注重得失，压力太大，或者戒心太重，没办法完全释放自己。若戴上了面具做人，刻意修饰和刻意表现，思维渐渐走向了一种定式，人就失去了灵动，感受不到身边不断涌现的新奇事物，而始终活在一个虚假且虚伪、固化的世界里，慢慢地，便会迷失自我。所以人应当保留一颗初心，让自己在纯自然的状态下生活，卸下了心里的包袱，人就会觉得轻松许多。

第五章　雕梁画栋梨园梦，余音叹红尘

▷ 身似繁花却不惊——昆曲

昆曲，是我国古老的戏曲声腔、剧种，原名“昆山腔”或简称“昆腔”，清朝以来被称为“昆曲”，现又被称为“昆剧”。昆曲的伴奏乐器，以曲笛为主，辅以笙、箫、唢呐等。昆曲的表演，也有它独特的体系和风格，它最大的特点是抒情性强、动作细腻，歌唱的韵律与舞蹈的节拍结合得巧妙而和谐。该剧种于2001年5月18日被联合国教科文组织授予“人类口述遗产和非物质遗产代表作”称号。2006年5月20日，昆曲经国务院批准列入第一批国家级非物质文化遗产名录。

昆曲形成的历史，可谓源远流长，它起源于元末的昆山地区，至今已有600多年的历史。宋、元以来，中国戏曲有南、北之分，同样的戏曲在不同地方唱法也不一样，比如南曲。元末，顾坚等人把流行于昆山一带的南曲原有腔调加以整理和改进，称为“昆山腔”，这就是昆曲的雏形。

明朝嘉靖年间，杰出的戏曲音乐家魏良辅对昆山腔的声律和唱法进行了创新，吸取了海盐腔、弋阳腔等南曲的长处，发挥昆山腔自身流丽悠远的特点，又吸收了北曲结构严谨的特点，运用北曲的演唱方法，以笛、箫、笙、琵琶等乐器伴奏，造就了一种集南北曲优点于一体，细腻优雅的“水磨调”，通称昆曲。

昆山人梁辰鱼继承魏良辅的成就，对昆腔做了进一步改进。隆庆末年，他编写了第一部昆腔传奇《浣纱记》。这部传奇的上演，扩大了昆腔的影响，文人学士争用昆腔创作传奇，学习昆腔的人越来越多。于是，昆腔遂与余姚腔、海盐腔、弋阳腔并称为“明代四大声腔”。

到万历末年，由于昆班的广泛演出活动，昆曲经扬州传入北京、湖南，跃居各腔之首，成为传奇剧本的标准唱腔，“四方歌曲必宗吴门”。明末清初，昆曲又流传到四川、广东等地，发展成为全国性剧种。从此昆曲开始独霸梨园，绵延至今数百年，成为现今中国乃至世界现存最古老的具有悠久传统的戏曲形态。

每一种戏曲都有自己的发展特色，昆曲则格外注重动作的细腻。因为追求细腻，所以就不得不放弃粗犷豪放的表达。这就如同男性与女性的不同特点，女性的性格显然要比男性细腻得多，所以举手投足间就显得温婉细致，摒弃了粗枝大叶。与女性交朋友，就要格外地用心，多注意细节，否则就有可能因为自己的粗心而让对方觉得你忽略了她，不在乎她；相反，跟男性相处，彼此之间就不会计较那么多，如果你注意太多，对方反而会觉得你很麻烦，太小家子气。

▷ 人生如戏，事了拂衣去——京剧

京剧，也称“皮黄”，由“西皮”和“二黄”两种基本腔调组成它的音乐素材，也兼唱一些地方小曲调和昆曲曲牌。它形成于北京，时间是在1840年前后，盛行于20世纪三四十年代，时有“国剧”之称。现在它仍是具有全国影响的大剧种。它的行当全面、表演成熟，是近代中国戏曲的代表。2006年5月20日，京剧经国务院批准列入第一批国家级非物质文化遗产名录。

京剧中最有特色的当数脸谱，它是具有民族特色的一种特殊的化妆方法。由于每个历史人物或某一种类型的人物都有一个大概的谱式，就像唱歌要按照乐谱一样，所以称为“脸谱”。关于脸谱的来源，一般的说法是来自于假面具。

京剧脸谱，是根据某种性格、习性或某种特殊类型的人物而做色彩调制的。红色的脸谱表示忠勇义烈，如关羽、常遇春；黑色的脸谱表示刚烈、正直、勇猛甚至鲁莽，如包拯、张飞等；黄色的脸谱表示凶狠残暴，如宇文成都、典韦；蓝色或绿色的脸谱表示一些粗犷暴躁的人物，如窦尔敦、马武等；白色的脸谱一般表示奸臣、小人，如曹操、赵高等。

京剧脸谱来源于生活。每个人面部器官的形状、轮廓相似，生理布局也都有一定的规律，面部肌肉的纹理与人物的年龄、经历、生活的自然条件也都有密切关系，所以京剧脸谱的勾绘是以生活为依据，也是生活的概括和浓缩。如生活中常说的人的脸色，晒得漆黑、吓得煞白、臊得通红等，既是剧中人物心理活动、精神状态的揭示和生理特征的表现，又是确定脸谱色彩、线条、纹样与图案的基础。脸谱虽然来源于生活，但又是实际生活的夸张和放大。演义小说和说唱艺术对历史人物夸张、形象的描写，也是京剧脸谱的来源依据。如关羽的丹凤眼、卧蚕眉，张飞的豹头环眼等，所有这些描写，都被戏曲化妆吸取，在京剧舞台上的表现尤为明显、突出。

笔间波澜

脸谱是京剧的重要组成部分，通过脸谱的颜色，我们很容易就能够看出这个角色是好还是坏，可是在现实生活中，想要分辨人心的真假还真是不容易。可能是社会给人们带来了很多负面的影响，也可能是人生的波折让人对生活有了恐惧感，还有可能是人们自我保护意识过强，所以展示给人看的，往往是戴了面具的一面。这样，很多刚刚走上社会的人就会觉得不适应，认为自己的天真总是让自己上当，自己很努力地去与人接触，却永远也感受不到别人的真心。其实，生活或多或少都会有一些不真实的成分，所以我们一定要学会适应，懂得在纷繁复杂的社会环境中保护自己。

▷ 拒绝单调，生活就要多姿多彩——评剧

1918 年，河北滦县土豪劣绅高贵章的儿子高占英，娶了雇农的女儿杨二姐为妻。高占英自幼骄纵，流氓成性，与其大嫂裴氏、五嫂金玉通奸，杨二姐好言劝夫改邪归正，他非但不听，反而起了歹意，伙同裴氏、金玉及其族叔高贵和将杨二姐害死。

杨三姐跟随母亲到高家去吊孝，发现了可疑之处，要求说明杨二姐的死因。高家百般阻挠，妄图掩盖事实的真相。杨三姐一怒之下去县衙递上了状书，要求官府明办。可是县官受贿，贪赃枉法，判高家赔钱了结。杨三姐不服，又赴天津高等检察厅上告。新任厅长立即准诉，经开棺验尸，查明真相，将凶手法办处决。杨三姐最终告状获胜，杨二姐的冤屈得以平反。

《杨三姐告状》是成兆才依据 1918 年发生在河北滦县狗儿庄的真人真事编写而成，又名《枪毙高占英》，是评剧舞台上久演不衰的优秀剧目。评剧是我国北方地区的一种地方戏，在华北、东北及其他一些地区流行很广。评剧是中国戏曲剧种，俗称蹦蹦戏、落子戏，又称平腔梆子。1910 年前后形成于唐山。1935 年改称为评剧。评剧在现代戏的创作演出方面，影响很大。

早在 19 世纪末，河北唐山一带的贫苦农民在农闲时常以唱莲花落谋生，1890 年前后就逐渐出现了专业的莲花落卖唱艺人。莲花落即称“落子”，是一种长期流行在民间的说唱艺术，评剧就是在莲花落的基础上发展起来的。其后，东北民间歌舞“蹦蹦”传进关内，于是河北的莲花落艺人就迅速地吸收了这种艺术的精华，开始形成了如《王二小赶脚》、《王二姐思夫》、《杨二舍化缘》、《王大娘锯大缸》、《丁香割肉》、《安安送米》等一类剧目，深受当地农民的喜爱。

评剧的表演方式有说有唱，以多样的形式表现舞台魅力。有时候，同样的事情看得太多，就容易产生一种审美疲劳，明明是很好的艺术形式，却因为司空见惯而不为所动，所以多样化常常能挽救艺术于枯燥。这一点其实和生活相通，所以平时我们要注意样式的多变，拒绝单调。一直重复做一件事情，就会产生不耐烦的情绪。很多人在结束了一天的工作时，情绪都很低落，也有很多人在日复一日的工作中失去了激情，没有了上进心。在这种时候，可以做一些不同的事情调节一下心情，如运动、唱歌等。

▷ 不居功自傲就是不忘本——黄梅戏

妙州知府冯小卿的女儿冯素贞才貌双全，引来很多王公大臣的公子前来比武招亲。天香公主化名“闻臭公子”，参加比武，打败了侯爷公子东方胜和相爷公子刘长赢，成全了冯素贞和她的心上人李兆廷。

太监总管王公公设计陷害李兆廷，逼迫他写血书退婚。东方胜趁机向皇帝讨来赐婚的圣旨，想要在三日后与冯素贞成亲。冯素贞不从，吃了乞丐老太太给的“喜饼”后假装死去。李兆廷闻讯赶来哭灵，伤心欲绝。冯素贞为了惩治这帮仗势作恶的人，女扮男装来到京城，化名冯绍民参加科考，高中状元，开始了仕途生涯。

与此同时皇帝把宰相的女儿刘倩许配给李兆廷。之后朝中发生政变，国师迫使皇帝退位。在和国师的激斗中，宰相女儿刘倩战死。临终前，她无意中说出了冯绍民就是冯素贞的秘密。皇帝把冯素贞和李兆廷二人打入死牢，行刑前，皇帝突然驾崩。太子继位，赦免了冯素贞和李兆廷。经过一番曲折，冯素贞与李兆廷有情人终成眷属。

《女驸马》是一部极富传奇色彩的古装戏，也是黄梅戏中的经典之作。黄梅戏是安徽省的主要地方戏曲剧种。黄梅戏原名“黄梅调”，是18世纪后期在皖、鄂、赣三省毗邻地区形成的一种民间小戏。其中一支逐渐东移到安徽省安庆市为中心的安庆地区，与当地民间艺术结合，用当地语言歌唱、说白，形成了自己的特点，被称为“怀腔”或“黄梅调”。这就是今日黄梅戏的前身。在1921年出版的《宿松县志》中，第一次正式提出“黄梅戏”这个名称。

笔间波澜

以方言为基本唱腔是黄梅戏的一大特色。这种直接将方言不经过加工就进行创作的艺术，实际上有浓浓的乡土味，这体现了黄梅戏不忘本的艺术格调。做人也应如此。运动员施拉格获得巴黎世乒赛男单冠军后，一时间成为该国的英雄，但他对队友、教练仍像以前那样友好、周到，不居功自傲，不摆架子。尤其是他为了球队的整体利益，婉拒了奔驰公司的巨额赞助合同，令人深感钦佩。记旧情、不忘本，这种精神是难能可贵的。中国也有这样的运动员。刘翔雅典奥运会一战成名后，奖金拿了不少，却将奖金的大部分都上交了。有人为他感到可惜，刘翔却说：“这是应该的。我出了成绩，到了报答大家的时候了。”在现今市场经济大环境下，运动员成名后难免走到一个利益分配的十字路口，很容易产生私心，只想到自己奋斗不容易，对他人不存感激之心。相反，成名后能够将个人的成就抛到脑后，而想到每一个曾对自己有恩的人，这种不忘本的精神实属难得。

▷ 此时无声胜有声——皮影戏

皮影戏又称羊皮戏，俗称人头戏、影子戏，最早诞生在两千年前的西汉，发祥于中国陕西，成熟于唐宋时代的秦晋豫，极盛于清代的河北。顾名思义，皮影是采用皮革为材料制成的，出于坚固性和透明性的考虑，又以牛皮和驴皮为佳。上色时主要使用红、黄、青、绿、黑五种纯色的透明颜料。正是由于这些特殊的材质，使得皮影人物及道具在后背光照耀下投影到布幕上的影子显得瑰丽而晶莹剔透，具有独特的美感。

沿袭传统戏曲的习惯，皮影人物被划分为生、旦、净、末、丑五个类别，更加特别的是，每个人物都由头、上身、下身、两腿、两上臂、两下臂和两手十一件连缀组成，表演者通过控制人物脖领前的一根主杆和在两手端处的两根耍杆来使人物做出各式各样的动作。

中国皮影戏起源于何时，因为参考资料有限，文献不足，我们也没有办法进行具体的考证。但是可以确定的是最迟在北宋时，中国皮影戏就已经非常成熟了，在中国的传统戏曲表演尚未发展成熟之际，宋代的皮影戏已能表演完整生动的三国故事了。一些记载宋人生活的著作如《东京梦华录》、《武林旧事》等，都述及宋代影戏的盛况。除了一些有名的艺人，南宋杭州甚至有叫“绘革社”的影戏组织出现。宋代以后至明清，影戏一直盛行，受到宫廷和民间的喜爱，普及全国各地，与各地曲艺、民俗相结合，发展成各具地方特色的影戏艺术。

笔间波澜

众所周知，皮影戏借助于灯光，利用影子来呈现完美的演出。所以看皮影戏时，大多只注意影子的变化，几乎没有什么深刻的唱腔和对白。所以皮影戏是所有戏曲当中最沉默的一个，但是它却利用这种特别的方式，塑造了“此时无声胜有声”的境界。中国有句古话叫“沉默是金”。每个人的性格不同，做事情的方式也有所不同，在别人不了解自己的想法时，也可以适当地保持沉默，因为你没有必要让所有人都认同你的观点，太在乎别人的看法，反而会加重自己的负担。

▷ 功名在掌中——木偶戏

相传在三百多年以前，泉州有一个叫梁炳麟的书生，屡试不第。灰心之余，前往九鲤仙公庙卜梦，梦中仙公在他手心写下：“功名在掌中。”梦醒后，梁生欣喜若狂，以为此次科考必定高中。怎知道造化弄人，他仍旧名落孙山，悲愤之余，不再有求取功名之心。有一次，他偶然遇到傀儡戏的演出，心有所感，于是自雕木偶，以手代线操弄之，借偶人，编戏文抒发心中的郁闷。没想到竟然引起一时的轰动，人们争相效仿，他才悟出“功名在掌中”的含义。

梁生托于掌上而演的偶戏即今之布袋戏，因而布袋戏俗称掌中戏，也叫作木偶戏。一些乡野传说介绍了布袋戏所备的传奇特点，也隐约指出布袋戏的起源年代。虽然目前所知史籍关于布袋戏的记载，最早是嘉庆年间的《晋江县志》，但一般人都愿意相信传说，认为布袋戏起源于明末清初的泉州。

木偶戏是由演员在幕后操纵木制玩偶进行表演的戏剧形式。在中国古代又称“傀儡戏”。中国木偶戏历史悠久，三国时已有偶人可进行杂技表演，隋代则开始用偶人表演故事。中华人民共和国成立以后，木偶戏的表演更加丰富多彩。除了演出传统的戏曲节目外，还表演话剧、歌舞剧、连续剧，甚至出演广告等。与此同时，木偶戏也面临着与其他艺术形式的激烈竞争。传统的木偶戏蕴藏着各地、各民族人民的思想、道德和审美意识，应加以扶持和保护。

一根线牵着一个木偶，很多人看到这样的情景都要感慨一番，说的最多的无非是命运的受控、没有自由等。其实，就如同木偶戏的背后有演员在操控一样，人生的命运也一直掌握在自己的手中。可能在生活中，我们要应对很多不必要的麻烦，比如要应酬，要与人交流，要顾虑到别人对自己的看法，但是这些都只是生活的附属品而已。即使拼命地去讨好，也不可能迎合所有的人。所以我们不用过多地在意别人的看法，只做自己，跟着自己的心走即可。

▷ 高亢激越，强势中表达自己——秦腔

秦腔，陕西省地方戏，也叫“陕西梆子”，是最早的梆子腔，约形成于明代中期。秦腔唱腔为板式变化体，分欢音、苦音两种，前者长于表现欢快、喜悦情绪；后者善于抒发悲愤、凄凉情感。依剧中情节和人物需要选择使用，经典剧目有《蝴蝶杯》、《三滴血》等。

《三滴血》的主人公周人瑞是山西五台县人，在陕西韩城县经商。他的妻子在生下一对孪生儿子后死去。周人瑞无力抚养，便请邻居王妈妈将次子卖给了李三娘，取名李遇春。留下长子托王妈妈乳育，取名周天佑。

周人瑞因生意倒闭，携天佑回乡。周人瑞的弟弟周人祥夫妇为独霸家产，不承认天佑是周人瑞的亲生儿子，因此涉讼公堂。县令晋信书是一个死啃书本的腐儒，听闻过“陈业滴血认亲”，便用此法来断案。他见周人瑞父子滴血入水不相融合，即错断其二人并非亲生父子，勒令押解天佑出境，自行归宗。

李遇春在李三娘的抚养下长大成人，与李三娘亲生女儿晚春姐弟相称，感情非常好。李三娘有意要李遇春继承门户，就假称女儿晚春是自己的养女，欲与李遇春婚配。但是两人尚未成婚，李三娘就病逝了。土豪阮自用垂涎晚春已久，捏造庚帖，趁机前来许婚，挑起讼端。还是晋信书审理此案。晋信书仍用滴血认亲的方法，见二人血液融合，误断二人是同母所生不能成婚，判晚春与阮自用成亲。洞房之夜，晚春施计灌醉阮自用，趁机逃走。

周天佑被押送出境，又找不到父亲，就前往五台山进香求签。途中见一猛虎追踪少女贾莲香，便舍命相救。二人情投意合，由贾莲香父母

许婚，结为夫妻。李遇春得知晚春逃走，四处去寻找，与周天佑相遇，二人惊讶于相貌的相似，交谈之后，结为金兰之好。时值瓦剌犯境，攻破边关，二人同去从军，因功得官。王妈妈也离家追寻李遇春、晚春踪迹，途中与落魄的周人瑞相遇，得知彼此都遭遇了滴血认亲拆散亲人的命运，商定同做人证，前往五台县质问晋信书。晋信书为了证明滴血认亲的方法是对的，又传周人祥父子到堂试验，不料血液不融，晋信书无言以对。正在此时，旗牌官报告大帅接受周天佑和李遇春二人的请求，以晋信书错判官司提到大营问罪。晚春与莲香先后赶到，父子、夫妻终于团聚。

高昂的唱腔是秦腔的特色，以声音的高昂来吸引别人的眼球，是秦腔的高明之处。在生活中，人们常说“有理不在声高”，其实这样的说法也不一定完全对。与人辩论时，高昂的声调是自信的表现，自信很重要，只有你自己突破了自己的一关，做到据理力争，才能看到赢的希望。声高，不仅仅是声音的高昂，在阵势上表现自己的强势，使自己的观点更具有说服力。所以有理也在声高，在强势中表达自己的观点，让别人看到你的自信。

▷ 大音希声，用沉寂洗涤嘈杂——豫剧

《秦香莲》，又名《铡美案》，是豫剧的代表作品之一。豫剧也称河南梆子、河南高调。因早期演员用本嗓演唱，起腔与收腔时用假声翻高尾音带“讴”，又叫“河南讴”。在豫西山区演出多依山平土为台，当地称为“靠山吼”。因为河南省简称“豫”，所以新中国成立后定名为豫剧，是河南省的主要剧种之一。豫剧的流行地区分布甚广，大江南北、黄河两岸以至新疆、西藏都有豫剧演出。

北宋年间，贫民的儿子陈世美进京应试，考中了状元，他隐瞒已婚事实，被皇上招为驸马。在他离家的那段日子里，他的家乡连年闹荒旱，他的父母在灾乱中受尽折磨，还好有原配妻子秦香莲的照料。不久，父母相继过世，秦香莲只好带上一对儿女千里迢迢来到京城寻找她的夫君。当她得知陈世美已经成为驸马时，硬闯皇宫想要见他，却惨遭驱逐。丞相王延龄见状，可怜秦香莲，试图让她在陈世美寿辰之日扮成歌女在席间弹唱，以助他们破镜重圆，没有成功。王延龄给秦香莲一把纸扇，暗示她到开封府告状。

陈世美得知此事，派家将韩琦追杀秦香莲母子，韩琦不忍，终将秦氏母子放走，自刎谢罪。秦香莲逃出三官堂，至包拯前控告陈世美"杀妻灭嗣"，包拯将陈世美召到开封府，好言相劝，话不投机。包拯令秦与陈对质，陈世美自恃国戚，强词狡辩，包拯怒，欲铡之。太后闻讯来阻刑，但是包拯不顾，以头上乌纱担保，终于铡死陈世美，还了秦香莲一个公道。

笔间波澜

与真实的唱腔相比较，假音处于一定的劣势，但是豫剧采用假音收尾，回避了真实唱腔的高亢锋芒，却形成了豫剧的一大特色。年轻人总是希望在最短时间内让大家知道自己是个不平凡的人，为了吸引人们的注意，常常做一些很出格的事情，有时候也会刺激到别人，从而给别人带来伤害。渴望成功是每个人都拥有的心理，但是要有度，不要太锋芒毕露。其实，如果你静下心来仔细看看你周围，你会发现有许多人深藏不露。你以为他们都很平庸，其实他们的才能远在你之上；你以为他们讷言，其实他们都是善辩者，而他们却宁愿做不起眼的小人物。老子说"大巧若拙，大辩若讷"，是说最聪明的人、真正有本事的人，虽然有才华和学识，但不自作聪明，虽然能言善辩，却好像不会说话一样。木秀于林，风必摧之。一个人如果锋芒毕露，一定会遭到别人的嫉恨和非议。真正有才华的人，必须把能保护自己也算作才华之列。

▷ 触类旁通，功夫在诗外——绍剧

唐僧师徒取经途中，经过白虎岭。那地方奇石林立，荒无人烟。唐僧让悟空去化缘。悟空刚走，白骨精就妄图趁机抓走唐僧。她摇身变成了一个年轻漂亮的村姑，抓了一些癞蛤蟆和长尾蛆，用法术变成饭食，请唐僧他们吃。这时，悟空化斋回来了，他发现那女子是个妖怪，举棒就打。没想到那个妖怪本事很高，用了一个法术，扔下一具假的尸体，自己化作轻烟逃走了。

唐僧责怪悟空不该打死人。悟空拿过竹篮，让唐僧看里面的癞蛤蟆和长尾蛆，唐僧这才相信那村姑是个妖怪。猪八戒没吃成饭，心里不高兴，说这是悟空使的障眼法，变了些癞蛤蟆、长尾蛆来骗师父。唐僧居然相信了，念起紧箍咒，疼得悟空满地打滚。

悟空求唐僧饶他，唐僧本来就心慈，答应饶他一次。于是，师徒四人又上路了。但是白骨精不死心，又变成了一个老太婆，拄着拐杖，哭着向他们走去。

悟空见又是白骨精，举起棒子就打。妖怪没有得逞，还是用了个法术，扔下一具假的尸体在路边，自己逃走了。唐僧吓得差点从马上掉下来，一气之下，把紧箍咒连念了二十遍，要赶走悟空。

悟空头疼得厉害，向师父求饶，并说如果要赶他走就要把金箍摘下。唐僧不会松箍咒，取不下来，只好答应再饶悟空一次，反复嘱咐他不准再打人。

白骨精不甘心，又变成了白发老公公，来找他的妻子和女儿。虽然悟空早已认出他是妖怪，但害怕师父又念咒语，就没有立刻动手。那白骨精却把唐僧拉下马来，说是要到官府去告他。悟空急了，抡棒就打，被打死的妖怪现了原形，成了一堆白骨，脊梁骨上还刻有“白骨夫人”四个字。悟空把这些指给唐僧看，唐僧这才有点相信。不料，八戒却插嘴说：“大师兄是怕师父念咒，才用了法术，变出副白骨来骗人的。”

唐僧一听，非常生气，一定要把悟空赶走。悟空见师父心意已决，长叹一声，将师父托付于沙僧，自己回了花果山。

在《西游记》中，“孙悟空三打白骨精”是取经路上的重要转折点，经历了这件事情之后，唐僧才开始完全相信悟空。因为这个故事的重要性，很多戏曲都愿意选取这一段内容，加以发展，绍剧便是如此。绍剧，又名“绍兴乱弹”、“绍兴大班”。流行于浙江绍兴、宁波、杭州地区和上海一带，因其形成于绍兴，并以绍兴地区各县为流行中心，1953 年定名为绍剧。绍剧的主要唱腔曲调为〔二凡〕、〔三五七〕和〔阳路〕。绍剧剧目颇为丰富，后期发展了部分取材于《西游记》的猴戏。

绍剧是一种灵活的戏曲，它能够广泛地吸收生活中的各种智慧，将其运用到极致。在现实生活中，灵活处世同样重要。有一个典故说，很久以前，人们听说有位大师几十年来练就一身移山大法。一天，有人找到这位大师，央其当面表演一次。大师在一座山的对面坐了一会儿，就起来跑到山的另一面，然后说表演完毕。人们大惑不解，大师微微一笑说：“事实上，这世上根本就没有什么移山大法，唯一能够移山的方法就是，山不过来，我就过去。”所以，不要迷信于成功会有捷径，当遇到事情的时候，懂得变通，就是成功的最好秘诀。

▷ 变换角度，多棱看世界——越剧

越剧是中国传统戏曲形式，主要流行于上海、浙江、江苏、福建等地。越剧长于抒情，以唱为主，声腔清悠婉丽，优美动听，表演真切动人，极具江南地方色彩。越剧演员初由男班演出，后改男女混合班或全部女班。《孟丽君》是越剧的经典剧目。

孟丽君与皇甫少华自幼青梅竹马，互相爱慕。不料，孟丽君的父亲孟士元奉命征南失利被俘，被奸臣诬陷说他私通外敌。皇上在盛怒之下下令捉拿孟士元全家来问罪。孟丽君闻讯，女扮男装，匆匆逃亡。临走之前，赠皇甫少华一幅自描画像以示忠贞。

后来，孟丽君在一位员外的援助下，化名郦君玉，得中状元，后步步高升，被封为当朝宰相。两年后，皇甫少华考中武状元，被皇帝封为泾武将军，领兵征南。三年后班师回朝。在皇甫将军的庆功宴上，国丈刘捷要皇上将他的侄女赐给少华为妻。少华坚决不答应，并称自己已有婚配，郦君玉丞相为缓和僵局，建议君王悬榜百日，招孟丽君自首。

转眼百日期满，孟丽君在危难之中心生一计，命贴身丫鬟荣兰冒充自己面见皇上，被国丈刘捷看出破绽，要皇甫少华出示孟丽君的画像以验真伪。孟女扮男装又被皇上看破，他蓄意要将孟丽君纳为自己的嫔妃。哪知孟丽君机敏过人，利用皇室的矛盾，取得太后欢悦，收为义女，招皇甫少华为驸马，有情人终成眷属。

笔间波澜

很多戏曲在最初形成时也有很大的发展潜力，但是随着社会的发展，它们却渐渐淡出了历史的舞台，主要原因就是因为它们不懂得变化求新，不懂得顺应社会的发展方向，迎合观众的口味，所以最终摆脱不了被淘汰的命运。越剧则不同，它总是能够吸收社会中最先进的因素来完善自己。在人生旅途中，我们总是经年累月地按照一种既定的模式经营生活，很少尝试走别的路，这就容易衍生出消极厌世、疲惫乏味之感。所以，要学会在适当的环境下调换思维，换一种活法，这样生命也会得到适当的喘息。走出了思维定式，也许我们看到的就是不一样的风景了。从舞剑中可以悟到书法之道，从飞鸟可以想到飞机，从苹果落地可以参透万有引力……换个位置，换个角度，换个思路，也许展现在我们面前的就会是一番新的天地。

▷ 世事不可完满，坦然面对挫折——评弹

余杭镇豆腐店伙计葛品连的妻子毕秀姑长相漂亮，人送外号“小白菜”。一日，葛品连突然暴病身亡，死因不明，所以知县刘锡彤便怀疑是因奸情杀人。秀才杨乃武平时爱打抱不平，与知县刘锡彤积怨甚深。巧合的是，小白菜与葛品连结婚后租住杨乃武家后屋一间，与杨乃武平日往来颇多，街坊之中的好事之徒也曾传言两人有染，是“羊（杨）吃白菜”。

知县刘锡彤听说了此事，就想趁机报复杨乃武。于是将杨乃武和毕秀姑二人拘押，并用重刑逼供。屈打成招以后，杨毕二人被判斩刑。但是杨乃武和他的胞姐杨淑英、妻子詹氏不服，屡屡上诉，历时两年，前后经过几十个公堂，都因为刘锡彤上下疏通贿赂，以至于官官相护，依旧维持原判。

但是，此案引起了在京余杭人士的不满，他们联名上书，要求刑部重新审理。同时，《京报》报道了她们二人到京告御状的消息。由于《京报》只在京师以内发行，所以只有朝廷中少数官员可以看到，影响不大。同治十三年（公元1874年）10月27日，《申报》转载了《京报》的上述消息，从此，杨乃武与小白菜一案上告的信息广为流传。

这件事情引起了慈禧太后的重视，她决定亲自过问。在朝廷重臣的直接干预下，杨乃武和小白菜的冤案终于得以昭雪。杨毕冤案历经三年零四个月，案情曲折，朝野轰动，影响颇大。杨乃武出狱后，举人的头衔已被革去，于是以养蚕种桑为生，1914年患疮疽不治而死，时年74岁。毕秀姑出狱后，在南门外石门塘准提庵为尼，法名慧定，1930年圆寂，时年76岁。

这就是《杨乃武与小白菜》的故事。评弹吸收了此故事的精华，将其发展为经典剧目之一。评弹，又称苏州评弹、说书或南词，是一门古老、优美的说唱艺术。它起源于苏州，流行于长江三角洲地区。

评弹，以苏州方言演唱，是苏州的评话和弹词的统称。评话又称说大书，以讲历代军国大事为主，弹词又称说小书，大多演唱传奇及野史中的悲欢离合故事。由于评弹的情节曲折离奇，表演扣人心弦，形式雅俗共赏，故数百年来流传于江、浙、沪城乡，为社会各阶层人士所喜爱。

对于人生，人们发出过无数次的感慨。有位作家说："作为一个人，要是不经历人世上的悲欢离合，不跟生活打过交手仗，就不可能懂得人生的意义。"可见，在人生的旅程中，经历悲欢离合是不可避免的插曲。评弹则将这些作为舞台上的内容，更加贴近于人们的生活。生活中，有很多事情是很难把握的，俗话说"天下没有不散的筵席"，聚散离合本是寻常事，是我们思虑太多，然后给它赋予了太多本不属于它的牵绊。人生没有想象中那么简单，可是也远远没有我们想象中那么复杂，在遇到事情的时候，要坦然地去面对，要知道生活本身是美好的。

▷ 发扬优势，争取有利空间——粤剧

粤剧又称大戏或者广东大戏，源自南戏，自明朝嘉靖年间开始在广东、广西出现，是糅合唱念做打、乐师配乐、戏台服饰、抽象形体等的表演艺术。粤剧每一个行当都有各自独特的服饰打扮。最初演出的语言是中原音韵，又称为戏棚官话。到了清朝末期，有人为了方便宣扬革命而把演唱语言改为粤语，使广州人更容易明白。粤剧名列于2006年5月20日公布的第一批518项国家级非物质文化遗产名录之内。《柳毅传书》、《宝莲灯》等是粤剧的代表剧目。

《柳毅传书》讲述的是湖北人柳毅在前往长安赶赴科考的途中，在

泾阳遇到一位在冰天雪地里牧羊的女子。柳毅对这女子很是好奇，多次上前打听之后，才知道对方是洞庭湖的龙宫三公主，远嫁给泾水龙王十太子。可惜十太子生性风流，娶妻之后没有与她洞房。三公主独守空房之余，又被翁姑欺凌，带着负责降雨降雪的羊群到江边放牧。她想要传书回家求救，但是周遭水族禽鸟慑于龙王声威，都不敢帮她。柳毅听后义愤填膺，马上答应放弃科考的机会返回家乡送信。

柳毅来到洞庭湖畔，帮助三公主把信送往龙宫。但是洞庭君碍于与泾阳君的多代姻缘的情面，想要息事宁人，可是洞庭君的弟弟钱塘君非常气愤，他毅然带领水军前往解救三公主，并一怒之下杀了泾水龙王十太子。三公主回宫后，为柳毅奉酒答谢。钱塘君见二人眉来眼去，就想要撮合二人。但柳毅碍于没有人做媒，以及介怀自己间接杀了三公主的丈夫，所以拒绝了婚事。

柳毅回到地面之后，经常望湖兴叹，而三公主也对柳毅日夜挂念。双方家长见子女都为相思所困，柳毅的母亲决意为柳毅寻找媳妇；而钱塘君由于自己错手杀了三公主的丈夫而耿耿于怀，决意化身为媒婆前往柳家说媒。最后，有情人终成眷属。

笔间波澜

在戏剧发展史上，能够不被后来者淘汰，始终保持自己的特色发展的，粤剧算是其中的一种。它在京剧发展的强势下，懂得在小处获得新的发展，在与其他小剧种的竞争中，它又变得很强势，该出手时就出手。可以说粤剧能够发展到今天，与它懂得发展的智慧是分不开的。我们在生活中同样需要这样的智慧。一些人喜欢坚持自己的观点，即使现实的环境没有让他的想法发展的可能，他也还是很固执地坚持，“拿着鸡蛋碰石头”，最终撞得头破血流。坦白说，人不可能轻易改变自身的强或弱，但是可以改变自己的态度，为自己争取最有利的发展空间。

▷ 察言观色，适当地隐藏自己——川剧

川剧，是四川文化的一大特色。成都是戏剧之乡，早在唐代就有“蜀戏冠天下”的说法。清代乾隆时在本地车灯戏基础上，吸收融汇苏、赣、皖、鄂、陕、甘各地声腔，形成含有高腔、胡琴、昆腔、灯戏、弹戏五种声腔的用四川话演唱的“川剧”。其中川剧高腔曲牌丰富，唱腔美妙动人，最具地方特色，是川剧的主要演唱形式。

变脸是运用在川剧艺术中塑造人物的一种特技，是揭示剧中人物内心思想感情的一种浪漫主义手法。

相传，“变脸”是古代人类面对凶猛的野兽，为了生存把自己的脸勾画出不同形态，以吓唬入侵的野兽。川剧把“变脸”搬上舞台，用绝妙的技巧使它成为一门独特的艺术。

变脸的手法大体上分为三种：“抹脸”、“吹脸”、“扯”。此外，还有一种“运气”变脸。

“抹脸”是将化妆油彩涂在脸的特定部位上，用手往脸上一抹，便可变成另外一种脸色。如果要全部变，则油彩涂于额上或眉毛上，如果只变下半部脸，则油彩可涂在脸或鼻子上。如果只需变某一个局部，则油彩只涂要变的位置即可。如《白蛇传》中的许仙、《飞云剑》中的陈仑老鬼等都采用“抹脸”的手法。

“吹脸”只适合于粉末状的化妆品，如金粉、墨粉等。有的是在舞台的地面上摆一个很小的盒子，内装粉末，演员到时做一个伏地的舞蹈动作，趁机将脸贴近盒子一吹，粉末扑在脸上，立即变成另一种颜色的脸。《活捉子都》中的子都、《治中山》中的乐羊子等人物的变脸，采用的便是“吹脸”的方式。

“扯脸”是比较复杂的变脸方法。它是事前将脸谱画在一张一张的绸子上，剪好，每张脸谱上都系一把丝线，再一张一张地贴在脸上。丝线则系在衣服的某一个顺手而又不引人注目的地方。随着剧情的进展，在舞蹈动作的掩护下，一张一张地将它扯下来。如《白蛇传》中的钵

童（紫金铙钵），可以变绿、红、白等七八张不同的脸。

还有一种方式是“运气变脸”。传说已故川剧名演员彭泗洪，在扮演《空城计》中的诸葛亮时，当琴童报告司马懿大兵退去以后，他能够运用气功而使脸由红变白，再由白转青，意在表现诸葛亮如释重负后的后怕。

笔间波澜

很多人观看川剧，都是为了一睹“变脸”的风采，它就如同川剧的一大招牌，吸引着大多数人的眼球。为人处世，也需要“变脸”的技巧。很多人性格倔强，在表述自己的观点时，如果没有得到对方的认可，就喜欢据理力争，直到获得对方的赞同。坚持自己的观点固然是好事，但是在争论的过程中，不顾及别人的感受而把自己的意愿强加在别人的头上，无疑会给对方带来伤害。与人交往是一门高深的学问，如果自己把握不好，会给自己带来很多负面的影响，反而会不利于自己的发展。所以我们要学会适当地隐藏自己，学会察言观色，以智保身。

第六章 纵横捭阖局中事，步步生死谜

▷ 众人博弈，整合闲置资源——麻将

麻将，四人骨牌博戏，流行于世界华人文化圈。不同地区的游戏规则稍有不同。麻将的牌式主要有“饼（文钱）”、“条（索子）”、“万（万贯）”等。在古代，麻将大都是由骨面或者竹背做成的，可以说麻将牌实际上是一种纸牌与骨牌的结合体。与其他骨牌形式相比，麻将的玩法最为复杂有趣，它的基本打法简单，容易上手，但其中变化又极多，搭配组合因人而异，因此成为中国历史上一种最能吸引人的博戏形式。

麻将之所以分这三种牌式，据说是因为麻将是由明朝名为万饼条（或“万秉章”）的人在“叶子格戏”的基础上创造的，他以自己名字“万、饼、条”作为三种基础花色。有一种说法是，麻将基本张数为108张，代表着《水浒传》里的108位好汉，“东、南、西、北”则代表这些好汉来自东南西北四面八方，“中、发、白”是说这些人有的是中产阶级，有的是高官贵族，有的则是白丁出身。

还有一种说法，认为麻将本是江苏太仓“护粮牌”。这一类人认为“筒”图案就是火药枪。“索”即“束”，是用细束绳串起来的雀鸟，所以“一索”的图案以鸟代表，几索就是几束鸟，奖金则是按鸟的多少计算的。“万”即是赏钱的单位，几万就是赏钱的数目。

麻将玩法的术语也与捕雀护粮有关。如“碰”即“嘭”的枪声。又如成牌叫“和”，“和”和“鹘”谐音，“鹘”是一种捕雀的鹰。除

此还有“吃”、“杠”等术语也与捕鸟有关。那么为何又叫“麻将”呢？在太仓地方方言叫“麻雀”为“麻将”，打麻雀自然也就叫成打麻将了。

麻将在不同地区甚至是同一地区，都有很多玩法，比如广东麻将、福建麻将、台湾麻将、南京麻将、合肥麻将等，几乎各地都有各地的玩法，甚至还传到了国外，比如有菲律宾麻将、日本麻将、美国麻将等。

作为一种中国传统的文化现象，麻将运动确有其表现形式上的多元性。正因为如此，有人认为，麻将是中国传统文化的一个重要组成部分，其独特价值堪称国之瑰宝；也有人深恶痛绝，认为麻将是赌博之首，其罪恶程度与吸毒无异。

其实麻将与赌博并没有必然联系。新中国成立以后，赌博消失了，麻将却在人们的业余文化生活中健康地存在了许多年。今天，当有人用麻将作赌具的时候，其罪责当不在麻将。橘生于淮南谓之橘，植于淮北谓之枳，事在人为。总体而言，麻将具有很强的趣味性、娱乐性和益智性，所以很受人们的喜爱，并成了具有强烈中国色彩的益智游戏而影响广泛。

在中国最有群众基础的益智类游戏，大概非麻将莫属。四个人平等地围成一圈，不分对手，各自单干，这就要求个人必须有相当的水平，才能从四人中脱颖而出。麻将还是个零和游戏，因此不可能双赢，而和局又因为消耗太大而无意义，因此玩麻将最直接的目标就是让自己赢。当然现实生活中我们碰到的问题不一定是零和游戏，甚至大部分都不是，我们都可以找到双赢的方式。但是无论是“利己损人”的零和游戏规则，还是“利己不损人”的双赢游戏规则，我们都要学会在对手之间巧妙博弈，这会让你在任何情况下，都把损失减少到最小。只有这样，你才能在人群中脱颖而出。

▷ 一子定输赢，胜于可控败于不明——五子棋

五子棋，亦有“连五子”、“五子连”、“串珠”、“五目”、“五目碰”、“五格”等多种称谓，是起源于中国古代的传统黑白棋种之一。

五子棋容易上手，趣味横生，老少皆宜，而且引人入胜，它不仅能增强思维能力，提高智力，而且还富含哲理，有助于修身养性。

五子棋相传起源于四千多年前的尧帝时期，比围棋的历史还要悠久，可能早在“尧造围棋”之前，民间就已有五子棋游戏。有关早期五子棋的文史资料与围棋有相似之处，因为古代五子棋的棋具与围棋是完全相同的。在上古的神话传说中有“女娲造人，伏羲作棋”一说，《增山海经》中记载：“休舆之山有石焉，名曰帝台之棋，五色而文状鹑卵。”李善注引三国魏邯郸淳《艺经》中曰：“棋局，纵横各十七道，合二百八十九道，白黑棋子，各一百五十枚。”可见，五子棋颇有渊源。亦有传说，五子棋最初流行于少数民族地区，以后渐渐演变成围棋并在炎黄子孙后代中遍及开来。

在古代，五子棋棋具虽然与围棋相类同，但是下法却是完全不同的。正如《辞海》中所言，五子棋是“棋类游戏，棋具与围棋相同，两人对局，轮流下子，先将五子连成一行者为胜”，至于国人中有将五子棋称为“连五子”、“连珠”的，也许是源于史书中的“日月如合璧，五星如连珠”（《汉书》）。

笔间波澜

关于五子棋，细心的人可能会问，为什么不是四子棋或者六子棋。原因是这样的，四子连珠太容易，攻方处于绝对优势；而六子连珠又太难，守方则处于绝对优势。一个游戏能流行，必须让游戏双方处于平等的位置才可能进行，否则游戏就不成其为游戏。为了兼顾公平，人们逐渐选择了五子。因为只有五子无论对于攻方还是守方，达成连珠的可能性才一样。所以说游戏设计不是一拍脑瓜就定了的事情，而是经过时间

的洗礼和精巧的博弈才定下来的规矩，五子棋正好达到了最佳的攻守平衡。生活中与人相处也是，很多时候人与人的交往其实并不单纯，存在利益的博弈，既不吃亏上当，又能有所得，这就需要我们找到一个最佳的攻守平衡点。

▷ 机会均等，高手着眼全局——围棋

围棋是一个智力游戏，起源于中国。在我国古代称为弈，在整个古代棋类中可以说是棋之鼻祖，相传已有4000多年的历史。据《世本》所言，围棋为尧所造。晋代张华在《博物志》中亦说："舜以子商均愚，故作围棋以教之。"舜是传说人物，造围棋之说有点不可信，不过它反映了围棋起源之早。

围棋棋盘为标准的正方形，由纵横各19条线互相垂直、均衡地纵横交错而成，构成一幅对称、简洁而又完美的几何图形。有人说，如果你凝视棋盘，有可能会产生一种浑然一体，茫然无际的感觉。那种感觉就像是仰视浩瀚苍天或者是俯瞰寥廓大地。围棋大师吴清源考证说：围棋其实是古人的一种观天工具。棋盘代表星空，棋子代表星星。

围棋棋盘的最大特点，在于它的整体性、对称性、均匀性。它全然一个整体，上下左右完全对称，四面八方绝对均匀。它既无双方阵地之分，也无东西南北之别。棋盘可以横摆、竖摆，下棋者可以从任何一边落子。围棋棋盘的这些特点十分契合宇宙空间的本性。

围棋对弈又被称为"手谈"，双方以落子作为语言进行交流，每手棋都传递着信息。从战术上讲，围棋中有"金角银边草腹"之说。意指围取同样多的地，在棋盘角上可利用棋盘的两条边，所需子力（手数）最少；在棋盘边上只能利用棋盘的一条边，所需子力（手数）较多；在棋盘中腹没有边可利用，所需子力（手数）最多。所以主流弈法多优先在棋盘角和边上围地。

围棋是一门经济学。不同于其他棋类项目以先擒获对方某种棋子为胜，追求达到目标的过程，围棋以控制地盘大者为胜方，追求数量的优势；而与其他棋类项目一样，围棋也是双方轮流下子，棋子及落子的机会就是棋手所掌握的稀缺资源。

围棋的变化着数据说更胜象棋，这个论断无人证明，但是反映了围棋的博大精深。一个好的围棋手，必须是一个精于计算的心算师，还得是一个哲学家。因为围棋处处有学问。比如投子就得无悔。棋是一步一步走出来的，人是一步一个脚印活过来的，步步都得向前看，世上无后悔药可买。再比如围棋有失手一说，实际上下棋最重先手，“宁失十子，不失一先”；做人也是一样，对自己名誉必须看重，“宁失千金，不失仁义”。在面对机遇时，必须该出手时就出手。比如共活，双方要保持相安无事又相互威胁的局面。但假如你想结果别人，那么先死的就不是别人而是你了。因此，在这个激烈竞争的时代，既要学会竞争，又要学会和平共处。

▷ 守中待攻，丢卒保车是谋略——象棋

中国象棋具有悠久的历史。战国时期，已经有了关于象棋的正式记载，如《楚辞·招魂》中有“菎蔽象棋，有六簿些；分曹并进，遒相迫些；成枭而牟，呼五白些”。

最早的象棋，棋制由棋、箸、局等三种器具组成。行棋两方，每方六子，分别为枭、卢、雉、犊、塞，塞有二枚。下棋之前，双方先要投箸，以决定先后。局，是一种方形的棋盘。比赛时，“投六箸，行六棋”，斗巧斗智，相互进攻逼迫，置对方于死地为胜。春秋战国时的兵制，以五人为伍，设伍长一人，共六人。由此可见，实际上早期的象

棋，象征了战斗，是模拟战争的一种游戏。

三国之后，象棋的形制不断变化。唐代的象棋形制，和早期的国际象棋颇多相似之处。经过近百年的实践，象棋于北宋末定型。这种模式下有棋子 32 枚，棋盘上有河界，将在九宫之中，等等。到了南宋时期，象棋已经家喻户晓，一时间成为流行广泛的棋艺活动。

象棋各子有其固定的走法，比如马走“日”字，相飞“田”形，“帅”和“士”只能在九宫里走，“炮”隔子可以吃对方子，卒子过河不回头。

象棋在元明清时期，继续在民间流行，技术水平不断得以提高，出现了多部总结性的理论专著，其中最为重要的有《梦入神机》、《金鹏十八变》、《橘中秘》、《适情雅趣》、《梅花谱》、《竹香斋象棋谱》等。杨慎、唐寅、郎英、罗颀、袁枚等文人学者都爱好下棋，大批著名棋手的涌现，显示了象棋受到社会各阶层民众喜爱的状况。

新中国成立之后，象棋进入了一个崭新的发展阶段。1956 年，象棋成为国家体育项目。以后，每年都举行全国性的比赛。1962 年成立了中华全国体育总会的下属组织——中国象棋协会，各地相应建立了下属协会机构。40 多年来，由于群众性棋类活动和比赛的推动，象棋棋艺水平提高得很快，优秀棋手不断涌现，其中以杨官璘、胡荣华、柳大华、赵国荣、李来群、吕钦、许银川等最为著名。

笔间波澜

楚河汉界，兵戎相见，对弈的双方，各执其子，运筹帷幄，表面上看来双方都颇有“笑揽风云动，睥睨大国轻”的飘逸风度，实际上骇异的杀着却已步步逼近，场面端的是危机四起，凶险万分。其实无论象棋有多少计谋，多少套路，它归根结底就是一静一动，动到提马上相，翻车攻炮，静到拱卒保帅，都有其精妙之处，一招一式中，目的都是将军，所以，象棋真正的精髓在于守中待攻，不可急躁，只有攻守兼备的那一步，才是妙着。这种思想用在日常生活里也是一样，面对竞争对手，既不可冒进，又不可自取被动。拿捏好分寸，找到既能保护自己，又能压制对手的办法，才是高招。

▷ 学会独处，释放压力——孔明棋

孔明棋，也有人叫它跳弹珠。关于孔明棋的流传，有许多的传说，有人说是三国时代孔明所发明的益智棋，失传后辗转流传至日本、欧美，成为外国普及的益智游戏。另外也有一种说法，说它真正的名字叫作十字棋，据传是发明于法国，是一个被囚的法国贵族，在狱中为了打发时光，而想出来的。后来在 18 世纪末期传至英国，才渐渐流行至世界各地。

这种游戏的魅力在于玩法非常简单，但是其中变化却是数不尽的，解法更是不止一种，所以不论其形式如何变化，总是能带给人们无穷的乐趣。

孔明棋属于一个人就可以玩的游戏，它是由 33 个棋子排成井字形盘面，一般流传的玩法是先取去中央的那个棋子，便可以展开游戏。游戏时，是将棋子跳过邻近的棋子，到达一个旁边空着的位置，被跳过的棋子则从棋盘上取开；跳的路径可以前、后、左、右，但不可对角跳，直到剩下最后一个棋子，游戏便结束了。这是一种流传很广的益智游戏，也有很多种变形的棋盘摆法。

笔间波澜

孔明棋有一个特点就是你自己可以和自己下，这一点围棋、象棋等就做不到。因此比之围棋和象棋，孔明棋更适合一个人独自解闷。虽然合作是今天的时尚，也是今天的人们应该具有的素质之一，但是人们同样需要独处。和同伴们吃饭喝酒掏心窝子说话，是一种压力的释放，自己待在家里下棋未尝不是很好的休闲方式。我们除了身体上的运动之外，还需要很多思维上的锻炼，一个人下棋正是符合这个条件的最好释压方式。即便如此，很多人还是会在压力中闷闷不乐而找不到释放的方式，这是人的愚蠢还是深刻呢？有压力就要学会释放，学会自娱自乐。

▷ 金木水火土，万物相生亦相克——五行棋

这是一款基于中国传统的阴阳五行学说制作的棋类游戏，游戏运用了奇妙的五行相生相克原理，将古老的中国文化融入了有趣的比赛，寓教于乐。

五行棋是一种流传于中国民间的一种双人对弈的几何版图形休闲娱乐棋类游戏，主要玩家是少年儿童。

儿童们常在课间在学校的操场，或放学后在村口屯后屋前树下，放牛时在河边等稍平整的地方随手用粉石画出棋盘，呼朋唤友即便开张。对弈双方各持棋子四颗，棋子可信手拿来，可以是小树枝、小石子、小瓦片、小纸团、小干果等，只要能够与对方的棋子明显区分。行棋时须口念“金木水火土”念一个字，在棋盘节点上依次走一步，每人每次走五步，最后一次落点在对方棋子上时，则对方被吃，最后剩子的一方为胜。

五行棋容易上手，但行棋时每走一步也要计算好几步的形势，趣味横生，因此最宜儿童锻炼判断能力和快速逻辑思维能力。行棋时须口念五行口诀“金木水火土”，是该棋类的独特之处。

笔间波澜

五行棋没有围棋和象棋那么深奥，它的走法很简单，简单到没有门槛，也不用专门的棋子，随便拿点小石头都能玩。但是就是这些，却让很多人对逝去的童年有了深深的眷念，小时候的趣事傻事想起来都会历

历在目。今天的我们回忆童年，会觉得那时候的快乐很单纯，反观现在很多人生活在压力重重的世界，早已没有了笑脸。其实快乐很简单，就像我们童年，随便画个棋盘，默念金木水火土就可以和伙伴们乐上半天。有人会说那是年龄小，不谙世事。这只是其中一个小小的原因，人们之所以在童年那么快乐，更重要的原因在于我们把心放在了快乐的地方。

第三篇

舌尖智慧：美食节日篇

第七章　每逢佳节倍思亲，难觅一知音

▷ 品尝苦的滋味，超越苦的感觉——春节

据传，很久以前，庄稼人不懂节令，常常拿不准种田的时机，生活苦不堪言。有一个叫万年的小伙子，决心把节令定准。他反复试验，在打柴和挖药时受到树影和泉水的启发，制成了日晷和五层漏壶。从此，他测日影，观漏水，天天如此，从不间断。终于发现每隔 360 多天，天时的长短就会重复一次，最长的一天在夏至，最短的一天在冬至。

当时的天子祖乙也为节令失常之事着急，就召集百官议论此事。朝廷节令官阿衡不懂日月运行规律，就说是因为百姓做事不慎，得罪了上天，只有祈祷上天宽恕才行。祖乙听信了，斋戒沐浴，率领百官去祭天，并传谕全国各地设台祭天。

这下可苦了各地百姓。为修祭台，又得服役，又得出捐，劳民伤财，怨声载道。万年忍不住了，就带上他的日晷和漏壶去拜见天子。天子传见万年，听万年讲述了日月运行周期，心中大喜，即令大兴土木，在天坛前修建日月阁，筑日晷台，造漏壶亭，又派 12 个童子服侍万年。

万年登日月阁后，日夜操劳，一晃三载。一天，天子派阿衡去日月阁询问制历情况，万年禀报："日出日落三百六，周而复始从头来。草木枯荣分四时，一岁月有十二圆。"阿衡听罢，深感有理。但他是个腹内空空又心胸狭窄之人。他想：如果万年把历制定准，天子必然定会重用万年，到那时就不会重用我了，于是决定除掉他。

阿衡找了一名刺客，让他行刺万年，还好没有得手。天子知道了此

事，立即传令将阿衡捉拿收监，接着登日月阁看望万年。万年见天子亲自来看望自己，非常感动，指着申星说："申星追上了蚕百星，星象复原，夜交子时，旧岁已尽，时又始春，望天子定个节吧。"天子略加思忖，说道："春为岁首，就叫春节吧。"

农历正月初一是春节，在每年的这一天里，人们都会举行各种活动以示庆祝。这些活动均以祭祀神佛、祭奠祖先、除旧布新、迎喜接福、祈求丰年为主要内容。活动丰富多彩，带有浓郁的民族特色。

春节是中华民族最重要的节日，各行各业在春节的时候都会调整工作时间，能休息的尽量休息，能回家的尽量回家，争取团聚，获得一年的圆满。圆满，是人们的最大追求，也是人生的最高境界。事业上，我们希望自己能够一帆风顺，不管过程怎样，都希望自己能够成功；家庭上，我们希望所有的亲人都在自己的身边，有问题大家可以一起解决，同甘共苦。但是圆满通常都是不容易实现的，就好像过年，也想回家，但是可能因为离家太远，又错过了当天的火车结果回不去了。尽管圆满一直都是我们追求的理想状态，但是我们也要学会适应缺陷。

▷ 盛极而衰，盈满则亏——元宵节

汉高祖刘邦死后，吕后所生的儿子刘盈登基做了皇帝，史称汉惠帝。惠帝生性懦弱，优柔寡断，对国事拿不定主意，常常要吕后垂帘听政，时间一长，汉朝的大权就落到了吕后手上。

汉惠帝病死以后，吕后开始独揽朝政，把刘氏天下变成了吕氏天下。朝中老臣、刘氏宗室深感愤慨，但都惧怕吕后的残暴和权势，敢怒不敢言。

吕后病死后，吕氏族人开始惶惶不安，害怕遭到排挤和报复。他们采取了先发制人的方式，在上将军吕禄家中秘密集合，共谋作乱之事，以便彻底夺取刘氏江山。

这件事被齐王刘襄知道了，为了保住刘氏江山，刘襄决定起兵讨伐诸吕。他与开国老臣周勃、陈平取得联系，设计铲除了吕氏族人，“诸吕之乱”终于被彻底平定。

平定叛乱以后，众臣拥立刘邦的四儿子刘恒登基，称汉文帝。文帝登基以后，深感太平盛世来之不易，便把平息“诸吕之乱”的日子——正月十五，定为全民同乐日，京城里家家张灯结彩，以示庆祝。从此，正月十五就成了一个普天同庆的民间节日——元宵节。

元宵节又称为“上元节”或者“灯节”，有着悠久的历史。元宵节的内容十分丰富，人们在晚上可以“闹花灯”，即张灯、观灯、打灯虎，还可以放花炮焰火。元宵节的应节食品是元宵，香甜味美，深受大家的青睐。

虽然都有团圆之意，但是春节侧重于辞旧迎新，元宵节则是对新春的延伸。团圆也罢，庆祝也罢，在到高潮的时刻，我们就应该做好迎接低谷的准备。中国有句古话叫作“盛极而衰”，任何事物到了顶点之后都会走下坡路。所以在成功的时候，不能得意忘形，而要做好预防措施，想办法在达到事业巅峰的时候另辟新路，找到新的发展方向和起点。

▷ 定时清理心里的“垃圾”——清明节

春秋时期，晋国公子重耳为躲避迫害而流亡国外。流亡途中，经过一处荒无人烟的地方，跟随的侍从找了很久也没找回一点吃的，正在大家万分焦急的时候，随臣介子推走到偏僻的地方，偷偷从自己的大腿上割下了一块肉，煮了一碗肉汤让重耳喝了。重耳渐渐恢复了精神。当重耳发现肉是介子推从自己腿割下的时候，感激得流下了眼泪。

若干年以后，重耳做了国君，也就是历史上的晋文公。即位以后，文公重重赏了当年伴随他流亡的功臣，唯独把介子推忘了。

大家都为介子推鸣不平，劝他面见文公讨赏，可是介子推最鄙视那些争功讨赏的人。他打点好行装后，同母亲悄悄地到绵山隐居去了。

晋文公听说此事以后，愧悔莫及，亲自带人去请介子推，可介子推早已离开家去了绵山。绵山山高路险，树木茂密，要想找到两个人谈何容易？这时候有人献计，从三面火烧绵山，逼介子推出山。可是大火烧遍了整个绵山，也没见介子推的身影。火熄以后，人们才发现背着老母亲的介子推已坐在一棵老柳树下死去了。

晋文公见状，放声恸哭。后来，人们在树洞里找出一封血书，上面写道："割肉奉君尽丹心，但愿主公常清明。"为纪念介子推，晋文公下令将这一天定为寒食节。第二年，晋文公率众臣登山祭奠，发现介子推死前坐过的老柳树竟然死而复活，便赐老柳树为"清明柳"，把寒食节的后一天定为清明节。

清明节，又称扫坟节，与七月十五中元节及十月十五下元节合称三冥节，都与祭祀鬼神有关。清明节的习俗是丰富有趣的，除了讲究禁火、扫墓，还有踏青、荡秋千、蹴鞠、打马球、插柳等一系列风俗体育活动。可能是因为清明节要寒食禁火，为了防止寒食冷餐伤身，大家来参加一些体育活动，以锻炼身体。因此，这个节日中既有祭扫坟墓生别死离的悲酸泪，又有踏青游玩的欢笑声，是一个富有特色的节日。

笔间波澜

因为清明节是在四月份，天气转暖，草树新绿，春天的气息渐渐加重了，所以人们喜欢在这个节日里去踏青。人的心灵像是一个垃圾桶，高兴的、不高兴的，好的、坏的，什么事情我们都放在心里，时间长了，积累的事情多了，就会产生很多心理压力，情绪也会有很大的波动，严重的可能会影响到正常的生活和工作。所以选择适当地释放，定时清理心里的垃圾，也是势在必行的事情。生活不是轴承，不能一直都保持在高压之下，给予适当的调节，就好像旅行前的整理，只有轻装上阵，才能走得更快，走得更远。

▷ 追忆先贤，重温历史——端午节

战国时，楚秦争霸，作为楚国官员的屈原忠心为国，却屡遭小人陷害，被楚怀王逐出郢都。后楚怀王赴秦国议和被囚，客死他乡，楚国都城郢被秦攻破，屈原听此噩耗，含痛投江自尽。

江上的渔夫和岸上的百姓，听说屈原大夫投江自尽，都纷纷来到江上，奋力打捞屈原的尸体，此风俗日后演变成赛龙舟。人们纷纷拿出家中的粽子、鸡蛋投入江中去喂鱼，希望鱼吃了那些东西以后，就不会去咬屈大夫的尸身。还有郎中把雄黄酒倒入江中，以便药晕蛟龙水兽，使屈原大夫尸体免遭伤害。没过多久，水面上浮起了一条被药晕的蛟龙，龙须上还沾着一片屈大夫的衣襟，人们就把这恶龙拉上岸，抽了筋，然后把龙筋缠在孩子们的手、脖子上，又用雄黄酒抹七窍，有的还在小孩子额头上写上一个“王”字，使那些毒蛇害虫都不敢来伤害他们。因为屈原投江殉难日是农历五月初五，从此以后，每年的这一天，楚国人民都会到江上划龙舟，投粽子，喝雄黄酒，并用彩线系住手、脖，以此来纪念屈原。

端午节是中国民间一个十分盛行的隆重节日，这天，人们会吃粽子、鸡蛋等食物，用香蒿洗脸，举行赛龙舟等水上活动以示庆祝。从2008 年起，端午节被确立为国家法定节假日。2006 年 5 月 20 日，该民俗经国务院批准列入第一批国家级非物质文化遗产名录。

笔间波澜

端午节是纪念屈原的节日，虽然屈原已经永远地投身于汨罗江了，但是他在逆境中不被困难吓倒，能够认清自己的方向，这样的精神是值得我们永远学习的。逆境，就如同人生大路里的沟壑，没有人喜欢，更很少人能够坦然面对。可是，不经历逆境，人们就不能学会坚强。幼鹰渐渐长大的时候，母鹰就不再给它提供食物了，而是将它赶出门外，让它自己去练习飞翔和生存的本领。对于幼鹰来说，刚被赶出“家门”的日子，也许是它的一生中最大的逆境了，但是如果它不选择面对，就不可能学会飞翔，也不可能在弱肉强食的自然生态法则中生存下去。动物尚且如此，那作为高等动物的人就更应该学会在逆境中奋力拼搏。我们应该把经历的苦痛看成是飞翔前的磨炼，把经历的波折看成是通往未来的基石，勇敢地面对，吸取经验，总会有收获美好的一天的。

▷ 家是情感的回归地——重阳节

相传在东汉时期，汝河一带有一个瘟魔，十分可怕。只要它一出现，就瘟疫横行，乡亲们家家有人病倒，天天有人丧命，百姓苦不堪言，却无处诉说。

一次，瘟魔再次出现，带来的瘟疫夺走了恒景父母的生命，恒景自己也差点儿丧了命。病好后，恒景辞别妻子和乡亲，决心访仙学艺，为民除害。

恒景跋山涉水，来到很远的地方，访遍了仙道名士，拜了一个法力极高的仙长为师。他每天早起晚睡，刻苦修炼，学会了一身本事。临近归期，一个法力很高的仙长交给他一把降妖剑、一包茱萸叶、一盅菊花酒，并且密授避邪用法，让恒景骑着仙鹤赶回家。仙长对恒景说：“明天九月初九，瘟魔又要出来作恶，你现在已经练就了一身本事，该回去为民除害了。”

恒景回到家乡，初九的早晨，他按仙长的叮嘱把乡亲们领到附近的一座山上，然后发给每人一片茱萸叶、一盅菊花酒。

过了一会儿，随着几声怪叫，瘟魔冲出汝河。乡亲们拿着茱萸叶，喝着菊花酒，到处都是茱萸奇香和菊花香气。瘟魔闻味止步，脸色突变，忙反身折回河里。这时，恒景手持降妖剑追下山来，几个回合就把瘟魔刺死剑下。从此以后，九月初九登高避疫的风俗就流传了下来。

重阳节又称为“双九节”、“老人节”，因《易经》中把“六”定为阴数，把“九”定为阳数，九月九日，日月并阳，两九相重，故而叫重阳，也叫重九，古人认为是个值得庆贺的吉利日子，并且从很早就开始过此节日。庆祝重阳节的活动一般包括出游赏景、登高远眺、观赏菊花、遍插茱萸、吃重阳糕、饮菊花酒等活动。九九，与“久久”同音，九在数字中又是最大数，有长久长寿的含义，况且秋季也是一年收获的黄金季节，重阳佳节，寓意深远，人们对此节历来有着特殊的感情。

笔间波澜

每每提及重阳节，人们就会联想到“每逢佳节倍思亲”的诗句。思乡是亘古不变的情歌。在我们的生活里，也有很多离家的人。大学生在毕业之后，很少能够在老家或者离家近的地方工作；城市里，大量的农民工离乡背井讨生计。自古离家都是生计所迫，今人也没有逃脱这样的命运，所以思乡的情怀，不仅仅是对家的思念，更是因为生活的苦痛与内心的折磨。“家”不仅是一个名词，更是内心的焦点，情感的回归地。

▷ 历经波折得光明——七夕

父母死后，牛郎一直寄居在哥嫂家里，经常受到哥嫂的虐待。他每天天不亮就起床，到田间耕作，一天到晚只有一头老牛相伴。有一天，一向默不作声的老牛突然说话了，它给他出了个主意，要他娶织女为妻。

那天晚上，老牛带着牛郎来到河边，美丽的仙女们正在河里沐浴，并在水中嬉戏。这时，藏在芦苇中的牛郎听了老牛的话，跑出来拿走了织女的衣裳。惊慌失措的仙女们急忙上岸穿好衣裳飞走了，唯独剩下了织女。在牛郎的恳求下，织女答应了做他的妻子。成亲以后，牛郎和织女男耕女织，相亲相爱，生活得十分幸福美满。织女还给牛郎生了一儿一女。几年之后，老牛死去了，它临死的时候，叮嘱牛郎一定要把它的皮留下来，到急难时披上以求帮助。老牛死后，夫妻俩忍痛剥下牛皮，把老牛埋在山坡上。

织女私自下凡与牛郎成亲的事情被王母娘娘和玉皇大帝知道了，他们勃然大怒，派了法力高强的天神下界捉拿织女回天庭问罪。天神趁牛郎不在家的时候，抓走了织女。牛郎回家不见织女，急忙披上牛皮，用扁担担了两个小孩追去。王母娘娘见牛郎快追上来了，忙拔了金簪一划，牛郎的前面顿时出现了一条天河，再也过不去了。从此，牛郎织女天各一方。

织女眼见牛郎在天河的对岸，却不能相聚，心中悲痛不已，每天泪眼盈盈。时间长了，玉皇大帝和王母娘娘也被他们之间的真挚情感所感动，就准许他们每年七月初七相会一次。相传，每年的七月初七，喜鹊都会飞到天上，用翅膀搭成一座天桥，让牛郎和织女跨过天河相会。这就是民间广泛流传的“鹊桥会”。

七夕也叫“女儿节”或“乞巧节”，是中国传统节日中最具浪漫色彩的一个节日，也是过去姑娘们最为重视的日子。通常在这一天晚上，妇女们穿针乞巧，祈祷福禄寿活动，礼拜七姐，仪式虔诚而隆重，陈列花果女红，各式家具、用具都精美小巧、惹人喜爱。

2006年5月20日，七夕节被国务院列入第一批国家非物质文化遗产名录。

提起七夕，人们都要提到牛郎和织女的故事，虽然经历波折，被王母娘娘远隔天河的两岸，但是他们惺惺相惜，用真心换得了每年相聚一次的奇迹。情到深处，没有什么是不可能的。切默季尔，肯尼亚的一名农妇，27岁的她经过刻苦的训练，参加国际马拉松比赛并夺得了金牌。在接受采访时，她抹着泪水，哽咽着说："有了这笔得金牌的奖金，我的四个孩子就有钱上学了，我要让他们接受最好的教育，还要把大儿子送到寄宿学校去。"这就是一位母亲，为了孩子的幸福，她一路奔跑，也因为这种浓烈的爱，她突破了万难，终于创造了奇迹。

▷ 刻意追求不如顺其自然——中秋节

远古时候，有一年天上出现了十个太阳，烤得江河枯竭，大地冒烟，百姓眼见着没办法生活了。这时候，出现了一个叫后羿的人，他拿着神弓，登上昆仑山顶，一气射下了九个太阳。

百姓恢复了正常的生活，后羿也因此成为了人们心目中的英雄，不少志士慕名前来投师学艺，心术不正的逢蒙也混了进来。

后羿的妻子嫦娥，是个美丽善良的人。平时后羿除传艺狩猎外，终日和妻子在一起，人们都羡慕这对郎才女貌的恩爱夫妻。

一次，后羿到昆仑山访友求道，遇到了王母娘娘，得到了一包不死药。据说，服下此药，能即刻升天成仙。然而，后羿舍不得撇下妻子嫦娥，只是将药交给嫦娥珍藏。嫦娥将药放起来时，被正好经过的逢蒙看到了。

一天，后羿率众徒外出狩猎，心怀鬼胎的逄蒙假装生病，留了下来。等后羿走远以后，逄蒙手持宝剑闯入内宅后院，威逼嫦娥交出不死药。嫦娥知道自己不是逄蒙的对手，情急之下抓起不死药一口吞了下去。

嫦娥吞下药，身子立时飞离地面，冲出窗口，向天上飞去。但是由于嫦娥牵挂着丈夫，没能飞太高，就落到离人间最近的月亮上成了仙。

中秋节是我国仅次于春节的第二大传统节日，节期为农历八月十五，是日恰逢三秋之半，故名“中秋节”，也叫“仲秋节”；又因这个节日在秋季、八月，故又称“秋节”、“八月节”；又有祈求团圆的信仰和相关节俗活动，故亦称“团圆节”。中秋节从2008年起为国家法定节假日。2006年5月20日，中秋节经国务院批准列入第一批国家级非物质文化遗产名录。

中秋节是收获的节日，人们往往在这一天庆贺丰收并祈求在第二年里有更好的收获。拥有了，然后还想要更多，这似乎是人们的共性。但是有时候，也只有舍弃才能获得更多的拥有。例如婚姻，两个人感情不和，没有办法生活在一起了，就应该尝试着放弃，如果一味地坚持，只能加深对彼此的伤害。放弃也是一种智慧。什么事情都不是绝对的，也许你此刻拥有，但是下一刻却可能失去。抱了太多的希望，就可能有太多的失望，刻意地追求，反而会使你的人生乱了方向。

▷ 用必胜的信念战胜懦弱——腊八节

古时候有一农户，有一父一母一儿。父母都是勤快节俭的人，精耕细作，精打细算，日子虽然不富裕，但是一年到头吃穿不愁。转眼，他们的儿子长大了。小伙子长得十分健壮，却懒得出奇，整天什么活也不干。老汉看在眼里，急在心头，就对儿子说："爹娘不能跟你一辈子。要吃饭，得流汗。"儿子哼哼两声，也没把老人的话放在心上，照旧傻吃闷睡。

不久，老两口给儿子娶了媳妇。原想成家以后，小两口该合计着干活过日子了。谁知道媳妇跟儿子一样懒，油瓶倒了都不扶。

几年以后，老两口身患重病，卧床不起，把小两口叫到床前，几次三番嘱咐：要勤俭持家，好好过日子。老两口去世以后，小两口托乡亲埋葬了两位老人，看家里有吃有穿，就把老人的遗嘱丢到脑后了。

日子一天天地过去，几亩田地成了荒草园，地里颗粒无收，家里吃穿已尽，小两口断顿了。进了腊月，天越来越冷。初八这天，天寒地冻，滴水成冰。小两口躲在屋里，又冷又饿。他们满屋子找，终于发现炕缝里有几粒米豆子，就用手一粒粒抠出来；又发现地缝里还有米粒，也都挖出来，东捡西凑地弄了一把，放进锅里。把炕上的铺草塞进灶膛，就这样熬了一锅杂七烩八的粥。有小米、玉米、黄豆、小豆、高粱……凡能充饥的都放了进去。煮熟后一人一碗，悲悲切切地吃起来了。这时两人想起二位老人的教诲，后悔没有早听进去，现在已经晚了。

正在这时，一阵强风吹过，刮倒了年久失修的房子，小两口被压在底下。邻居很快赶了过来，可将小两口挖出来时，他们都已经死了，身边还放着半碗杂豆粥。从此，每年的腊八，人们都会煮一锅杂米粥给孩子们吃，并讲杂米粥的故事教育孩子。

腊八节又称腊日祭、腊八祭、王侯腊或佛成道日，原系古代欢庆丰收、感谢祖先和神灵（包括门神、户神、宅神、灶神、井神）的祭祀仪式，除祭祖敬神的活动外，人们还要驱疫。

笔间波澜

与其他节日不同，腊八节里，人们不会准备丰富的食品，只有一些粥食。相比之下，这个节日显得比较寒酸，但是同样寓意丰富。众所周知，腊八粥是人们为了吸取前人懒惰的教训发展而来的，人的内心总是存在一定的惰性的，有时候控制不住自己，就会耽误很多事情。所以，有时候限制我们发展的，不是对手，而是我们自己。人生的道路上，随时随地都有可能碰到这样或那样的挑战，每个人都不可能永远都是赢家。对于我们来说，心态非常重要。面对挫折和困难，我们首先要做的就是把握好自己，战胜懦弱和悲观，只有坚定必胜的信念，我们才能勇敢地面对困难并最终走向胜利。

▷ 用积极的情绪感染他人——泼水节

相传，有一个法力过人的混世魔王。他对人民欺压掳掠，无恶不作。他已经有了六个美丽的妻子，但若让他发现哪家有美丽的女子，还是会霸占为妻。一次，他看到了一个叫嫡粽布的公主，长得比他的六个妻子都漂亮，就赶紧抢回来，让她做他的第七个妻子。

嫡粽布对魔王恨之入骨，一心想杀他解恨，但是一直没有机会。有一年过年的那一天，魔王招来了魔臣魔将，在宫中饮酒作乐，为嫡粽布贺年。酒过三巡，嫡粽布对魔王说：“大王，你法力无边，德行高尚，凭着你的本领，你完全可以征服三界，做三界的主人。”魔王听了非常高兴，想了一会儿，悄声对爱妻说：“我的确有征服三界的本事，但是我也有自己的死穴，这是谁也不知道的。”嫡粽布很是惊讶：“大王有如此法力，怎么会有死穴？”魔王小声回答：“我就怕别人拔掉我的头发勒住我的脖了，这会使我身首分家。”

嫡粽布听了以后，暗暗打定主意。她把已经醉倒了的魔王扶到床上，等他睡熟后，小心地拔下了魔王的一根头发，未等魔王惊醒就勒到了魔王的脖子上。魔王的头马上掉了下来，可是还没有落到地上，从头上滴下的血就变成了一团火，熊熊燃烧，而且迅速向人间蔓延。嫡粽布赶忙把魔王的头抱住，不让它燃烧，可头一放下，火又烧起来了。这时，魔王的其他六个妻子也都赶来了，她们轮流抱着魔王的头，这样火才不再烧起来。

后来，婻粽布回到人间，但是她的身上沾满了鲜血。人们为了将血迹从她身上洗掉，就向她泼水。经过一番周折，血迹终于洗干净了，婻粽布从此过上了幸福的生活。后人为了纪念婻粽布，每年的同一时间，人们就相互泼水，用洁净的水洗去身上的污垢，来迎接新的一年的到来。

泼水节是傣族最隆重的节日，也是云南少数民族节日中影响最大、参加人数最多的节日。节日清晨，男女老少就穿上节日盛装，挑着清水，先到佛寺浴佛，然后就开始互相泼水，互祝吉祥、幸福、健康。

悲观是瘟疫，乐观是甘霖。悲观是毁灭，乐观是拯救。泼水节里，每一滴水，传递出去的都是乐观与祝福，挥洒给别人的都是快乐和希望。在人生的路途中，我们也会常常遭遇挫折和失败，会身陷某些意想不到的困境。这时，不要轻易地否定自己，不要轻易地放弃自己，只要心中还存在希望，只要把生活的路看得很宽，总能找到突破困难的窗口。生活的好坏，全在我们自己怎么看，如果你将心中的丑陋与阴暗面放下，然后选择一种乐观的心态，用心去体味生活，你就会发现，生活并没有想象中那么糟糕，相反，它处处都是美丽动人的花朵。

以退让的姿态作为进取的手段——火把节

火把节是彝、白、纳西、基诺、拉祜等少数民族古老而重要的传统节日，有着深厚的民俗文化内涵，蜚声海内外，被称为“东方的狂欢节”。不同的少数民族举行火把节的时间也不同，彝族、纳西族、基诺族在农历六月二十四举行，白族在六月二十五举行，拉祜族在六月二十举行。节期两三天，主要活动有斗牛、斗羊、斗鸡、赛马、摔跤、歌舞表演、选美等。在新时代，火把节被赋予了新的民俗功能，产生了新的形式。

笔间波澜

随着时代的发展，火把已经淡出了历史的舞台，很多孩子甚至不知道什么是火把了。但是彝、白、纳西、基诺、拉祜等少数民族却对这种原始的东西抱有很深的情怀，在他们的心中，没有时代的倒退，只有精神的延伸。姑且不论火把，单说我们的生活，倒退也不是绝对的坏事，有时候退一步恰恰是为了更好地前进。

▷ 示孝敬，不忘本——祭祖节

蔡伦在总结前人经验的基础上，用树皮、麻头、破布等原料，造出了“蔡侯纸”。这种纸刚一出现，就供不应求。蔡伦的嫂子慧娘从中看到了商机，就让丈夫蔡莫去向蔡伦学习造纸，回来开了一家造纸厂。但是蔡莫学艺不精，造出的纸质量低劣，无人问津，这可愁坏了夫妇俩。后来，慧娘想出了一个办法，他们终于摆脱了困境。

一天夜里，慧娘假装因急病而死。邻人来看时，见蔡莫悲痛欲绝，在妻子的棺材前边烧纸边哭诉：“都怪我没有恒心，跟弟弟学造纸也没有学成，造出来的纸质量太差了，卖不出去，竟然让你急出了病。我要把这害人的纸烧成灰，来解我的心头之恨。”他烧完了一捆又抱来一捆，烧了一阵之后，只听见慧娘在棺材里喊：“开门啊，我回来了。”这可把人们吓呆了，人们把棺材打开，慧娘装腔作势地唱道：“人间有钱能行四海，鬼府用纸做买卖。不是丈夫把纸烧，谁肯放我回家来?”慧娘唱完了才说：“我从鬼门关出来了，就又恢复了人身，大家不要害怕。我到了阴间，阎王就让我推磨受苦，丈夫送了钱，就有许多小鬼帮我，真是有钱能使鬼推磨。三曹官也向我要钱，我把全部的钱都送了他，他就开了地府后门，放我回来了。”蔡莫假装糊涂：“我并没有给你送钱啊。”慧娘赶忙解释：“你给我烧的纸就是阴间的钱啊。”蔡莫一听，马上就去抱了两大捆的纸来烧，说是让阴间的爹娘少受点苦。

邻居见状，都觉得烧纸有很大的好处，都向蔡莫买纸，烧给自己死去的亲人，蔡莫家的纸很快就卖光了。因为慧娘“返阳”的时间是农历十月初一，自此以后，这一天就成了人们祭祖的节日。

十月初一，也是冬天的第一天，此后气候渐渐寒冷。人们怕在冥间的祖先灵魂缺衣少穿，因此，祭祀时除了食物、香烛、纸钱等一般供物外，还有一种不可缺少的供物——冥衣。在祭祀时，人们把冥衣焚化给祖先，叫作“送寒衣”。因此，十月初一又称为“烧衣节”。

笔间波澜

每到祭祖节，本着传统习俗、家族孝道，会有很多人缅怀自己的亲人长辈，用每个人特有的方式表达对亲人的祝愿和思念。父母在的时候，我们没有很好地尽孝道；亲人在的时候，我们没能很好地珍惜。站在坟墓前，可能人们心里最多的是懊悔和感叹吧。失去的，不能再追回，很多的情感也找不到合适的出口，但是我们可以把这种感情带到现实的世界里。我们的身边还有家人，还有朋友，可以尽量对他们好一些，珍惜和他们在一起的日子，不要等到失去了，再追悔莫及。

第八章　御膳珍馐无觅处，民以食为天

▷ 既兼容并蓄也勇于创新——京菜

北京菜又称京帮菜，它是以北方菜为基础，兼收各地风味后形成的。北京以都城的特殊地位，集全国烹饪技术之大成，不断地吸收各地饮食精华。明清两代，在北京经营饭店的主要是山东人，故山东菜在市面上居于主导地位。吸收了汉满等民族饮食精华的宫廷风味以及在广东菜基础上兼采各地风味之长形成的谭家菜，也为京帮菜带来了光彩。北京菜中，最具有特色的要算是烤鸭和涮羊肉。烤鸭是北京的名菜，最早的烤鸭店老便宜坊是明永乐十四年从南京迁来的，说明它源出江南；但北京鸭是人工饲养的优良品种，烤制上又有明炉、焖炉之别，故北京烤鸭已远非南京烤鸭所能比。涮羊肉、烤牛肉、烤羊肉原是北方少数民族的食法，辽代墓壁画中就有众人围火锅吃涮羊肉的画面。现在，涮羊肉所用的配料丰富多样，味道鲜美，其制法几乎家喻户晓。

另外，北京还有不少值得称道的名食，如：原为清宫小吃的千层糕(88 层)，随着清王朝建都北京而出现的美食萨其马，致美斋的名点萝卜丝饼，谭家菜中的名点麻茸包，正明斋的糕点，月盛斋的酱牛肉，天福号的酱肘子，六必居和天源酱园的酱菜，通三益的秋梨膏，信远斋的酸梅汤等。

宫廷饮食是中国饮食文化中最特殊的一部分。虽然它与平民饮食有着天壤之别，但也并非空中楼阁。一般认为，清代皇室饮食是以山东菜、苏杭饮馔和满族的固有饮食为主，并以此为基础发展起来的。

御膳房是专为皇帝设的饮食机构。御膳房的菜点都有严格要求：第一，配料有严格规定，不得任意增减更换。第二，主次关系有严格区分，不能影响主料的原味。例如做鸡，无论使用哪种调料，都不能影响鸡的原味。第三，不准任意使用调料。例如做鸡汤，不许添加别的肉料。

笔间波澜

北京是六朝古都，文化味道因此极浓。同样地，在饮食方面，虽基于北方菜，但是却吸收华夏各菜系之精华，因此可以说北京菜得别系菜之精髓。北京的特色还在于御膳，御膳是皇帝的饮食，所以做法相当苛刻，对厨师的厨艺要求也就特别高。北京虽然也有不少的特色小点心，但总的看来，北京的特色其实就是“没有特色”。北京饮食的繁荣就在于它为别的菜系提供了巨大的发展空间。从这一点上看，北京菜高明的不是烹饪，而是它的包容。它将兼容并包发展到了极致，把饮食文化的多元性扩展到了无所不容的地步，而这些真正促进了其繁荣。这就如同做人一样，庞大的人脉不需要太多的维持技巧，你能包容得下不同性格的人，你就可以有强大的人际关系圈。

像面一样能屈能伸——晋菜

晋菜有着深厚的历史底蕴和文化积淀。晋菜的基本风味以咸香为主，甜酸为辅。晋菜选料朴实，烹饪注重火功，成菜后讲究原汁原味，擅长爆、炒、熘、煨、烧、烩、扒、蒸等多种烹饪技法。地域特点明显，风味特色各异。菜点可分为南、北、中三派。南路以运城、临汾地区为主，菜品以海味为最，口味偏清淡。北路以大同、五台山为代表，菜肴讲究重油重色。中路菜以太原为主，兼收南北之长，选料精细，切配讲究，以咸味为主，酸甜为辅，菜肴具有酥烂、香嫩、重色、重味的特点。

山西除了晋菜之外，最著名的就数山西面食了，俗话说：“世界面食在中国，中国面食在山西。”可见山西面食的影响力。山西面食种类繁多，一般家庭主妇能用小麦粉、高粱面、豆面、荞面、莜面做几十种面食，如刀削面、拉面、疙瘩面、推窝窝、灌肠等。到了厨师手里，更被做得花样翻新，让人目不暇接，达到了一面百样，一面百味的境界。山西面食按照制作工艺来讲，可分为蒸制面食、煮制面食、烹制面食三大类，据说可查的面食在山西就有280种之多，其中尤以刀削面名扬海内外，被誉为中国著名的五大面食之一。其他如大拉面、刀拨面、拨鱼、剔尖、河捞、猫耳朵等，名目繁多，让人目不暇接。

山西的饮食，重油重色重味，体现了三晋人民的质朴厚重。而山西最令人叫绝的不是这些菜品，而是那千变万化的面食。山西面食的丰富性，超越了一般人的想象，没有去过山西的人，很难想象一块面会做出那么多花样来，而且令人叫绝的是味道各有不同。单单以面条而论，就有很多做法，如大拉面、小拉面、切面、刀削面等，可以说一块面在山西人的手中，就有了N种形态。在这里，人们才能发现什么叫作真正的可塑性。做个有趣的比喻，在今天的社会，我们每个人都是一块面，但是不同的是有人太软，软得不成形，有人太硬，硬得无法变化。这两个极端对于人的发展而言，都是没有好处的。最理想的状态就要像山西的面一样不软不硬，想做面条就拉长自己，想做馒头就缩成一个团。

▷ 巧妙地平衡传统与新奇——粤菜

粤菜，即广东地方风味菜，是我国著名的八大菜系之一，它由广州菜、潮州菜、东江菜组成，而以广州菜为代表。

广州菜是粤菜的主体和代表。广州菜的烹调方法很多，以炒、煎、焖、炸、煲、炖、扣等见长，讲究火候，制出的菜肴注重色、香、味、形。口味上以清、鲜、嫩、脆为主，讲究鲜而不俗，油而不腻，嫩而不生，清而不淡。时令性强，夏秋力求清淡，冬春偏重浓郁。较为常见的广州菜有白切鸡、挂炉烤鸭、蛇羹、白灼海虾、明炉乳猪、虾子扒婆参等。

潮汕地区的饮食习惯与闽南接近，同时又受广州地区的影响。潮州菜注重刀工和造型，烹调技艺以焖、炖、烧、炸、蒸、炒、泡等法见长。以烹制海鲜、汤类和甜菜最具特色。味尚清鲜，郁而不腻。爱用鱼露、梅糕酱、红醋、沙茶酱等调味品。风味名菜有烧雁鹅、油泡螺球、绉纱甜肉、护国菜、清汤蟹丸、太极芋泥等。

东江菜又称客家菜。客家原是中原人，南迁后，其风俗习食仍保留着一定的中原风貌。菜品多用肉类，极少水产，主料突出，讲求香浓，下油重，味偏咸，以沙锅菜见长。代表菜有盐焗鸡、黄道鸭、梅菜扣肉、牛肉丸、海参酥丸等。

粤菜食谱丰富多彩，烹调方法种类繁多、技艺精良，以其用料广博而杂著称。有人粗略估计，粤菜的用料达数千种，举凡各地菜系所用的家养禽畜、水泽鱼虾，粤菜用之；不但如此，各地所不用的蛇、鼠、猫等，粤菜还视为上肴。因此粤菜杂食之风，常令一些外人瞠目结舌。唐代韩愈被贬至潮州时，见到当地群众嗜食蚝、鳖、蛇、章鱼、青蛙、江珧柱等几十种异物，大为惊异，害怕得“臊腥始发越，咀吞面汗5”。发展至现在，鲍、参、翅、肚、山珍海味已是许多地方菜之上品了，而蛇、鼠、猫、狸等仍为粤菜中具有独特风味的佳肴和药膳。

笔间波澜

说起粤菜的丰富，可能会让很多人觉得不可思议，这个地方的人，除了吃那些旁人都吃的海鲜外，还吃大量的野味。与其他地方不一样的是，他们把野味的范围由普通的野猪、野鸡等拓展到了猫、鼠、青蛙等让人想象不到的动物。其中有很多更是让初到粤地的人瞠目结舌。从野生动物保护的角度来说，有些粤菜难免触及法律，食用的享受难以掩盖宰杀的残忍，但是如果从人文角度而言，这种虫鱼鸟兽皆可食的生活习性，倒是表露出了某种包容。事实上广东人也确实比较宽容，这一点倒是值得那些只知道斤斤计较的人学习。

▷ 既要补身还要补脑——徽菜

徽菜又称徽州菜，它起源于黄山麓下的歙县（古徽州）。后来，由于新安江畔的屯溪小镇成为祁红、屯绿等名茶和徽墨、歙砚等土特产品的集散中心，商业兴起，饮食业发达，徽菜也随之转移到了屯溪，并得到了进一步发展。

徽菜来自徽州，离不开徽州特殊的地理环境提供的客观条件。因处于两种气候交接地带，雨量较多、气温适中，物产特别丰富。仅黄山植物就有1470多种，其中不少可以食用。野生动物栖山而息，徽州又是山区，种类就更多。

在悠久的历史长河中，徽菜经过历代徽厨的辛勤劳动，兼收并蓄，不断总结，不断创新。以就地取材，选料严谨，巧妙用火，功夫独特，擅长烧炖，浓淡适宜，讲究食补，以食补身，注重文化，底蕴深厚的特点而成为雅俗共赏、南北兼宜、独具一格、自成一体的著名菜系。

据《徽州府志》记载，早在南宋间，用皖南山区特产“沙地马蹄鳖，雪天牛尾狸”做菜已闻名各地。沿江菜以芜湖、安庆地区为代表，以后传到合肥地区，它以烹调河鲜、家禽见长，其烟熏技术别具一格。沿淮菜主要由蚌埠、宿县、阜阳等地地方风味构成。

徽菜在烹调方法上擅长烧、炖、蒸，而爆、炒菜少，重油，重色，重火功。主要名菜有火腿炖甲鱼、红烧果子狸、腌鲜鳜鱼、黄山炖鸽等。

早期的徽菜中，红烧是一大类，而红烧的“红”，表现在使用酱油上。徽州的酱油是黄豆制成的，保存本色。炒菜用油是自种自榨的菜籽油，使用大量木材作燃料——有炭火的温炖，有柴火的急烧，有树块的缓烧，是比较讲究的。传统中的重油、重色、重火功，有徽州的特殊条件。

当徽菜走向全国之后，仍然保持重色——调色之功，重油——调味之功，重火功——调质之功，如老或嫩，硬或软，结或松等。徽菜用火腿调味是传统。制作火腿，在徽州很普及。

安徽多山，动植物种类丰富，得天独厚的自然条件，让徽州菜因山珍野味而著称。徽州菜注重红烧和熬炖，这两种烹饪方法，对保留食物的营养成分有帮助，为食补创造了条件。营养不良的人吃徽菜来补充养分，那是最好不过。如果一个人只是身体健健康康而一事无成，其实还是一个酒囊饭袋。所以我们在补充身体养分的时候，也要注意，需要补充养分的不仅仅是身体，还有智慧，还有心态，还有说话做事的能力。

▷ 百菜百味，博采众家之长——川菜

川菜历史悠久，地方风味极为浓厚。它品种丰富，味道多变，适应性强，享有“一菜一格，百菜百味”之美誉，以其美味和独特的风格，赢得国内外人们的青睐，许多人发出“食在中国，味在四川”的赞叹。

川菜作为我国四大菜系之一，在我国烹饪史上占有重要地位。它取材广泛，用料复杂，调味多变，菜式多样，口味清鲜醇浓并重，以善用麻辣著称，并以其别具一格的烹调方法和浓郁的地方风味，享誉

中外。

川菜的基本味型为麻、辣、甜、咸、酸、苦六种。在六种基本味型的基础上，又可调配变化为多种复合型味道。在川菜烹饪过程中，如能运用味的主次、浓淡、多寡，调配变化，加之选料合适、切配适中和烹调得当，就可以获得色香味形俱佳的，而且具有特殊风味的各种美味佳肴。川菜的复合味型有20多种，如咸鲜味型、麻辣味型、煳辣味型、家常味型、鱼香味型、姜汁味型等。

川菜的菜式，主要由高级宴会菜式、普通宴会菜式、大众便餐菜式和家常风味菜式四个部分组成。四类菜式既各具风格特色，又互相渗透和配合，形成一个完整的体系，对各地各阶层甚至对国外，都有广泛的适应性。

川菜烹调讲究品种丰富、味多味美，这种开放的风格很受人们的喜爱和推崇，当然这与其讲究烹饪技术和制作工艺是分不开的。川菜烹调有四个特点：一是选料认真，二是刀工精细，三是合理搭配，四是精心烹调。在“炒”的方面有其独到之处。它的很多菜式都采用“小炒”的方法，特点是时间短，火候急，汁水少，口味鲜嫩，合乎营养卫生要求。菜肴烹饪看似简单，实际复杂，其中包含的科学性、技术性和艺术性是十分了不起的，这从另外一个方面显示出劳动人民的无穷智慧和创造能力。

关于川菜，有十二个字的注解——“三香三椒三料，七滋八味九杂”。三香乃葱、姜、蒜，三椒乃辣椒、胡椒、花椒，三料乃醋、郫县豆瓣酱、醪糟，九杂则泛指用料之杂。炒菜要有葱、姜、蒜，这是放之四海而皆准的真理，三椒则是味的进一步扩充，四川人尤其把这三椒的花样弄得别出心裁，产生了“七滋八味”，创造了世界闻名的川菜。品四川菜则像是在品人生。酸甜苦辣咸五味俱全，而这其中辣味则驰名华夏。如果说五味象征了生活中的喜怒哀愁，那辣则表示出对平淡生活的某种绚丽点缀。川菜里没有暮气沉沉。那种对味觉的强烈刺激，提醒人们不要沉沦，人生就应该火辣，应该动起来。生活七滋八味，有高潮也有低谷，这些都不要紧，重要的是，无论何时，我们都要保持上进。人生可以不驳杂，但却不可不火辣。

▷ 坦然接受生命里的酸甜苦辣——湘菜

潇湘风味，以湖南菜为代表，简称“湘菜”，是我国八大菜系之一。湘菜擅长香酸辣，具有浓郁的山乡风味。它的历史悠久，据说早在汉朝就已经形成菜系，而且当时烹调技艺就已有相当高的水平。

湘江流域的菜以长沙、衡阳、湘潭为中心，是湖南菜系的主要代表。它制作精细，用料广泛，品种繁多，口味多变。其特点是油重色浓，讲求实惠，在口味上注重酸辣、香鲜、软嫩。在制法上以煨、炖、腊、蒸、炒诸法见长。煨、炖讲究微火烹调，煨则味透汁浓，炖则汤清如镜；腊味制法包括烟熏、卤制、叉烧，著名的湖南腊肉系烟熏制品，既能作冷盘，又可热炒，或用优质原汤蒸；炒则突出鲜、嫩、香、辣。

洞庭湖区的菜，以烹制河鲜、家禽见长，多用炖、烧、腊的制法，其特点是芡大油厚，咸辣香软。炖菜常用火锅上桌，民间则用蒸钵置泥炉上炖煮，俗称蒸钵炉子。往往是边煮边吃边下料，滚热鲜嫩，津津有味。代表菜有洞庭金龟、网油叉烧、洞庭鳜鱼、蝴蝶飘海、冰糖湘莲等，皆为有口皆碑的洞庭湖区名肴。

湘西菜擅长制作山珍野味、烟熏腊肉和各种腌肉，口味侧重咸香酸辣，常以柴炭作燃料，有浓厚的山乡风味。代表菜有红烧寒菌、板栗烧菜心、湘西酸肉、炒血鸭等，皆为驰名湘西的佳肴。

湖南菜系的共同风味是辣味菜和腊味菜。以辣味强烈著称的朝天辣椒，全省各地均有出产，是制作辣味菜的主要原料。腊肉的制作历史悠久，在我国相传已有两千多年历史。三地区的菜各具特色，但并非截然不同，而是同中存异，异中见同，相互依存，彼此交流。统观全貌，则刀工精细，形味兼美，调味多变，酸辣著称，讲究原汁，技法多样，尤重煨烤。

和川菜相比，湘菜也很辣，川菜多的是麻辣，而湘菜则是酸辣。两种辣味有区别，麻辣辣嘴，酸辣辣心。辣嘴的是短暂的痛快，而辣心的则让人刻骨铭心。人的一生如长长的旅程，总会有很多人很多事，让人放不下，且记忆长存。那些短暂的兴奋过后，总会有很多让人忘不掉的经典记忆。酸的，甜的，苦的，辣的，很多很多。好的自然喜欢，坏的也很难忘掉，它们在生命里交互出现，填充了我们的生活。对于这一切，我们应该坦然接受，以积极的心态面对。

▷ 精雕细琢打造高品质——江苏菜

江苏菜，简称苏菜，为中国八大菜系之一。由于苏菜和浙菜相近，因此和浙菜统称江浙菜系。

苏菜系由淮扬、苏锡、徐海三大地方风味菜肴组成，以淮扬菜为主体。淮扬菜的特点是选料严谨，注意刀工和火功，强调本味，突出主料，色调淡雅，造型新颖，咸甜适中，口味平和，故适应面较广。在烹调技艺上，多用炖、焖、煨、焐之法。其中南京菜以烹制鸭菜著称，镇江、扬州菜以烹鸡肴及江鲜见长；其细点以发酵面点、烫面点和油酥面点取胜。

苏锡菜包括苏州、无锡一带，西到常熟，东到上海、松江、嘉定、昆山的菜式。其菜肴注重造型，讲究美观，色调绚丽，白汁清炖，独具一格，兼有糟鲜红曲之味，食有奇香；口味上偏甜，无锡尤甚；浓而不腻，淡而不薄，酥烂脱骨不失其形，滑嫩爽脆不失其味。徐海菜接近齐鲁风味，肉食五畜俱用，水产以海味取胜。菜肴色调浓重，口味偏咸，习尚五辛，烹调技艺多用煮、煎、炸等。近年来，三种地方风味菜均有发展和变化。

淮扬菜由平和而变为略甜，似受苏锡菜的影响。而苏锡菜尤其是苏州菜口味由偏甜而转变为平和，又受到淮扬菜的影响。徐海菜则咸味大减，色调亦趋淡雅，向淮扬菜看齐。在整个苏菜系中，淮扬菜仍占主导地位。

苏菜系的名菜众多，如淮安的长鱼席，即黄鳝席，品种达百种之多。如：扬州的三套鸭、熘子鸡、卤鸡、清炖甲鱼、大煮干丝、糖醋鳜鱼、双皮刀鱼、文思豆腐、清炖狮子头，镇江的水晶肴蹄、清蒸鲥鱼，靖江的肉脯，宜兴的汽锅鸡，南京的金陵盐水鸭、炖菜核、板鸭、松子肉、凤尾虾、蛋烧卖，苏州的松鼠鳜鱼、三虾豆腐、白汁鼋鱼、莼菜鱼片、胭脂鹅、八宝船鸭、雪花蟹汁、油爆大虾，常熟的叫花子鸡，无锡的镜箱豆腐、樱桃肉、梁溪脆鳝，徐州的狗肉，板浦的荷花铁雀等。

笔间波澜

当年孟浩然西辞黄鹤楼，烟花三月下扬州，李白还颇有点依依不舍，其实大可不必，因为扬州虽远但佳肴多，扬州菜是淮扬菜最重要的一支，属江苏菜的范畴。江苏菜一个重要的特点就是严谨，无论是刀工还是火候都是如此。正因为严谨的刀工和火候，使得江苏菜显得细腻而且高雅。厨师做菜如同艺术家创作，他们将心血注入到了自己的作品里，作品便有了光芒。当我们看到别人的辉煌的时候，一定要记住，他们在背后付出的，是我们不能想象的。

▷ 凡事都要掌握分寸——浙菜

浙菜起源于浙江省，是中国著名的八大菜系之一，品种丰富，由杭州菜、温州菜、绍兴菜、宁波菜四方风味组成，菜式讲究小巧精致，菜品鲜美滑嫩、脆软清爽。浙菜烹调技法擅长炒、炸、烩、熘、蒸、烧。久负盛名的菜肴有西湖醋鱼、宋嫂鱼羹、东坡肉、龙井虾仁、奉化芋头、蜜汁火方、兰花春笋、宁式鳝丝、三丝敲鱼、虾子面筋、双味蝤蛑等。

宁波地处沿海，特点是咸鲜合一，口味咸、鲜、臭，以蒸、红烧、炖制海鲜见长，讲求鲜嫩软滑，注重大汤大水，保持原汁原味。

杭州菜以爆、炒、烩、炸为主，工艺精细，清鲜爽脆。杭州菜制作精细，品种多样，清鲜爽脆，淡雅典丽，是浙菜的主流。名菜如西湖醋鱼、东坡肉、龙井虾仁、油焖春笋、排南、西湖莼菜汤等，集中反映了杭州菜的风味特点。

绍兴菜富有江南水乡风味，原料以鱼虾河鲜和鸡鸭家禽、豆类、笋类为主，讲究香酥绵糯，原汤原汁，轻油忌辣，汁浓味重。其烹调常用鲜料配腌腊食品同蒸或炖，多用绍酒烹制，故香味浓烈。著名菜肴有糟溜虾仁、干菜焖肉、沼虾球、头肚须鱼、鉴湖鱼味、清蒸鳜鱼等。

温州古称“瓯”，地处浙南沿海，当地的语言、风俗和饮食都自成一体，别具一格，素以“东瓯名镇”著称。温州菜也称瓯菜、匝菜，以海鲜入馔，口味清鲜，淡而不薄，烹调讲究“二轻一重”，即轻油、轻芡、重刀工。代表名菜有三丝敲鱼、双味蝤蛑、橘络鱼脑、蒜子鱼皮、爆墨鱼花等。

笔间波澜

浙菜有四方风味，味味有不同。从阳春白雪到下里巴人，雅俗之间可见火候刀工，因此浙菜深受人们喜爱，这自然与其可俗可雅的风格密不可分。对于这点有两道菜最能体现，一为东坡肉，二为西湖醋鱼。东坡肉可谓亦雅亦俗的典范。疏浚西湖后，百姓送猪肉犒劳，苏东坡慢火少水，烹制成佳肴。这道菜本身做起来简单，得其俗，但是却由于苏东坡而闻名天下，又得其雅。西湖醋鱼里有“叔嫂传珍”的故事，讲的是哥哥被恶霸杀害，嫂子为送小叔报仇做醋鱼为其饯行，小叔后复食醋鱼而寻见嫂子的故事。其鱼味美，但其事俗，不过因为故事主人公的贤良，使得这道菜上了大雅之堂。现实生活中，一些人之所以成功，就在于他做事情分寸火候掌控得比较好，人品自然也就让人满意，成功就容易得多。

以博大胸怀兼容并蓄外来文化的精髓——闽菜

闽菜是我国八大菜系之一，以福州菜和厦门菜为代表。厦门菜具有浓厚的闽南地方特色，其烹调特点是：汤菜要清，味道要淡，炒食要脆。其烹调技法以蒸、煎、炒、熘、焖、炸、炖为特色。福州菜淡爽清鲜，重酸甜，讲究汤提鲜；闽南菜包括漳州一带，讲究作料调味，重酸辣；闽西菜包括长汀及西南一带地方，偏重咸辣，烹制多为山珍，带有山区风味。故此，闽菜形成三大特色，一长于红糟调味，二长于制汤，三长于使用糖醋，特色菜有佛跳墙等。

闽菜有四个特点：

（1）烹饪原料以海鲜和山珍为主。菇、笋、银耳、莲子和石鳞、河鳗、甲鱼等山珍野味；鱼、虾、蚌等海鲜佳品是闽菜常用烹饪原料。闽菜在蒸、氽、炒、煨、爆、炸等方面独具特色。

（2）刀工巧妙，一切服从于味。闽菜注重刀工，有“片薄如纸、切丝如发、剞花如荔”之美称。一切刀工均围绕着“味”下功夫，使原料通过刀工的技法，更体现出原料的本味和质地。它反对华而不实，矫揉造作，提倡原料的自然美并达到滋味沁深融透、成型自然大方、火候表里如一的效果。

（3）汤菜考究，变化无穷。闽菜重视汤菜，与烹制海鲜和传统食俗有关。闽厨长期以来把烹饪和确保原料质鲜、味纯、滋补联系起来，认为最能保持原料本质和原味的当数汤菜，故汤菜多而考究。有的汤白如奶汁，甜润爽口；有的汤清如水，色鲜味美；有的汤金黄澄透，馥郁芳香；有的汤稠色酽，味厚香浓。

（4）烹调细腻，特别注意调味。闽菜的烹调细腻表现在选料精细、泡发恰当、调味精确、制汤考究、火候适当等方面。特别注意调味，表现在力求保持原汁原味上。善用糖，甜去腥膻；巧用醋，酸能爽口，味清淡则可保持原味。因而有甜而不腻、淡而不薄的盛名。

闽菜值得注意的一大特点是汤菜考究。平时我们吃饭，有汤有水，才能吃得有滋有味。闽菜在这方面是深得妙处，让品过它的人击节叫好。我们说果子的营养在皮不在肉，实际上美味的营养与此类似，是在汤不在肉。汤熬得好，食物里的营养就全融在了汤里，汤就沁深融透，让人喝了吸收不少营养。因此我们吃闽菜的时候，千万不能小看它的汤，或清淡或浓烈，汤吸收了各种营养物质。老子说“上善若水”，因水可滋润万物。吃了闽菜倒觉得，上善若汤，因为它可以吸纳美味。在生活中，有人能够像汤一样，深藏不露，吸收别人的长处，这些人无论是在事业还是其他方面也往往能做得很漂亮。这种能够包容学习的胸怀，正是他们走上成功之路的保证，因此世人当以此自勉。

▷ 收纳精华，与时俱进改变方法——鄂菜

鄂菜是湖北菜的总称，由武汉、荆州、黄州三种地方风味组成。湖北菜侧重蒸、煨、炸、烧、炒，特点是汁浓、芡稠、口重、味纯，具有朴素的民间特色。武汉菜花色品种较多，注重刀工火候，讲究配色与造

型，尤其以煨汤技术出名。荆州菜以烹制淡水鱼鲜见长，以各种蒸菜最具特色，用芡薄，味清纯，善于保持原味。黄州菜擅长烧、炒，用油较宽，火功恰当，汁浓口重，味道偏咸，富有乡村风味。

武汉菜是鄂菜的典型代表。清道光年间叶调元的《汉口竹枝词》中就有“切面豆丝干线粉，鱼餐元子滚鸡汤，水饺汤圆猪血担，夜深还有满街梆”。由于武汉地处华中九省通衢地利之便，南来北往商贾云集，不仅商业繁荣，同时也使武汉带形成了南甜北咸、东辣西酸的风格。

武汉菜以汉阳、武昌、黄陂、天门、汉川、孝感、沔阳等地风味为基础，吸收了省内外各种风味流派之所长，选料严格，制作精细，注重刀工、火候，讲究配色和造型。以烹制山珍海味见长，淡水鱼鲜与煨汤技术独具特点。主要名菜有清蒸武昌鱼、天门三蒸、红烧义河蚶、红烧木琴鱼、天门滑鱼、汆鮰鱼、八卦汤、红扒鱼翅、虾子海参碗鱼、茄汁鳜鱼、黄陂三合、沔阳三蒸、全家福、芙蓉鸡片、黄焖甲鱼、橘瓣鱼丸等。

鄂菜有别于东甜西辣、南鲜北咸的川、粤、鲁、苏等菜系，却吸纳了各大菜系的精华，形成了自己的风味特色，并以淡水鱼鲜和蒸菜煨汤闻名全国。如今的鄂菜一改过去“油大、味大、芡大”，味浓、纯正、微辣、咸鲜，被全国各地食客广泛接受，且鄂菜中很多名菜都离不开鱼鲜，用“千湖之省”湖北所产的淡水鱼可做出300多道鄂菜。

笔间波澜

鄂菜在过去讲究“油大、味大、芡大”，这种特点适合湖北部分地方，但是其他地方的人却无法接受。于是鄂菜开始改变自己的风格，变得原汁、味浓、纯正、微辣、咸鲜，这样食客们就能接受了。不得不说鄂菜这一改是与时俱进的。品菜如品人，当一个人遇到“瓶颈”的时候，是固守从前，还是锐意改革，这的确需要勇气和超前的见识。改变自己太难了，但是一个人要成功就必须得根据观察而随时改变自己，这其中包括改变目标，改变策略，改变行动等，而更为重要的是改变性格。无论这一切多么难，你都要去做，才能由落后变领先。

▷ 形式多样却万变不离其宗——鲁菜

鲁菜发端于春秋战国时的齐国和鲁国（今山东省），形成于秦汉。宋代后，鲁菜成为“北食”代表，是我国八大菜系之一。鲁菜是我国覆盖面最广的地方风味菜系，遍及京津及东北三省。

鲁菜系包括以福山帮为代表的胶东派和包括德州、泰安在内的济南派两个流派，以及堪称“阳春白雪”的典雅华贵的孔府菜，还有星罗棋布的各种地方菜和风味小吃。

胶东菜擅长爆、炸、扒、熘、蒸；口味以鲜夺人，偏于清淡；选料则多为明虾、海螺、鲍鱼、蛎黄、海带等海鲜。其中名菜有芙蓉干贝、烧海参、扒原壳鲍鱼、蟹黄鱼翅、烤大虾、炸蛎黄和清蒸加吉鱼等。

济南派则以汤著称，汤有“清汤”、“奶汤”之别。“清汤”用肥鸡、肥鸭、猪肘子为主料，经沸煮、微煮、“清哨”，使汤清澈见底，味道鲜美。“奶汤”则呈乳白色。用“清汤”和“奶汤”制作的数十种菜，多被列为高级宴席的珍馐美味。济南派以爆、炒、烧、炸，菜肴以清、鲜、脆、嫩见长。其中名肴有清汤什锦、奶汤蒲菜，清鲜淡雅，别具一格。而里嫩外焦的糖醋黄河鲤鱼、脆嫩爽口的油爆双脆、素菜之珍的锅塌豆腐，则显示了济南派的火候功力。

孔府菜典雅华贵，以“八仙过海闹罗汉”为例，它是孔府喜寿宴第一道菜。选用鱼翅、海参、鲍鱼、鱼骨、鱼肚、虾、芦笋、火腿为“八仙”。将鸡脯肉剁成泥，在碗底做成罗汉钱状，称为“罗汉”。罗汉制成后放在圆瓷罐里，摆成八方，中间放罗汉鸡，上撒火腿片、姜片及余好的青菜叶，再将烧开的鸡汤浇上即成。旧时此菜上席即开锣唱戏，在品尝美味的同时听戏，热闹非凡，也奢侈至极。

鲁菜在烹制海鲜方面有独到之处，对海珍品和小海味的烹制堪称一绝。在山东，无论是参、翅、燕、贝，还是鳞、蚧、虾、蟹，经当地厨师妙手烹制，都可成为精彩鲜美的佳肴。仅胶东沿海生长的比目鱼，运用多种刀工处理和不同技法，可烹制成数十道美味佳肴，其色、香、味、形各具特色，寓百般变化于一鱼之中。

山东靠海，得天独厚，因此海鲜种类丰富。参、翅、燕、贝，鳞、蚧、虾、蟹，经厨师仙手一点，便成为人间美味，让人垂涎三尺。面对这么多的美食，每个人有每个人的吃法，有的人把山珍海味当成普通的白饭狼吞虎咽，而有的人则将其当成玉盘珍馐细细品咂。前者的饕餮，因为没有细品而显得暴殄天物，让人不胜唏嘘。而后者的品尝，由吃饭上升到了饮食文化的高度。这两者的境界是不一样的。面对一样东西，你怎么看它，这体现了你的思维方式。同是一件表面上看来不好的事情，有人绝望，有人兴奋，并不是立场不同，而是高度不同，不要因为眼前的一两件事情而影响了你对大局的把握。这就如同吃海鲜，高明的人在品，而普通人只吃，品的人可以了解一个地方的风俗民情，而吃的人只会注意是否有鱼刺。

▷ 浓淡相宜谓中庸——豫菜

豫菜是中国烹饪文化中重要的一支，它是中原烹饪文化自仰韶文化以来的漫长历史过程的结晶。豫菜作为中原烹饪文明的代表，虽然在南宋以后被边缘化为中国烹饪的地方帮派，但因豫地处九州之中，也就一直秉承着中国烹饪的基本传统——中与和。

“中”是指豫地不在东、不在西、不在南、不在北，而居东西南北之中；味道上不偏甜、不偏咸、不偏辣、不偏酸，而于甜咸酸辣之间求其适中、求其平淡。“和”是指融东西南北为一体，中和一统，纳甜咸酸辣于一鼎，但是又有其不变的味道，所谓求一味，而求一和。

中与和为中原烹饪文化之本，同时也是中华文明之本。从中国烹饪始祖商相伊尹（开封人）3600年前创五味调和之说至今，豫菜借中州之地利，得四季之天时，调和鼎鼐，包容五味，以数十种技法炮制数千种菜肴，其品种技术南下北上影响遍及神州，美味脍炙人口。

今天的豫菜仍然很注重传统，当然也不少创新。从选料丰富、独特的涨发和精工细作上，豫菜体现了积极发展的一面。豫菜极善用汤，它调和五味于一锅，程度适中。不论干鲜老嫩，煎炒烹炸以一味领色、香、形、器，以一和而悦八方食客。因此豫菜没有时髦，没有浮躁，不以华丽逞一时，而以醇厚平和续千年。

从商、周宫廷的三羹、五齑、周八珍，隋、唐洛阳东西两市的大宴、素席，北宋汴京宫廷市肆的有美皆备，无丽不臻，数千年来，河南名菜可谓是满天星斗，遍地锦装。商周古韵，汉唐遗风，汴京绝唱，仍强烈地表现在众多名品佳肴上。烧烤之方肋、羔羊、口味独特的桶子鸡，天下第一的小笼灌汤包，以及烩面、壮馍、土馍等琳琅满目的小吃，完全能让你领略中原烹饪文明的广博与深厚。从北宋流传至今的开封古楼夜市，入夜仍是人声鼎沸，尤现当年遗风。

笔间波澜

豫为华夏之中，不东、不南、不西、不北，正因为如此，豫菜才得传统文化之“中和”精髓，而变得调和五味于其中，不酸、不甜、不苦、不辣、不咸。于是我们看见的豫菜既没有令人惊艳的时髦，也没有保守得掉渣的老土，它以醇厚且平和的风格绵绵延延地走了过来。豫菜的这种中和，类似于古典的君子，以中庸之道处世。而这种中庸之道除了在做菜方面能体现出质朴之外，实在是做人的上上之选。不左不右谓之中，不偏不倚谓之庸。这种折中而取之的做人态度，最不惹人嫌，因此即便没有镁光灯下的出彩，也不会太让人失望。而这恰恰是很多人所要追求的最高境界。

▷ 形糙色重，不拘泥于细节——东北菜

东北菜包括辽宁、黑龙江和吉林三省的菜肴。东北菜是极富特色的地方风味菜肴。辽宁的沈阳曾经是清朝故都，因此宫廷菜、王府菜众多，东北菜因此受其影响，制作方法和用料十分考究，当然东北菜又兼收了京、鲁、川、苏等地烹调方法之精华。

东北菜的特点是：烹调方法长于扒、烤、烹、爆；讲究勺工，虽然东北菜不在八大菜系之列，但这并没有妨碍它的传播，即使在远离其发源地的广州，也能看见东北菜的身影，而且喜欢吃东北菜的人还很多。事实上在中国不少城市，东北菜都是有群众基础的一种菜系。

有的地方当地人多不吃辣，东北菜在这个地方便会减小辣的程度，当然不管怎样东北菜的口味都注重咸辣，以咸为主，重油腻，重色调，它的取料着重选用本地的著名特产。其主要名菜有红扒熊掌、飞龙汤、三鲜鹿茸羹、美味鼻、白松大马哈鱼、白扒猴头、什锦蛤蟆油等数百种。因为勺功不错，使菜肴保持形态完美，在色、香、味、形上就占全了。东北菜的灵活使得不少非东北人加入了吃猪肉炖粉条、小鸡炖蘑菇、东北肘子的人潮里。

东北菜由于容易给人一种粗犷有余、精致不足的印象，所以高档的宾馆酒楼里很少做这种菜，这反而成全了东北菜“市民菜”、“百姓菜”的形象，一家子自己掏钱吃的话，东北菜是很实惠的选择。

东北菜以炖、酱、烤为主要特点，形糙色重味浓。粗线条的东北菜，不拘泥于细节，颇像粗线条的东北人，令人胃口大开。酱脊骨、酱猪蹄、酱鸡爪、鸡脖、鸡肝等酱菜，若佐以醇厚的高粱烧酒，便有几分豪气从胃中升腾，充满了塞外的味道。

东北菜一菜多味，咸甜分明，酥烂香脆，色鲜味浓，明油亮芡，讲

究造型。烹调方法长于扒、炸、烧、蒸、炖，白肉血肠、扒熊掌、金鱼卧篷、蜜汁樱花、什锦火锅别具一格，酱骨架、金针菇炖小鸡、猪肉炖粉条、锅包肉、丰收菜等，让人大快朵颐。

东北菜没有其他菜系那么多讲究，看重实在，这点就跟东北人一样。无论是猪肉炖粉条，还是小鸡炖蘑菇，做出来都是量很足，味很正，深得老百姓喜欢。虽然粗犷不精致，色糙而味浓，但是它自有一番平民化的风格，东北菜因此才有这么强大的群众基础。从这里也不难看出，特立独行可能受到同类的喜欢，但很难得到大多数人的青睐，而平民性格虽然不登大雅，却可能获得满堂彩。原因无他，贴近群众而已。这也告诉我们，无论是做事还是做人，你若没有深厚的功底，就不要往特立独行这条路上靠，老老实实做个本分的人，照样也有人喜欢。

▷ 唯有本色才是真——蒙古族菜

蒙古族人的饮食比较粗犷，以羊肉、奶、野菜及面食为主要菜点原料。烹调方法相对比较简单，以烤最为著名。菜点崇尚丰满实在，注重原料的本味。

著名的菜点有烤羊腿、全羊席、手抓羊肉、奶菜、莜麦面、资山熏鸡、肉干、哈达饼、蒙古馅饼、蜜麻叶、德兴元烧卖等。

内蒙古的菜点比较自然，没有中原及南方那种令人炫目的刀工技法，它所遵循的就是要保留食物的本味。所以我们看到的内蒙古烤肉做法一般都比较简单。实际上正是因为尊重了本味，使得内蒙古的饮食别有一番滋味。这就恰比一块猪肉，蒸是蒸的味道，煮是煮的味道，但是猪肉最好吃的还是烤的味道，这证明了只有本色的才是最好的。生活中也是这样，有时候必要的伪装是应该的，但是多数情况下，与人相处还是应该保持本色。你说了一个谎言，你就要用无数个谎言来解释和弥补它，这样的生活太累，也太让人提心吊胆。所以还是自然本真好，清清白白，正直无畏地面对一切。

第九章　芬芳馥郁香满楼，笑语论春秋

▷ 国之瑰宝，平凡中酿造非凡——五粮液

天下三千年，五粮成玉液。五粮液在中国浓香型酒中独树一帜，为四川省的“六朵金花”（泸州特曲、郎酒、剑南春、全兴大曲、五粮液、沱牌曲酒）之一。它形成了“香气悠久，滋味醇厚，进口甘美，入喉净爽，各味谐调，恰到好处”的风格。

在五粮液的酿制工艺的形成过程中，最为重要、最具影响的当数“姚子雪曲”。“姚子雪曲”是五粮液的雏形。它是宋代宜宾绅士姚氏家族私坊酿制，采用玉米、大米、高粱、糯米、荞子五种粮食为材料。

明朝初年，宜宾人陈氏继承了姚氏产业，总结出陈氏秘方，五粮液的制作方法就是沿袭了陈氏秘方。此酒有两个名字，一是文人雅士称呼的“姚子雪曲”，一是下层人民称呼的“杂粮酒”，这就是今天五粮液的直接前身。保留至今的明朝老窖，已有六百多年的历史，现今仍然在使用。

1909 年，陈氏秘方的传人邓子均将自家生产的杂粮酒带到一个家宴上。晚清举人杨惠泉在品尝了此酒之后说：“如此佳酿，名为‘杂粮酒’似嫌凡俗，而‘姚子雪曲’虽雅，但不能体现此酒的韵味。此酒集五粮之精华而成玉液，更名为‘五粮液’，既雅俗共赏，而且顾名可思其义。”自此“五粮液”美名问世，悠悠盛名，流传一个多世纪不衰。

五粮液酒历次蝉联“国家名酒”金奖，1991 年被评为中国“十大驰名商标”；继 1915 年获巴拿马奖八十年之后，1995 年又获巴拿马国

际贸易博览会酒类唯一金奖。至此，五粮液酒共获国际金奖 32 次。

作为国宴酒，五粮液已成为国家交往的使者和桥梁；作为“神酒”，班禅大师用五粮液祭奠。五粮液被誉为“酒林奇葩”、“国之瑰宝”、“香飘四海、誉满五洲”。五粮液酒文化是中华民族文化的骄傲，也是世界酒文化的奇葩。

粮食酒最初的时候都是由农民们酿制的，质朴的中国农民在工艺上可能没有后来的酿酒师们的技巧，也没有像今天酿酒那般，添加各种复杂的成分，他们就是用粮食，用自然的粮食去酿造最原始的酒，五粮液的雏形“姚子雪曲”就恰恰得其淳朴。而这种淳朴正是五粮液得以享盛名于天下最根本原因。平凡到极致就是非凡，质朴到了极点就是精华。生活中、工作中也是一样，那些花哨的表象终究会黯然消去，能使你与众不同的在于你真正具有的本事。

▷ 正酒源于窖龄，人才出自环境——剑南春

很久很久以前，在四川省绵竹县有一个姑娘，无名无姓。在她出生才两个月的时候，妈妈就死去了。婴儿的哭声，惊动了鹿堂山上一只正在哺乳期的梅花鹿。那只梅花鹿从山上跑下来，用嘴衔起婴儿，走进了樟树林里。梅花鹿妈妈用自己的乳汁，一口一口地将这个婴儿喂养成人。鹿妈妈甘甜的乳汁，山野中自由自在的生活赋予了她无与伦比的灵性，渐渐地，她出落成一个天仙般美丽的姑娘。

一天，蜀王到山中围猎，发现了这个美丽的姑娘。他把姑娘掳进宫中，赐名为“玉妃”。在幽深寂寞的后宫深院里，姑娘整天闷闷不乐，郁郁寡欢。三年后，玉妃抑郁成疾，死去了。她死后，蜀王将她的遗体送回她出生的地方，安葬在那条伴她长大成人的小溪旁。

第二年，绵竹大旱，河床干裂，溪水断流，百姓们祭天祈水，号呼转徙，悲切之声惊醒了长眠在地下的玉妃。玉妃走出石砌的墓门，来到鹿堂山头，深情地注视着她深深眷恋的土地，缓缓地揭下头上的凤冠。玉妃小心翼翼地把冠上的四百颗珍珠一一摘下，向天空撒去，转瞬间，一颗颗珍珠化为道道清泉，甘甜清冽的泉水滋润着大地，人们得救了。

直到今天，四川绵竹县境内这四百颗珍珠化成的四百道清泉，还寄托着绵竹人对丰收和幸福的祝愿。乡亲们为了感谢玉妃，便把她墓前的小溪命名为“玉妃溪”。

剑南春酿酒用水全部取自玉妃溪。剑南春酒，产于四川省绵竹县，因绵竹在唐代属剑南道，故称“剑南春”。四川的绵竹县素有“酒乡”之称，绵竹县因产竹产酒而得名。早在唐代就产闻名遐迩的名酒——“剑南春”，相传李白为喝此美酒曾把皮袄卖掉买酒痛饮，留下“士解金貂”、“解貂赎酒”的佳话。北宋苏轼称赞它“三日开瓮香满域”、“甘露微浊醍醐清”，其酒之魅力可见一斑。

笔间波澜

剑南春酒，是属于浓香型的烈酒，是喜烈酒者的上佳选择。剑南春酒驰名中外，原因自然是多方面的，但是酒窖肯定是影响其质量的一个重要原因。酒之精髓，在于窖。窖龄越长，其香越幽，其味越正，其品越高。剑南春酒的高质量，得益于“天益老号”窖池，这个窖池里别具一格自成体系的微观生态环境，对剑南春基础酒的品质起着关键的作用。酒窖，说白了，它就是提供了一个适合酿造的特定温湿度和微生物环境。生活中一个人的成长环境对他的影响也非常显著。待在一个高手如云的环境和庸才聚集的环境，对一个人影响就显而易见。上进的人在高手如云的环境里，自己就会受到这种情况的激励，那么他就会从各方面提高自己，保持学习的状态，反之在庸才聚集的地方，只会让自己骄傲，而且学不到更高明的本事。

▷ 实力是决胜的关键——茅台酒

相传康熙年间，山西汾阳有一个叫贾富的商人，生活在汾酒之乡，饮酒是他平生最大的嗜好，特别是汾酒，一日三餐，餐餐不能少，就连外出收账，也要随身带着。

一年秋天，贾富去南方经商。当他行至贵州怀仁县时，随身携带的汾酒喝完了，只好到附近酒店去喝烧酒。哪知这种烧酒喝到嘴里又苦又涩，很不是味道。贾富不觉感叹起来：“咳，真扫兴，这样一个好地方竟然没有好酒！”

不料，这话被店老板听见了，店老板上前说：“客官口气未免也太大了，你怎知我们怀仁就没有好酒呢？”说完，他一招手，只见店小二搬出了十几坛酒，摆在堂前。店老板说：“请客官品尝品尝，再不要说我们怀仁无好酒了。”

贾富一看，还真不少！后悔自己刚才失言了。他连忙站起身来，先把这些酒坛打量了一番，然后，由远而近地对着酒坛深深吸了几口气，接着，斟了一碗酒，饮了一点含在口中，喷了三喷，然后才把酒碗放下。

店老板一看贾富的举动，就知道他是个品酒的行家，忙给贾富让座，并连连向他请教。贾富说：“这些酒都不值一谈啊！其中只有一坛陈年酒还算马马虎虎，但回味也太差。”

店老板忙施礼说：“这一坛陈年酒入窖已二十余年，除此之外，本店确实再无好酒了。”

贾富说：“此地山清水秀，河水清澈，按理说应该酿出好酒来。明年我一定来这里酿出最好的酒！”

果然，第二年金秋时节，贾富特地在山西杏花村聘请了一位酿制汾酒的名师，带着酒药、工具，再一次来到怀仁县。他同名师一道察看地形，选择了一个四周长满芳草的芳草村（以后改为茅台镇）作为建场地址。

贾富和名师一起，经过八蒸八煮，酿出的酒液特别醇正，香气袭人，纯甜无比，非当地酒可比。这就是茅台酒。

茅台酒是酱香型大曲酒，故“酱香型”又称“茅香型”，被誉为我国的“国酒”。其酒质晶亮透明，微有黄色，酱香突出，令人陶醉，敞杯不饮，香气扑鼻，开怀畅饮，满口生香，饮后空杯，留香更大，持久不散。口味幽雅细腻，酒体丰满醇厚，回味悠长，芳香不绝。茅台酒液纯净透明、醇馥幽郁的特点，是由酱香、窖底香、醇甜三大特殊风味融合而成，现已知香气组成成分多达300余种。

任何一种好酒，不管它打的是文化牌，还是历史牌，有一条是肯定的，那就是酒必须好喝，必须配得上名酒二字。否则无论打什么牌，饮者不买账，这酒就是再怎么贴金也没有用。茅台酒就是这样，它之所以被赞誉为“国酒”，全靠口感、酒香、味道、成分。这其实也说明了一个道理，在现实生活中，决定赢家的，不是绚丽夺目的头衔，不是让人惊叹的名号，而是品质和实力。

▷ 花未凋零时，儿女尽孝心——花雕酒

史料记载，花雕酒起源于六千年前的山东大汶口文化时期，可以说是中国源远流长的酒文化的代表。在中国，花雕酒的种类繁多，字号最老的当数浙江绍兴的花雕酒。绍兴酒种颇丰，有状元红酒、善酿酒、花雕酒等，而花雕又是当中最富特色的。

花雕不仅是绍兴酒的代名词，也是历代文人墨客为之倾倒的传统名酒。花雕嫁女则是最具绍兴地方特色的传统风俗之一。

晋代上虞人嵇含，是记录花雕的原始圣手。嵇含在《南方草木状》

中详录："南人有女数岁，既大酿酒，候冬陂地竭时，置酒罂中，密固其上，瘗陂中。至春潴水满，亦不复发矣。女将嫁，乃发陂取酒，以供宾客，谓之女酒，其味绝美。"意思是说：在我国南方，人们生下女儿到一岁时，就开始大量酿酒，冬天里，等到池塘中的水干枯了，就将盛酒的坛子封好口，埋入池塘中。即使到次年春天的积水满池塘时，也不挖出来。只有当等到女儿出嫁时，才将埋在原池塘中的酒挖出来，用来招待双方的客人。这种酒称为"女酒"，它的味道是非常好的。嵇含在这里记录的是最能代表绍兴风俗的"花雕嫁女"的史实。埋于地下的陈年"女酒"，由于其储存的包装物是经过雕刻绘画而成的酒坛，故称"花雕"。酒坛外面的雕花，表达的是父母对女儿美好的祝愿，是父母藏在内心深处的一种祈求，一个希冀。花雕是家中女儿出嫁时宴请用的美酒，是家中女儿长大成人的见证。所以饮花雕之际，就是嫁女之时。此时此事，喜事，美事，福事，乐事也。

今日的绍兴，花雕嫁女之风已经找不到了。然而，女儿出嫁之日，品质优良的花雕酒，仍然是招待亲朋好友的必备之物。花雕酒蕴含的仍然是绍兴人对出嫁女儿的一种深情，一种期待，一种祝愿。

笔间波澜

最难舍是那一瞬间的分离，最辛苦的是那十几年的养育，女儿要嫁人了，父母就要把那同岁的花雕酒拿出来款待双方的客人。这陈年的酒里，融化的是无私的父爱和母爱，溶解的是伴随女儿成长的欢乐时光。在今天，按说嫁人并不意味着分离，但是当很多的老人看着女儿出嫁，还是会流下泪来。父母为我们付出的实在是太多了，从呱呱坠地到长大成人，他们所付出的，只有当我们自己当了父母才可以充分体会到。当我们一天天长大，忙于自己的生活的时候，老天往往喜欢开玩笑，让人生留下"子欲养而亲不待"的遗憾。时间说慢也慢，说快也快，为了避免那种心碎，我们难道不该从现在开始就孝敬父母吗？

▷ 香飘万里，美由心生——桂花酒

很久以前，有一个卖酒的善良寡妇。她酿出的酒，味醇甘美，因此在当地有“仙酒娘子”的美誉。每天天蒙蒙亮，勤劳的仙酒娘子就起来劳作了。

有一年的冬天，她早上起来，刚打开大门，就看见了门外躺着一个骨瘦如柴、浑身脏兮兮的乞丐。仙酒娘子伸手试了下鼻息，感觉还有气，就把他背回家里，灌了热汤，又喂了半杯酒，那汉子才慢慢苏醒过来。因为浑身有伤，所以汉子祈求酒仙娘子多收留他几天。仙酒娘子为难了，如果收留他，别人会说闲话的，可是也不能让他活活冻饿而死，于是点头答应留他暂住。

果然，流言飞语很快就传开，大家开始对仙酒娘子疏远起来，到酒店来买酒的一天比一天少了。但她顶着压力依然尽心尽力照顾那汉子。后来某一天，那汉子不辞而别。仙酒娘子很着急，便去寻找，在路上见一个颤巍巍的老人挑着干柴，走着走着突然跌倒了，双唇紧闭，口里念着：“水、水……”荒山坡上没有水，仙酒娘子急中生智咬破了指头，把手指伸到老人嘴边，要让老人喝血止渴，这个时候老人却突然不见了。一阵风刮过，天上飞来一个黄布袋，袋中有小黄纸包和一张黄纸条，上面写着：月宫赐桂子，奖赏善人家。福高桂树碧，寿高满树花。采花酿桂酒，先送爹和妈。吴刚助善者，降灾奸诈滑。仙酒娘子这才明白，那乞丐和担柴老人，都是吴刚变的。

后来很多人都知道了这事，都来索要桂子。善良的人把桂子种下，长成了桂树，开出了桂花。心术不正的人，种下的桂子就不会生根发芽，让他感到难堪，从此洗心向善。大家都很感激仙酒娘子，是她的善行，感动了吴刚大仙，才把桂子洒向人间，从此人间才有了桂花与桂花酒。

桂花香飘万里，美酒如同这个美丽的传说一样令人动容。这从某种程度上代表了桂花酒的某些特征。桂花酒是中国广西壮族自治区的特产名酒，是选用秋季盛开之金桂为原料，配以优质米酒陈酿而成。桂花酒色泽浅黄，桂花清香，并带有山葡萄的特有醇香，酸甜适口，醇厚柔和，余香长久。常饮可健脾胃，助消化，活血益气。

笔间波澜

清澈透亮、口感醇和的桂花酒，也是上好的补品，据说此酒尤其适用于女士饮用，被赞誉为“妇女幸福酒”。桂花本身就是中药，它性温味辛，煎汤、泡茶或浸酒内服后有化痰散瘀、延年益寿等功效。有米酒的底子，再加上桂花的点缀，这酒（产品）的附加值就很高了，而高附加值正是名酒之所以成为名酒一个重要的原因。这就和人一样，你有本事，他也有同样的本事，你的优势便体现不出来。在基础接近相同的状况下，提高内涵便是增加自己优势的一个较好的途径。内涵提高了，比较优势就可以发挥出来。除了增加内涵、个人魅力等，最重要的还是应该提升自己的能力。

▷ 对疑问要有寻根究底的精神——杜康

相传，很久很久以前，陕西省白水县有一个叫集贤的村子，村头有一口泉水，甘甜醇美，净无一尘。在泉水的旁边住着一户人家，老头姓杜名康，说是夏禹的后裔。老头和老伴，就像那口甘泉一样，心地善良，性情温和，是个远近闻名的好人。

老两口没有田也没有地，就靠着那口泉水酿酒为生。他们清晨挑水，整日精心配置酒料，悉心酿造。可是每月他们却只酿得醇酒三坛。人们盛传他们酿造的酒胜过王母娘娘蟠桃会上的琼浆玉液。种类也很多，有“竹叶青”、“状元红”，但最醇美的要算“千日醉”了。那“千日醉”，真是：开坛三家醉，泛杯十里香。喝过此酒的人，超不过三杯，就要醉倒，一醉就是一千日。好酒就要卖得一个好价钱。杜老头在酒馆墙上题了一首诗：

一壶黄酒三百两，一壶烧酒换江山。君子但饮三杯酒，不醉三年不要钱。

一天，“竹林七贤”之一的名士刘伶路过这里，看了墙上的诗，不禁哈哈大笑，心想：天底下谁人不知道我刘伶的酒量，小小酒店竟然敢夸如此海口，今天我倒要教训教训它！这样想着，他大摇大摆地走进了酒店。“店家，拿酒来！”刘伶话音一落，只见店内一位鹤发童颜的老翁捧着酒坛走过来给他斟酒。刘伶连喝三杯，只觉得天旋地转，全身不听使唤，连忙向店家道别，跌跌撞撞回家去了。

三年后，杜康去刘伶家讨要酒钱。家人说，刘伶已经死去三年了。刘伶妻子听到杜康来要酒钱，气就不打一处来，上前拉住杜康要去见官家。杜康笑道：“刘伶没有死，他是喝酒喝多了，醉了过去。”众人不信，打开棺材一看，脸色红润的刘伶刚好睁开睡眼，伸开双臂，深深打了个哈欠，吐出一股喷鼻酒香，得意地说：“好酒，真香啊！”

“刘伶醉酒”是一段佳话，现在这个县虽然不造当年的“千日醉”了，但是“杜康酒”仍名驰遐迩。

杜康酒是中国的历史名酒，曾有“进贡仙酒”之称，因杜康始造而得名，距今已有数千年的历史。它“清澈透明、柔润芳香、醇正甘美、回味悠长”，是独具风格的浓香型白酒。

笔间波澜

杜康可以算是酿酒业的开山鼻祖了，关于他为什么被尊为鼻祖，还有一段有趣的传说。大致意思是少年杜康去放牧，带的饭菜常挂树上，忘了吃之后，杜康发现树上的饭菜变味后产生的汁水却甘美异常，于是研究之后发现了发酵，学会了酿酒。这个故事有点类似于牛顿发现万有引力，树上的苹果掉下来，砸到过很多人，可是为什么单单只有牛顿发现了万有引力？其实杜康和牛顿都有一个共同点，就是对很平常的事物寻根究底的钻研精神。正是由于有这样的一种精神，他们才能从寻常的现象中发现不寻常之处，在各自的领域成了大师。现实生活中其实也是一样，有不少成功的人，他们总是从别人忽略的地方看到了别人看不见的机会，原因就在于钻研和思考。

▷ 留住本色，借鉴特点——绍兴酒

绍兴黄酒是世界三大古酒之一，也是我国最古老的酒种。绍兴黄酒简称“绍酒”，是我国最富民族特色的一种酒，产于浙江省绍兴市。关于绍兴黄酒的传说，一直可以追溯到春秋战国时期。

公元前492年，越王勾践被吴王夫差打败，勾践献上了美女西施，才使吴国撤军。吴国撤军后，勾践带着妻子和大夫范蠡到吴国伺候吴王，放牛牧羊，终于赢得了吴王的欢心和信任。三年后，他们被释放回国了。

勾践回国后，立志发愤图强，准备复仇。为了雪耻，他想到了增加兵力和劳动力的策略，于是颁诏奖励生育，并把酒作为生育子女的奖品。据《国语·越语》载：“生丈夫（男孩），二壶酒，一犬；生女子，二壶酒，一豚。”这是所说的酒，就是绍酒，这段文字是关于绍酒最早的记载。

清代时，绍兴酒进入全盛时期，酿酒规模在全国堪称第一。绍酒行销全国，甚至还出口到国外。绍酒几乎成了黄酒的代名词，目前，绍兴黄酒在出口酒中所占的比例最大，产品远销到世界各国。

绍兴黄酒之所以成为佳酿，与它所用的水有很大的关系。名酒出处，必有良泉。酿制绍兴黄酒的水一向取于鉴湖。鉴湖水来自崇山峻岭、茂林修竹的会稽山区，经过砂岩土一层层的过滤净化，注入湖中，澄清一碧，水质特别好。据化验，湖水含有微量矿物质，有利于某些微生物的生长，因此用以酿酒，极为适宜，加上制酒技艺的卓越，绍兴黄酒色香味俱佳。

绍兴黄酒具有色泽橙黄清澈、香气馥郁芬芳、滋味鲜甜醇厚的独特风格和越陈越香、久藏不坏的优点。度数不高，酒性柔和，用作烹饪，还能避腥添味，是一种不可缺少的烹调佳品。

一提到酒，人们就立刻能想到那种让人喝一次就忘不掉的白酒。白酒的烈性，常常让人难以忘怀，就像人们对于那些个性刚烈的人记忆颇深一样。与别的烈酒不一样，绍兴酒度数并不高，它的酒性很柔和。但是正是这种温和，让它在浓烈的白酒里有了自己的一席之地，人们喜欢它独特的清香，并在烹饪时用它来除腥添味。如果说烈酒就像魁梧的男人可以独当一面的话，那么绍兴酒则更像一个清秀的书生。有人喜欢烈酒，有人就喜欢温和的，把自己温柔的一面发挥出来，照样有人喜欢。关键是坚持了本色，这是最重要的。

▷ 动静相宜，恰如其分——泸州老窖

相传在很久以前，在泸州城南的凤凰山下，有一户姓舒的人家，老父亲带着一个女儿，两人相依为命，靠打柴为生。

一天，父亲上山打柴，回来的路上，在半山腰见一股清亮的泉水。他正好口渴，就放下柴担子，捧起泉水就喝，顿时感到全身十分舒服。他正想继续赶路，忽然眼前一亮，山泉中出现一条红色大路，他就顺着红色大路走去。

天已经很黑了，女儿还不见爹回来，心里很是着急，急忙打起火把去找。狂风吹熄了火把，外面漆黑一团，分辨不出哪里是路。这时，一团萤火虫飞来，她跟着亮光走去。路越走越宽，她的面前出现了一座宫殿。两位慈祥的老人走出来，到她的跟前说："姑娘，是来接你爹的吧？快请进吧！"她跟着老人走进大门，只见里面布置得十分壮观，犹

如皇宫一样繁华，父亲正坐在里面和一位白胡子老人喝酒。父女二人见了面都很高兴。父亲告诉女儿，因为他救了三太子变的小青蛇，龙王特意请他来表示感谢。饭后，父女二人起身告辞，龙王要送他们各种奇珍异宝，他们再三推托不要。龙王又叫三太子捧出一罐美酒，父女二人只好收下并致谢。

马上就要到家了，父女俩经过井边时，突然酒罐落入井中，老父亲赶紧一抓，没抓到酒罐，只抓了一些水，一尝和仙酒一样。父女二人从此用这口井的水酿酒谋生，这口井也起名为“龙泉井”。“龙泉井”的水酿出的酒味美醇甜，美名很快传遍泸州全城，人们叫它泸州老窖酒。

泸州老窖酒虽然同属于白酒之列，但是它强调的是软和合，酒性不烈，所以并不醉人。泸州老窖特曲是四大名酒之一，1915 年获巴拿马万国博览会金奖，1952 年中国首届评酒会上被国家确定为浓香型白酒的典型代表，是唯一蝉联五届“中国名酒”的浓香型白酒。

泸州老窖的酿造技艺体现了阴阳调和的智慧。糟、水、糠、窖泥、微生菌种等有形之物为阳，不可见的理、气、神、智为阴。酿酒的过程，实际上就是阴阳交融、动静搭配的过程。而这一复杂的过程，其实最考量的就是人们把握阴阳调和的智慧。泸州老窖的酿造技艺还体现了五行共生的智慧。用火适中，用水讲究，酿制过程中各种原料应用恰如其分。因此泸州老窖的酿制特别需要人们把握五行共生的智慧。对阴阳的把握、对五行的利用，是传统文化的精髓，对于现实生活也是非常有意义的。

▷ 益友利于行——洋河大曲

很久以前，淮安府洋河镇有一眼泉水井。在井西边有一户只有父女两人的人家。老父亲有点嗜酒，每晚都要喝上几盅酒才能吃好饭。姑娘只有十五六岁，清秀俊美，心地善良，聪明伶俐。

这一年，天大旱，河水干涸，土地龟裂，禾苗枯死。老人只好四处干苦力，每日工钱只能勉强维持生活，但他每天还是要喝点酒。姑娘见爹爹日夜操劳，日渐憔悴，心中也不忍拂逆老人家这点嗜好，只好每天去买点酒，侍候老人家吃点饭。

一天傍晚，姑娘从父亲手中接过仅有的几文钱去买酒。刚到酒店门前，见有一老者领一小孩，坐在道旁向人们乞讨，并哭泣着向人们述说家中的不幸。姑娘心中不忍，便将钱全给了老人，让小孩去买个馍馍吃。姑娘拿着空酒壶往回走，心里还在想怎么给父亲买酒。走到井旁，见到溢出井口的泉水，猛然想道："何不将酒壶灌上点泉水，事出无奈，只好蒙骗爹爹一次吧。"于是将酒壶灌上泉水。回到家，壮着胆，摆出酒菜。姑娘惶惑地看爹爹喝酒吃饭。老人也没说什么，吃完饭就去睡觉了。

第二天，姑娘去买酒，又碰上昨晚的老人和小孩。姑娘很同情他们，就又把钱给了他们。酒壶里再次灌上泉水，到家后在一旁看爹爹喝酒。老人家端起酒盅慢慢地品起来，他感到这两日酒的味道比往日的酒都好，从来没喝过这样的好酒，就问是从哪买的酒。姑娘以为被爹爹发现了，就惊惶地说："这是……这是在街里酒店买的。"老人看女儿说话吞吞吐吐，很纳闷，也没再说什么。第三天，老人又让女儿去买酒，暗地跟去观察。老人见女儿把钱给了逃荒人后，就去井边往酒壶里灌水。老人就对女儿大声说道："你干什么呢?"姑娘慌了，颤抖地向后移动脚步，一脚踩空，掉进井里去了。老人急忙喊来邻居，可是人们把姑娘打捞出来时，人已死了。后来，人们就称这眼泉水为"美人泉"。

洋河大曲酒用的就是美人泉的泉水。洋河大曲酒是历史名酒，清朝乾隆皇帝第二次下江南时曾题道："洋河大曲，酒味香醇，真佳酒也。"洋河大曲酒液无色透明，醇香浓郁，余味爽净，回味悠长，是浓香型大曲酒，有"色、香、鲜、浓、醇"的独特风格，以其"入口甜、落口绵、酒性软、尾爽净、回味香"的特点，闻名中外。该酒曾获得巴拿马国际博览会金质奖章及南洋国际名酒赛会的"国际名酒"称号，蜚声世界。

"福泉酒海清香美，味占江淮第一家"，洋河大曲除了酿酒工艺的独特，它成为中华名酒的原因还在其用的是取自美人泉的水。俗话说"名酒产地必有佳泉"，这神奇的泉水，造就了洋河大曲的甘醇。好泉水才能酿出好酒来，这就好比你周围全是比较优秀的朋友，那么你自己也会很出色了。近朱者赤，近墨者黑，当我们选择朋友的时候，尤其要注意朋友的品性，一个好的朋友可以让我们更成熟稳健，而一个坏的朋友则可能让我们抱憾终生。

▷ 合二为一，集彼此之精华——董酒

话说很久以前，遵义城外有一酿酒作坊，主人有一个名叫董醇的儿子，活泼可爱，聪明好学，一门心思扑在对酿酒技术的研究上。他奶奶曾告诉他：在酒的故乡里，有一座非常漂亮的大花园，里面住着一位姑娘，人们称她为酒花仙子。她精通各种造酒技能。因为酒花仙子非常圣洁，所以人们向她求教时，千万要小心，不能冒犯她，否则将一无所得。

董醇 17 岁时，长成了一位十分英俊漂亮的小伙子，前往酒乡花园里去会见酒花仙子。

一天傍晚，天降大雨，董醇迷失了方向，不知不觉中走到酒乡花园，碰巧遇到了园中美丽的酒花仙子。两人一见钟情。酒花仙子设宴招待董醇，谈话间教了他酿造好酒的方法。喝了一会儿，双方都有点醉了。酒花仙子满面晕红，昏昏欲睡。董醇也稍微有了醉意。面对酒花仙子的娇姿醉态，董醇心有所动，但是他想起了奶奶以前对他的教诲，顿时驱散了邪念，静卧在酒花仙子身旁，睡了一夜。第二天，当董醇醒过来时，发现自己正躺在一条小溪的边上。他回想起酒花仙子教他的酿酒方法，就用那条小溪的水酿酒，便酿成了香味醇厚、回味香甜的好酒。

由此，董酒产生了。

董酒产于贵州遵义，属大曲其他香型优质白酒。它以其独特的工艺、典型的风格、优良的品质驰名中外，在中国名酒中独树一帜。董酒是我国白酒中酿造工艺最为特殊的一种酒。它采用优质黏高粱为原料，以水口寺地下泉水为酿造用水，小曲、小窖制取酒醅，大曲、大窖制取香醅，酒醅香醅串烧而成。既有大曲酒的浓郁芳香，又有小曲酒的柔绵、醇和、回甜，还有淡雅舒适的药香和爽口的微酸。

笔间波澜

董酒的酿酒工艺非常特殊，香醅和酒醅分别以大窖和小窖独立制取，完了之后将二者串烧才成成品，因此董酒兼有大曲酒的浓香和小曲酒的口感。合二为一，集二者之精华，使得酒本身味道甚好。大窖小窖独立制取，双管齐下，既保证了酒的品质，又节省了工序流程，从工艺步骤上说，非常完美。我们常常说做事情要“两手抓，两手都要硬”，其实就是双管齐下，这样做会有几个优点。第一，消解了做事情只顾一头的单一性；第二，在时间上使两件事情实现了对接，避免浪费时间；第三，能够同时考虑两件事情，做起来更加周全。所以，从董酒的酿造技术里，我们可以看出双管齐下的好处，这也是为人处世的智慧。

▷ 回味悠长离不开浓淡相宜——汾酒

从前，在汾河岸边，有个名叫“杏花坞”的小村庄。那里的人都以酿酒为生，世代相传。林中酒旗高挂，酒肆林立。其中一家酒店因店主人辛勤劳作，童叟无欺，很得饮者称道。

一年冬天，天寒地冻，村里来了一个衣衫褴褛的老道。店主人见他可怜，就舀了一大碗酒给他喝。那老道接过酒，一口气喝干了。喝罢，他感激地点头笑了笑，抬脚便走。店主人的儿子见他分文未给，十分恼火，便追上去讨问酒钱。店主人制止儿子说："算了，让他走吧！"

第二天，雪下得很大。一位白衣、白冠、白发的"雪人"踉踉跄跄地闯进店来，店主人仔细一看，认出是昨天那个老道。见他都快冻僵了，忙将他扶进屋里，吩咐老伴快去烫酒热菜。一会儿，酒菜端上来了。老道一气喝了三大碗酒，醉倒了。店主人喊来儿子，把他搀扶上炕，端汤喂水，一直守候在他身边。老道醒来后，十分感激。店主人怕他摔倒，双手搀他出了店门。经过门前水井时，老道问："做酒就用这井水吗？"店主人点头说："是。"一阵冷风吹来，酒香就从井里飘散开来，井里的水变成了芬芳郁冽的美酒。消息传开后，人们纷纷赶来观看，都说这是一口神井，方知那老道是仙人下凡。从此酒店得名醉仙居。

几年以后，店主人去世了。他的儿子好吃懒做，对客人十分刻薄。一天，那老道又来到"醉仙居"，店主人的儿子见财神临门，忙摆出好酒好饭招待。老道问他生意如何，他却叹气说："生意虽好，井水能变酒，可没有酒糟喂牲畜了。"老道一听，觉得他太贪心了，十分生气，就把井里的酒又变回了水，并留诗一首："天高不算高，人心高一梢。井水当酒卖，还嫌没酒糟！"店主人的儿子自知好吃懒做生活不下去，只好动手亲自酿酒。从此，他渐渐改掉了吝啬贪财、好吃懒做的毛病。说也奇怪，用这井里的水做出的酒，又变得香绵可口了。

汾酒、五粮液与茅台是我国三大名酒。山西汾酒是我国清香型白酒的典型代表，工艺精湛，源远流长，素以入口绵、落口甜、饮后余香、回味悠长的特色而著称，在国内外消费者中享有较高的知名度、美誉度和忠诚度。汾酒有着4000年左右的悠久历史，历史上，汾酒曾经过了三次辉煌。1500年前的南北朝时期，汾酒作为宫廷御酒受到北齐武成帝的极力推崇，被载入廿四史，使汾酒一举成名。晚唐时期，大诗人杜牧一首《清明》诗吟出千古绝唱："借问酒家何处有？牧童遥指杏花村。"这是汾酒的二次成名。1915年，汾酒在巴拿马万国博览会上荣获甲等金质大奖章，为国争光，成为中国酿酒行业的佼佼者。

笔间波澜

“逢酒必喝，喝酒必汾”，从一个侧面，反映了汾酒的群众基础。其实汾酒历来就为人们所喜爱，由此可见山西酿酒和酒文化的普及和盛行。甚至连“国酒”茅台都有“茅台老家在山西”一说。山西汾酒之所以为这么多人喜爱，是因为它的醇正。纯粮酿造，味道适中，不辣不淡，不浓不烈，既无别的酒那种浓妆艳抹，也不是白水那样索然无味，它介乎其中，淡梳轻妆而得其醇正。其实生活中也是一样的，就比如打扮，太艳了难免会让人作呕，不打扮又显得土气，轻妆淡抹正好能把一个人的美丽体现出来。做事情也是这样，太嚣张了，难免会让人因其夸张而感觉太假；默默无闻，则又让人怀疑是否实力不济。只有恰到好处地保持纯正，别人才会给予你最大的信任，事情就能做得更好。

▷ 三沉三浮，苦尽甘来——沉缸酒

相传福建上杭县有一对青年夫妇，男的叫伍老关，女的就被称为老关嫂。他们因为家乡受灾，所以四处流浪，最后到龙岩县小池乡的榕树头才定居下来。他们看中了铁炉坑泉水，它甘甜爽口，清澈透明，一看就是酿酒的天然好水，就在此地开了一家名叫“泉兴”的酒店。“泉兴”两字寄托了青年夫妇的殷切心意。伍老关酿酒，按照祖传手艺，他挑选糯米，不能夹进一粒籼米。他还十分重视水源，只用铁炉坑的泉水。他注意配方，采用自制药曲，内含冬虫夏草、沉香、细辛等 30 多种名贵中药，并加上古田红曲等糖化发酵剂。严格操作，经过静置养醅、三浮三沉、火煮酒杀菌、抽液入瓮，最后埋藏地下储存 3 年备用。这样，他酿造的酒，不加糖而自甜，不调香而芬芳。

其中有个令人惊异的秘传诀窍——“以酒做酒”，这是举世罕见的酿酒绝招。高度烧酒加进酒醅之中再经存放 3 年，酒度降低，酒质提高，直到沉到缸底，方才正式上市。那时过往旅客歇脚泉兴酒店，品尝到如此美酒，连声称赞："妙啊！好酒就要沉缸！"久而久之，"沉缸酒"的名称就由群众叫开了。

有一年大旱，终年不断流的铁炉坑泉也干涸了。伍家夫妇因为无水造酒，心急如焚。正在危急之时，百姓求雨，拜天拜地。身为八仙之首的李铁拐从天而降，摇身变为一个烂脚乞丐讨吃喝。伍家两口心地善良，用仅存的陈年老酒款待了他。李铁拐喝完后，也没道谢，只见他走向铁炉坑，举起拐杖轻敲大青石，刹那间，清澈的泉水突然涌流出来。从此，铁炉坑的泉水变得更加清澈甘甜，伍老关便用这"仙水"酿制出了"沉缸酒"。

沉缸酒为甜型黄酒，因其在酿造过程中，酒醅必须沉浮三次，最后沉于缸底，故得此名。沉缸酒已有160多年的历史。最初酿造的是糯米甜酒，入坛埋贮3年后饮用，酒醇味厚，但酒度低，劲儿不足。后来在酒醅中加入20度左右的米烧酒，制得的酒称为"老酒"。后又有进一步发展，在糯米醅中掺入"三干"（经3次兑酒，用9千克米酿制5千克50度的米烧酒），形成了别具一格的沉缸酒。

沉缸酒的酒醅需要沉浮三次而后沉入缸底才行。这番工夫确实非一般酒的酿法可比。三次沉浮所花时间很长，但是酿造出来的酒却对得起花费的时间，这其实也是理所当然的事情。生活中不少人承受不住失败的打击，往往一遇见障碍，便有可能一蹶不振，更遑论多次的沉浮了，这样的人很难做成大事。沉沉浮浮本是很正常的事情，一个人需要克服习惯了浮华的娇气，便要变得耐得住寂寞。沉下去的岁月，自然难挨，但是一旦过了，厚积薄发，能量就会大得惊人。

▷ 不会包装，酒香也怕巷子深——孔府家酒

孔府家酒是沿袭春秋时期孔子及孔府家用酒坊的历史发展起来的。孔府家酒素以三香（闻香、入口香、回味香）和三正（香正、味正、酒体正）而著称，距今已有两千五百多年的酿酒历史，酿制的白酒是浓香型白酒的代表，是历代衍圣公（孔子后裔）进奉宫廷和馈赠达官贵人的专用酒。

孔府酿酒开始于明代。酿出的酒，开始的时候是专为祭孔之用，后来因为到孔府走访的达官贵人较多，又逐步转为宴席用酒。清代乾隆皇帝曾先后八次到曲阜祭孔，在他最后一次到曲阜祭孔时，顺便看望了他的女儿。在招待乾隆皇帝的宴席上，驸马孔宪培拿出了孔府家酒款待岳父，乾隆喝了之后，连连赞赏孔府家酒味美好喝。席间对孔宪培说，以后赴京时，一定要给他带上几坛孔府家酒，还有西关的小羊羔。后来孔府每年去皇宫进贡一切皆免，唯独孔府家酒和小羊羔不可少。因此，后人有“羊羔美酒”之称。

孔府家酒的主导产品已形成孔府家道德人家、仁义、盛世、经典、水晶、大陶六大系列。该酒选用优质高粱为原料，以小麦制成大曲为糖化发酵剂，引老龙头泉水为酿造用水，采用传统浓香型工艺，经清蒸续渣，人工老窖发酵，低温入池，双轮底增酯，分层蒸馏，按质取酒，分级陈贮，降度除浊，精心勾兑等工序而酿成。孔府家酒无色透明，晶莹悦人，窖香馥郁，酒质醇绵，甜柔爽口，尾子干净，余味香长。故有诗曰：孔府佳酿，储醇激义。

笔间波澜

孔府家酒比起别的酒，它的特别在于它深厚的儒家文化内涵和古朴典雅的包装风格。“孔府”从字面意思就可以知道，与孔子有关。孔子是儒家的创始人，孔府家酒的文化内涵立刻就显现出来了。其实仔细斟酌，别的酒种未必不如孔府家酒优秀，但是由于孔府家酒跟孔子有关，

因此身份也变得不一般，别的酒便比不上了。在职场中，我们拥有多少实力，我们心里有数，当势均力敌的竞争对手出现的时候，我们如果不张扬，在气势上就输掉了。这个时候，我们就需要为自己添加价码，名义上的提价，便是为自己贴金，适当地为自己贴金，是可以为自己增加竞争力的。

▷ 耐住寂寞，在时间中发酵——古井贡酒

相传在公元532年，北魏为了守住曹操的故里亳州（古井贡酒所在地），下令命大将独孤将军守疆拒敌。独孤将军知道此战凶多吉少，可君臣大义和军人的职责不容许他退缩。但他的心里却放不下一件事情。他有一个美丽的宠姬，此女弹得一手好琴，两人非常恩爱。他不知道该不该告诉她实情。霸王别姬，虞姬自刎酬知己，留下了千古佳话，可独孤将军却不这样认为，他不希望自己的宠姬随自己而去，而希望她能好好地活着。因此，他没有告诉她实情，就悄悄出战了。不出所料，独孤将军战死沙场。临终前，他将最心爱的金锏投到了一口井中。

一个月以后，在独孤将军投锏的井旁，出现了一个蒙纱女子，昼夜在此抚琴。琴声凄凉，每到伤心处，总会泪水涟涟。此女正是那个宠姬。她知道将军战死后，就带了自己的琴辗转来到这里，可战场上已经看不到将军的尸骨了。所谓睹物思人，将军最爱的锏就投在这口井里，因此她就将无尽的思念寄托在井中的锏上，每天在此抚琴，就犹如将军还在的样子。

几个月后，战争再次发生，人们渐渐忽略了宠姬的琴声。当一切归于平静后，人们发现，宠姬已经吐血而亡。人们把她葬在了井旁，让她和将军永远在一起。不久，坟旁长出了一棵槐树。后来，这口井中的水，就带给了后人甘醇的美酒——古井贡酒。

古井贡酒是以安徽淮北平原优质小麦、古井镇优质地下水以及颗粒

饱满、糯性强的优质高粱为原料，并在亳州市古井镇特定区域范围内利用其自然微生物按古井贡酒传统工艺生产的酒。作为中国八大名酒之一，“古井贡酒”又是中国驰名商标，在中国白酒界具有举足轻重的地位。

古井贡酒最让人惊叹的不是选料的精致，而是复杂的工艺，一瓶古井贡酒的诞生，据说需要的时间要达到五年以上。发酵，储坛，尝评，勾兑，包装，每一步都需要精雕细琢，花费大量的时间。也难怪古井贡酒能驰名中外了。用过心做出来的东西就是不一样，就像古井贡酒的酿制，其实做事又何尝不是在酿酒？生活中的事情，一蹴而就的太少了，绝大多数需要我们付出努力，花的工夫多少，做出来的事情是不一样的。就比如写文章，一个月就完工的网络小说和增删十次批阅十载的《红楼梦》，那艺术水准上差别不知道有多大。很多人既耐不住寂寞，又希望能取得成功，其实大可不必为此而焦虑，只要兢兢业业做好每一件事，工夫到了，成功就是很自然的事情。

第十章 朴拙幽雅藏奇葩，巧手妙生花

▷ 和谐馨香是生活的礼仪——茶道

茶道是以茶为媒介来传达生活理念的一种礼仪，是修身养性的一种方式。通过沏茶、赏茶、饮茶，可以增进朋友间的友谊，同时对美心修德、学习礼法，也是很有益处的。喝茶过程能够起到静心、静神的作用，有助于陶冶情操、消除私心杂念，这与东方哲学思想提倡的“清静”很相似，体现了儒释道的“内省修行”思想。茶道精神是茶文化的核心，是茶文化的灵魂。

庄晚芳先生总结出中国茶道的基本精神为“廉、美、和、敬”。他解释说：“廉俭育德、美真廉乐、合诚处世、敬爱为人。”廉——倡导清廉，勤俭有制，以茶会友，以茶代酒。美——名品为主，共尝美味，共叙友情。和——德重茶礼，和诚相处，搞好人际关系，以和为贵。敬——敬人爱人，助人为乐。在“廉、美、和、敬”中“和”是中国茶道精神的核心。一个“和”字意味着天和、地和、人和。它意味着宇宙间的万事万物都是统一与和谐的，并由此产生并实现了“天人合一”之后的和谐之美。

中国茶道并不满足于通过茶来实现修身养性的目的，通过探索与尝试，创造性地将茶与中药等天然原料有机地结合起来，增强了茶饮在医疗保健中的作用，并使其发展空间逐渐扩大。这就是中国茶道最具实际价值的方面，也是它千百年来一直受到人们重视和喜爱的魅力所在。

中国茶道体现的基本精神是“廉、美、和、敬”，“和”是其中的核心。一个“和”字，不仅囊括了“清”、“静”、“廉”、“俭”、“敬”“美”等意义，它还涉及天时、地利、人和诸层面。“和”也表现出一种和谐之美。美丽的鲜花，因为有了绿叶的依偎，才显得清纯和鲜润；蓝蓝的天空，因为有了白云的打扫，才显得静穆和安详；那宽广的大地，因为有了万物的拥吻，才显得和平和馨香。而一个人、一个家庭、一个社会，甚至一个国家，不也是因为互相依存，互相映衬，互相促进，一起共同发展，才呈现出五彩斑斓的和谐吗？和谐犹如一幅画，好似一首歌曲。和谐产生美丽，和谐生发了力量。

▷ 经历越多越有魅力——红茶

红茶，属于发酵茶类。红茶是以茶树的一芽二三叶为原料，经过萎凋、揉捻、发酵、干燥等工艺精制而成。因其干茶色泽和冲泡的茶汤以红色为主调，故称其为红茶。

红茶的饮法按花色品种而言，有工夫饮法和快速饮法之分；按调味方式而言，有清饮法和调饮法之分；按茶汤浸出方式而言，有冲泡法和煮饮法之分。现在，冰红茶也是我们常喝的一种饮品。

冰红茶的发明很意外。1904 年的夏天，一位茶商参加在美国圣路易市举办的世界博览会时，试图推销自己的红茶，但由于正是盛夏时节，可谓酷暑难耐，就连这位茶商自己都不愿意喝下手中那杯热腾腾的红茶。正当他灰心之时，有一堆冰块意外掉进手边泡好的一桶热红茶中，茶商想想丢掉也可惜，便盛一杯来喝，顺便解渴。没想到这冰红茶清凉畅快，他灵机一动转卖冰红茶，没有想到冰红茶竟销售一空。这便是冰红茶的由来。

虽然红茶是一种很好的饮品，但是饮红茶并非越新越好，喝法不当易伤肠胃。由于新茶存放时间较短，会含有较多的未经氧化的多酚类、醛类及醇类等物质，这些物质对健康人并没有很大影响，但是对胃肠功能相对较差，尤其本身就有慢性胃肠道炎症的病人来讲，这些物质就会刺激胃肠黏膜。因此新茶不宜多喝。

红茶不是越新越好，太新反而让人的身体有不良反应。所以说，不是所有新的东西都是好的。人们在生活中总是在不断淘汰旧的、更换新的。但是，不是所有的新的东西都是好的，受欢迎的。酒是陈的香，姜是老的辣。“百年陈酒十里香”，是说陈放多年的酒香味浓郁，甜味甘醇，饮时才能清口甘爽，回味悠长。嫩姜不够入味，老姜因为生长和放置的时间较长，所以比较入味，就如同人一样，年龄越大的人，经历的事也比较多，所以经验自然比年轻人多。因此，都说新的好，其实未必。

▷ 斗室之中，自有天地——绿茶

绿茶，是一种不发酵茶。由于干茶的色泽和冲泡后的茶汤、叶底以绿色调为主，所以得名。我国绿茶的产量居世界首位，在国内备受人们的青睐，也是被广泛饮用的一种茶。绿茶的最大特点就是汤清叶绿。绿茶的制作程序为：首先采摘下绿茶的鲜叶，然后经高温杀青，杀灭了各种氧化酶活性，保持了茶叶绿色，再经揉捻、干燥而制成。清汤绿叶是绿茶品质的共同特点。

绿茶的特性是较多保留了鲜叶内的天然物质。绿茶中的天然物质成分，可以预防衰老、防癌、抗癌、杀菌、消炎等。绿茶中含有一定量的咖啡因，和茶多酚并存时，能够制止咖啡因在胃部产生作用，使咖啡因的弊端不在体内发挥，而是促进中枢神经、心脏与肝脏的功能。绿茶中的芳香族化合物还能溶解脂肪，防止脂肪积滞体内，咖啡因还能促进胃液分泌，有助于消化与消脂。对于绿茶的功效，唐代刘贞亮的“十德”说法比较全面。他认为饮茶的功效在于：以茶尝滋味，以茶养身体，以茶驱腥气，以茶防病气，以茶养生气，以茶散闷气，以茶利礼仁，以茶表敬意，以茶可雅心，以茶可行道。

绿茶品质的特点是水清叶绿，水清叶绿体现出人的一种心境。“山不在高，有仙则名，水不在深，有龙则灵，斯是陋室，唯吾德馨。”虽住在一栋陋室里，但在诗人眼里却充满了清幽雅静的情趣。只有清心寡欲才能使人的志向坚定不渝。作为一个平凡的人，清心寡欲可使自己始终保持清醒的头脑，始终不忘自己应当树立和已经树立的抱负和目标。

▷ 花增茶味，珠联璧合——花茶

花茶又称熏花茶、香花茶、香片，是我国较为独特的茶叶品类。由精制茶坯与具有香气的鲜花搅拌，运用一定的加工方法，促使茶叶吸附鲜花的芬芳香气而成。花茶的特点是外形条索紧结匀整，色泽黄绿尚润；内质香气鲜灵浓郁，具有明显的鲜花香气，汤色浅黄明亮，叶底细嫩匀亮。

花茶集茶味与花香于一体，茶引花香，花增茶味，相得益彰。不仅保有浓郁爽口的茶味，而且还有芬芳的花香味道。冲泡品尝，花香袭人，甘芳满口，令人心旷神怡。花茶不仅保留茶的原有功效，而且花香也具有良好的药理作用，裨益人体健康。花茶不仅好看、好闻，同时还含有丰富的营养成分，对人体健康具有很好的功效。

花茶是以绿茶、红茶、乌龙茶茶坯和符合食用需求、能够吐香的鲜花为原料，采用窨制工艺制作而成的茶叶。我国花茶的生产，始于南宋，已有1000余年的历史。在国际与国内市场上行销量大的花茶是茉莉花茶。这是因为茉莉的香气为广大饮花茶的人所喜爱，被誉为可窨花茶的玫瑰、蔷薇、兰蕙等众花之冠。宋代诗人江奎的《茉莉》诗赞曰："他年我若修花史，列作人间第一香。"

花茶是集茶味与花香于一体，茶引花香，花增茶味，相得益彰。两个人或两件事物互相配合，使双方的能力、作用和好处能得到充分展示。儒学和道家兼修，互补为用，儒道互补是一种人生智慧的体现。儒家的"仁义"理念和道家的"自然"理念互补。当进则进，当退则退；有些事情积极，有些事情消极；热心于社会公益事业，同时又给自己留下足够的精神空间。儒道互补为人们提供一种积极入世又富有超越精神的人生哲学。

▷ 于平淡中裁剪花样年华——剪纸

剪纸是我国民间传统装饰艺术之一，也是最普及的一项手工艺术。它的历史也很悠久。由于其材料相对易得，成本也比较低廉，因此受到普遍欢迎；它适合农村妇女在闲暇时进行制作，不仅可作实用物，还可美化生活。剪纸不仅体现了群众的审美水平，并且蕴含着民族的社会深层心理，是我国最具特色的民间艺术之一，其造型特点尤为值得研究。民间剪纸在表现形式上有着全面、美化、吉祥的特征，同时民间剪纸有自己特定的表达语言，从而传达出传统文化的内涵和本质。

剪纸的材料是平面纸张，基本单元是线条和块面，装饰化的点、线、面作为基本语言符号。在创作者的剪刀下，剪纸成了没有体积、没有空间、不讲透视、不讲比例，凭着经验和灵感任意取舍，自由挥洒，大胆创作。为能够表现自己的独特的艺术想法，创作者凭借自己的灵感打破自然的客观规律和空间的限制，使处于不同时空和不同空间的物体放在同一个平面上。民间剪纸的纸张可利用率是有限的，但是创作者可以凭借自己的理解和想象力在纸张上大做文章，在局限里自由驰骋，使不可能变为可能，充分体现创造者的绝妙匠心和审美愿望。

民间剪纸源于生活，创作者把他们对生活和自然的认识及感悟以剪纸这种特殊的艺术形式呈现出来，是他们内心情感的一种表达。创作者把剪纸视为生活的一部分，对美好生活的向往以及对远古图腾的崇拜，是民间剪纸表达的主要内容。

剪纸不仅需要创作者有扎实的功底，而且还要有较强的创造能力。创造是人类区别于动物的基本特性和标志之一。创造力是社会进步发展的动力。因此创造力对我们而言是很重要的。培养、开发创造力显得尤为重要。创造力是可以通过训练加以提高的。创造力与许多变量，如兴趣、态度、动机、习惯、信念、价值观、智慧能力、知识、技能、能力、认知风格和环境等有关，在个体创造力的发展过程中这些因素都扮演着一定的角色。

▷ 因地制宜，编织生活的美感——编织

编织是古老的手工艺之一。它是运用植物的枝、叶、茎、皮等进行加工以后，用手工来编织的手工工艺。编织工艺品按原料划分，主要有竹编、藤编、草编、棕编、柳编、麻编六大类。

编织，主要包括编辫、平纹编织、花纹编织、绞编等工艺。编辫不分经纬，将麦秸、玉米皮等原料采用编搓的形式实现。平纹编织以经纬为基础，按一定规律互相连续挑上、压下，构成花纹。花纹编织是在平

纹编织的基础上再予以变化，编织出链子扣、十字扣、梅花扣等花纹。绞编类似平纹编织，但结构紧密，不显露经。

编织工艺品在原料、色彩、编织工艺等方面具有天然朴素、清新简练的艺术特色。

采用玉米皮、麦秸、柳条、麻等天然原料，具有浅黄、浅棕、乳白等色彩和质地，能够呈现出一种自然朴素的美，带来淳朴的艺术享受。虽然麦秸、玉米皮、竹篾、柳条等原料在色彩上相对单调，但由于编织工艺的多样化特点，可以采用疏密对比、经纬交叉、穿插掩压、粗细对比等手法，使之在编织平面上形成凹凸有致、跌宕起伏、虚实隐现的浮雕般的艺术效果，不仅增添了色彩层次，而且显示了精巧的手工技艺。编织工艺还运用布贴、刺绣、蓝印花布、绒绣等工艺，使之在色彩上富有变化，雅而不俗。编织工艺品大多以乳白、咖啡、浅绿、浅土黄、灰绿、浅蓝等中间色、调和色为主，并适当在小面积上运用对比色，取得既调和又对比的效果，也显示了典雅、朴素的艺术特色。

编织是一种手工艺术。我们编织的不仅仅是物品，同时也在编织着自己的人生。

好的人生离不开好的规划，成功人生离不开成功的规划及在正确规划指导下的持续奋斗。人生如大海航行，人生规划就是人生的基本航线，有了航线，我们就不会偏离目标，更不会迷失方向，才能更加顺利和快速地驶向成功的彼岸。然而，有了规划，就一定会有成功的人生吗？也不一定。成功人生管理三部曲还缺少不了最后一部——知行合一，持之以恒地实施人生规划，方能真正创造出如你所愿的美好人生。

▷ 发挥所长，人尽其才——竹编

竹编在我国的历史很悠久，它是用竹条篾片编成的日常生活用具和观赏陈设品。它的制作过程是先将竹子剖削成粗细均匀的篾丝，然后经过切丝、刮纹、打光和劈细等工序，编结而成。竹编主要产地有浙江东阳、福建泉州、上海嘉定等，在南方地区逐渐形成富于地方特点的竹编用具和手工艺品。

东阳竹编最具代表性。东阳竹编出现较早，名师辈出，工艺精巧，独具一格，在国内外影响较大，与东阳木雕一起堪称盛开在东阳江畔的一对民间工艺艺术姊妹花，是我国传统工艺美术园地中一个很有特色的品种。

在宋代，东阳竹编的元宵花灯、龙灯和走马灯之类竹编工艺灯早已闻名四方。明清时期，竹编技艺得到迅速发展，并使艺术性与实用性紧密地完美结合，上至送往京城皇亲国戚的“贡品”，下到寻常百姓的家中常用生活用具，比比皆是。改革开放以来，东阳竹编蓬勃发展，曾先后获轻工部优质产品、浙江精品、中国工艺美术百花奖评比银杯奖及金杯奖、中国民间艺术一绝金奖等诸多荣誉。

笔间波澜

竹编是以竹子为原料，通过编结的形式完成其制作。竹编的篮子不是水瓢，自然不能用其盛装水了，但是竹篮也有它的用处。中国有句俗话，谓之“物尽其用，人尽其才”。要实现“尽其用”、“尽其才”，关键在于把物放在适当的地方，把人摆在适当的岗位，就能创造出应有的价值，这就是管理，就是用人之术，这方面，曹操值得我们学习。曹操的用人方法是灵活多变的，因为他明白非常之时需要非常之人，所以在曹操手下，各类人才都可以找到适合自己的位置，可以说是人尽其才，物尽其用。面对着形形色色的人才，曹操很好地把握用人的尺度和用人的技巧。现今社会中的许多成功人士都善于识人，能够把人才放在适当的位置上，这是能够管理好下属的良方。但是也有一些领导者常感叹手下无良才，其实很多时候不是无能人，而是没有把人放在适合的位置上。

▷ 严丝合缝源于针脚细密——刺绣

刺绣，又被称为“针绣”，其俗称为“绣花”。以绣针引彩线，按照设计的花样，在织物上刺缀运针，以绣迹构成纹样或文字。这里的彩线主要是丝、绒、线。这里的织物主要指的是丝绸、布帛。刺绣是我国优秀的民族传统工艺之一。

手工刺绣的艺术特点是图案娟秀工整，色彩高雅清新，针法丰富连贯，雅艳相宜，绣工精巧细腻绝伦。按照不同的针法可以产生不同的线条组织，运用独特的手工刺绣艺术表现其效果。例如，运用施针、滚针绣的珍禽异兽，毛丝颂顺，活灵活现，栩栩如生；采用散套针绣的花卉，活色生香，尽态极妍；使用乱针绣的人像和风景，线条组织多变，装饰味浓，艺术效果强，富有浓郁的民间、民族特色；使用打点绣的绣品，清静淡雅，极富诗情画意；运用打子绣的绣品，具有古色古香、淳朴浑厚的艺术效果。

民间刺绣在我国有着悠久的历史。从出土的汉代文物中，就发现很多挑花刺绣品，说明早在汉代以前，刺绣已在我国流行。自汉代以来，刺绣逐渐成为闺中绝艺，著名刺绣家在美术史上也占了一席之地。民间刺绣的图案纹样，一般多采用喜庆、吉利的象征物，或是通过字音相同的“谐音”，表达对生活的美好祝愿。它融合了群众的欣赏习惯，渗透着当地民间风情。

笔间波澜

通过一针一线的积累，绣品才能最后呈现美丽的图像，可谓“不积跬步，无以至千里；不积小流，无以成江海”。千里之路，是一步一步地走出来的，没有小步的积累，是不可能走完千里之途的。做事要脚踏实地，一步一个脚印，不畏艰难，不怕曲折，坚忍不拔地干下去，才能最终达到目标。毅力是理想实现的桥梁，是攀上成功顶峰的阶梯。我国古代医药学家李时珍写《本草纲目》花费了27年，进化论创始人达尔文写《物种起源》用了15年，而郭沫若翻译《浮士德》则用了30年，马克思写《资本论》用了40年。这些中外巨人的伟大成果无一不是理想、智慧与毅力的结晶。

▷ 野火烧不尽，泥土也能成精品——瓷砖

瓷砖是用耐火的金属氧化物和半金属氧化物，经由研磨、混合、压制、施釉、烧结的过程，而形成的一种耐酸碱的瓷质或石质的建筑、装饰材料。其原材料多由黏土、石英砂等混合而成。瓷砖制作是由瓷器制作延伸而来的。

瓷器脱胎于陶器，它的发明是中国古代先民在烧制陶器的经验中逐步探索出来的。瓷器的烧制必须同时具备三个条件：一是制瓷原料必须是富含石英和云母等矿物质的瓷石、瓷土或高岭土；二是烧成温度须在1200℃以上；三是在器表施有高温下烧成的釉面。

中国是最早发明瓷器的国家，是瓷器的故乡，瓷器的发明始于汉代，至唐、五代时期趋于成熟；宋代为制瓷业蓬勃发展的时期，定、汝、官、哥、均等窑，名重千古；元代青花和釉里红等新品迭出；明代继承并发展了宋瓷传统；清代风格古雅浑朴，虽稍逊于前时，但胜在精巧华丽、美轮美奂，康熙、雍正、乾隆时所制瓷器，都是佳品中的极品。

泥土是制造瓷砖的基本原料，同时需要经过猛火的烧烤才能制成。

软土经过猛火烧烤也能变得坚硬。人也一样，只有经过磨炼才能成就一番事业。宝剑锋从磨砺出，梅花香自苦寒来。古往今来，梅花受到人们的赞誉和称颂。在朔风凛冽的严冬，冬梅仍迎风怒放。成功之路不可能一帆风顺，成功不可能轻松得来，倘若缺少磨炼，不能“苦其心志”，就不能承担大任。

沙子中蕴藏着黄金——彩陶

彩陶是一种彩绘的陶器，出现在新石器时代。

中国有个古老的创世神话：女娲捏黄土造人。传说天神女娲用黄土捏成灵巧的人，用藤子搅拌泥浆，甩向地上，使溅落的泥点变成人。这个创世神话说明两个史实：一是说明在母系氏族社会中，成员知其母而不知其父，生育被神化了。二是说明人类已经能够熟练地制造陶器。

彩陶采用赤铁矿粉和氧化锰作为颜料，使用的是与毛笔相似的描绘工具，利用这种工具在陶坯表面上彩绘各种图案，然后入窑用900～1050℃火烧后，在橙红色的底色上，便会呈现出黑、红、白颜色的图案。

彩陶的象形图案丰富多样，有大量的鱼、蛙、植物果实、花朵的描绘。

彩陶记载着人类文明初始期的经济生活、宗教文化等方面的信息。从制作工艺、艺术成就、历史价值、升值空间等诸多因素看，陕、甘、宁、青的仰韶、马家窑、齐家文化彩陶和山东地区的大汶口文化彩陶最宜收藏。

彩陶展现给我们的是它的美丽之处，但制作它的最基本的原料却是普通的泥土。泥土的平凡创造了彩陶的不平凡。平凡至极就是不平凡。

平凡的沙子中蕴含着宝贵的黄金。因为平凡，我们过着轻松悠闲的生活。因为平凡，我们过得无忧无虑，无牵无挂。因为平凡，我们更深切体会到了人生的真谛：平平凡凡才是真。从“柴米油盐酱醋茶”中，得到的更多的是生活的真谛。平凡是一种正视生活、乐观、开朗的生活态度。平凡的生活给世界注入了温馨与和谐，给人生带来了欢乐和活力。

▷ 精品少不了深刻打磨——雕刻

石雕在我国有着悠久的历史。中国石雕按石料分，有青石雕刻、大理石雕刻、汉白玉雕刻、滑石雕刻、墨晶石雕刻、彩石雕刻、卵石雕刻等。

按传统的雕件表面造型方式不同，分浮雕、圆雕、沉雕、影雕。

浮雕，是在石料表面雕刻有立体感的图像，是半立体型的雕刻品。由于图像浮凸于石面而得名。北京故宫的御道就是浮雕作品。

圆雕，是以单体形式存在的立体拟造型艺术品，石料要求进行全面加工，工艺以镂空技法和精细剁斧见长。这类产品可以完全脱离建筑实用而成为纯正的工艺品，由于其小巧便于携带，发展前景甚佳。

沉雕，是采用“水磨沉花”雕法的艺术品。此类雕法吸收中国画写意、重叠、线条造型散点透视等传统笔法，石料经平面加工抛光后，描摹图案文字，然后依图刻上线条，以线条粗细深浅程度，利用阴影体现立体感。此类产品多数用于建筑物的外壁表面装饰，有较强的艺术性。

影雕，是在“针黑白”工艺基础上发展起来的新工艺品。这种雕品是以玉晶湖青石切锯成平板作为材料，首先把表面磨光，利用其经琢凿能显示白点的特性，以尖细的工具琢出大小、深浅、疏密不同的微点，便于图像显现出来，可谓细腻逼真，独具神韵。

石雕是在石块上雕刻各种图案的一门艺术，在雕刻作品中石雕作品可以存放的时间较长，存留下来的艺术品也较多。闻于耳，记于心。最牢靠的记忆就是要记在心里。记在心里的东西是很难忘记的。生活中琐碎的小事往往如过眼云烟，随着时间流逝也就没有了痕迹，而给我们留下深刻印象的是那些充满震撼的事件、奇特的脸孔、摄人心魄的情节，因为它们雕琢了时光，铭刻在记忆中。

▷ 因地制宜的前提是选对材料——木雕

木雕有圆雕、浮雕、镂雕等几种技法。建筑装饰木雕，很多是以民间传说、戏曲、历史故事为题材来创作的；而玩赏性木雕更注重木质本身的美感，因此这种木雕艺术品备受青睐。

选择木质很重要。像初学者应该选择比较疏松的木质。这类木材适合雕刻造型及结构相对简单、形象比较概括的作品，雕刻起来会比较容易些，但由于其木质软、色泽弱，因此有的需要着色加工处理，以加强亮感。一些木头的木纹比较明显而且善于变化，一般来说，造型起伏越大，木纹的变化越多，就会越有味；造型的形状动态越婉转、流畅，木纹走向的效果也就越理想，雕刻出来的作品极富装饰性，超出人们的想象。当然，这种木材的造型设计应是以高度概括为主，太复杂或者太小的体积，不仅会使木纹遭到破坏，还会造成视觉上的反差。因此在创作之前，首先是要对木材有全面的认识，选择适合的材料十分重要。

木雕技法，就是木雕创作中作者对于形象和空间的处理手法。这种手法主要体现在削减意义上的雕与刻，准确地说，就是由外向内，通过一步步减去废料，按部就班地将形体挖掘使其显现出来。在每次的减法造型中，不仅能够体会到作品“脱壳而出”的快感，而且有的人甚至因木质的特性或用力过猛会减去不该减去的地方，而感到惋惜伤怀。所以说，木雕艺术创作也考验人的心理。

要想雕刻出精美的木雕作品，首要的是选好木质，因为只有选对了木质，才能达到因材制宜的效果。俗话说最好的不一定适合自己，但是适合自己的一定是最好的，的确如此，只有选对了路，才能达到理想的目标。因为有不同的选择，所以才会有千差万别的结局，才会有千姿百态的人生。一位心理专家认为，一种生活只有适合自己，才是最好的生活。有的人活得开心，有的人生活在痛苦之中，其原因就在于开心的人拥有自己喜欢的工作、生活方式、家人，而痛苦的人呢，他们或许贫穷，或许富裕，但他们都没有过上自己真正喜欢的生活，他们痛苦就在于没有找到适合自己的生活。

▷ 美丽源自内外兼修——漆器

中国漆器工艺是古老华夏文化宝库中一颗璀璨夺目的明珠。漆器，就是用漆涂在各种器物的表面上所制成的日常器具及工艺品和美术品。漆器是中国古代人民在化学工艺及工艺美术方面的重要发明。漆器的制作工艺相当复杂，首先须制作胎体。胎为木制，也用陶瓷、铜或其他材料，也有用固化的漆直接刻制而不用胎。胎体完成，漆器艺人运用多种技法对表面进行装饰。

漆器的主要特点是可以抛光，其表面可与瓷器媲美。漆层在潮湿条件下干燥，固化后非常坚硬，有耐酸、耐碱、耐磨的特性。像陶瓷、丝绸一样，中国漆器是民族文化的瑰宝。

漆器是古代人们日常生活中应用十分广泛的物品。由于漆有耐酸、耐碱、耐热、防腐等特性，因此很早就被人们利用。我国是世界上用漆最早的国家，在古代种植漆树相当普遍，早期漆器一般在木、竹胎上髹涂，既可防腐，也可用于装饰。随着漆工艺的发展，逐步出现在各种器物上彩绘、描金、戗金、填漆等，或在器胎上髹漆至一定厚度，再在上面雕刻图案的做法，还有的在漆器上镶嵌金、银、铜、螺钿、玉牙及宝石，以组成华丽的花纹，千文万华，纷然不可胜识。

漆器用漆在器物表面进行涂抹从而达到美化器物的目的。人也一样，也是需要美化的。爱美之心，人皆有之。美，贯穿人生，给人生以生机和希望；美，砥砺人生，使人生之河曲折萦回；美，升华人生，使人热爱美，追求美。美丽是人们追求的目标。为了使自己更加完美，人们都在装饰着自己，除了装饰外表，内心也需要装饰。内在美才是真正的美。人的内心世界的美，是人的思想、品德、情操、性格等内在素质的具体体现，所以内在美即心灵美。丰富的学识和修养，也是人的内在美所不可缺少的。当然，我们既要具有美的内在精神，又要重视美的外在表现。达到内在美与外在美的统一，才是我们所要追求的美。

▷ 困境面前处之泰然——年画

年画是我国特有的一种绘画体裁，是老百姓喜闻乐见的艺术形式。年画在过新年时张贴，用来装饰环境，增添节日喜庆气氛，含有祝福新年吉祥之意，是中华民族祈福迎新的一种民间工艺品，是一种承载着百姓对未来美好憧憬的民间艺术。传统民间年画很多采用木板水印制作。

年画艺术，开中国民间艺术之先河，同时反映出我国社会的历史、生活、信仰和风俗。每逢新年时买些年画贴在大门上，每家都是如此，由大门到厅房，都贴满了各种花花绿绿、象征吉祥如意的年画。新春之所以充满欢乐热闹的气氛，年画在其中起着很重要的作用。

年画画面线条简单、色彩鲜明、气氛热烈愉快。目前所存最早的一幅木版年画是南宋刻印的《隋朝窈窕呈倾国之芳容》。现在，年画在传统的基础上推陈出新，丰富多彩，更为人民群众所喜爱。

从古至今，年画是文化流通、道德教育、审美传播、信仰传承的载体与工具；是看图识字式的大众读物；时事题材的年画还是一种百姓喜闻乐见的“媒体”。

年画给我们的生活带来了欢乐，也让我们对生活充满希望，生活就应该有个好盼头。人生的道路崎岖不平，坎坎坷坷，难免有挫折和失误，也少不了烦恼和苦闷。如果每天都能保持一份好心情，那么，我们每天都是快乐和充实的。虚怀若谷者得天时，处事廉洁者得地利，转危为安者得人和。追求美好的未来是人的天性，也是人类生存和社会进步的动力。只有经常憧憬美好的未来，才能始终保持奋发进取的精神状态。不管命运把自己抛向何方，都应该泰然处之。不管现实如何残酷，都应该始终相信困难终将克服，曙光就在前头，未来更加美好。

▷ 幸福是自由也是牵挂——风筝

风筝发明于我国，源于春秋时代，至今已 2000 余年。相传“墨子为木鸢，三年而成，飞一日而败”，墨翟以木头制成木鸟，研制三年而成，它便是风筝起源，后来他的学生鲁班用竹子改进墨翟的风筝材质。到南北朝，风筝开始成为传递信息的工具。从隋唐开始的，由于造纸业的发达，民间开始用纸来裱糊风筝。到了宋代，放风筝成为人们喜爱的户外活动，逐渐演化成为现在的多线风筝。

我们伟大的祖先不仅创造出凝聚着中华民族智慧的文字和绘画，还创造了许多反映人们对美好生活向往和追求、寓意吉祥的图案。从传统的风筝上到处可见吉祥寓意和吉祥图案的影子。这些吉祥图案运用人物、花鸟、器物等吉祥文字，以民间谚语、神话故事为题材，通过借喻、比拟、双关、象征及谐音等表现手法，构成“一句吉语一图案”的美术形式，赋予祈求吉祥、消灾免难之意，寄托人们追求幸福、长寿、喜庆的愿望。它以物喻义，将情、景、物融为一体，主题鲜明，构思巧妙，趣味盎然，富有独特的格调和浓烈的民族色彩。

笔间波澜

风筝象征着自由。自由是人类所追寻的终极目标，裴多菲有一首诗说得好：“生命诚可贵，爱情价更高；若为自由故，两者皆可抛。”自由是自己做主，不受限制和无拘无束。不管人类、动物还是植物都是需要自由的。自由是人类智慧的根源。但是自由绝不是自我的放纵，像言论自由，允许你有发言的权利，但绝不意味着可以胡言乱语。什么事情都有其底线。对于自由来说，它的底线是受责任约束的。责任感是衡量一个人精神素质的重要指标。责任和自由是对应的概念，责任以自由为前提，而自由只能存在于责任之中。所以自由翱翔的同时，别忘了还有责任的存在。

第四篇

生命哲学：传统奇艺篇

第十一章　亭台楼阁散古香，悠然远山下

▷ 遵从内心的感受就是天人合一——北京故宫

北京故宫始建于公元1406年，1420年基本竣工，由明朝皇帝朱棣始建。它南北长961米，东西宽753米，面积约为725000平方米。建筑面积15.5万平方米，是明清两代的皇宫，迄今为止已历经将近600年的沧桑岁月。52米宽的护城河，3千米长、10米高的宫墙，俨然将故宫围成一座壁垒森严的城堡。

故宫又称紫禁城，它的名字来自“紫微星”，紫微星属土，在五方属中，古人相信紫微星位于苍穹的中心。而紫禁城位于北京的中心，同时又是国家权力的中心，因而得名。这体现出中国宫殿的建筑思想——体现皇权，维护秩序。故宫宫殿沿着一条南北向中轴线排列，三大殿、后三宫、御花园都位于这条中轴线上，并向两旁展开，南北取直，左右对称。这条中轴线不仅贯穿在紫禁城内，而且南达永定门，北到鼓楼、钟楼，贯穿了整个城市，气魄宏伟，规划严整，极为壮观。

三大殿（太和殿、中和殿、保和殿）建在汉白玉砌成的8米高台上，屋顶满铺各色琉璃瓦。太和殿屋顶当中正脊的两端各有造型优美的琉璃吻兽，稳重有力地吞住大脊。其他的部分塑造出龙凤、狮子、海马等立体动物形象，象征吉祥和威严。远远望去，三大殿建筑形象严肃、庄严、壮丽、雄伟，高度各有等差，秩序分明。故宫的“内廷”是皇帝处理政务和后妃们居住的地方，这里的主要建筑乾清宫、坤宁宫、御花园等都富有浓郁的生活气息，花园、书斋、馆榭、山石等，均自成院

落。内廷之后是后苑。后苑里有岁寒不雕的苍松翠柏，有秀石迭砌的玲珑假山，楼、阁、亭、榭掩映其间，幽美而恬静。

故宫是严格按《周礼·考工记》中“前朝后市，左祖右社”的帝都营建原则建造的。整个故宫，在建筑布置上，用形体变化、高低起伏的手法，组合成一个整体。在功能上符合封建社会的等级制度，同时达到左右均衡和形体变化的艺术效果，让人们不得不叹服中国古代宫殿建筑艺术的高超水平。

与今天建筑界东西结合、土洋杂交的现代派不一样，中国古代的宫殿建筑，有其不可超越的辉煌。那种天人合一的和谐思想被贯穿在整个建筑风格里。层次分明的建筑群落，暗合了人间秩序，使得整体建筑有不可忽略的主次感。这一切与中国传统智慧有着千丝万缕的联系。生活中很多人不太留意，其实我们都在不自觉地受天人合一思想的影响。我们在平静状态下，追求现象与内心协调平衡时，只要遵从自己的感觉，就是天人合一。这就意味着每个人如果足够平静，并且能够意识到自己与自然的关系，那么他在生活中就可以感悟世界的和谐，而逐步达到天人合一的境界。

▷ 用良好的沟通避免矛盾激化——承德避暑山庄

避暑山庄位于承德市中心区以北，武烈河西岸一带狭长的谷地上，它始建于1703年，历经清朝三代皇帝——康熙、雍正、乾隆，耗时89年建成。它是清代皇帝夏日避暑和处理政务的场所，它的宫殿区由正宫、松鹤斋、东宫（已毁）和万壑松风四组建筑组成。与北京紫禁城相比，避暑山庄以朴素淡雅的山村野趣为格调，取自然山水之本色，吸收江南塞北之风光，成为中国现存占地最大的古代帝王宫苑。

避暑山庄不仅规模宏大，而且在总体规划布局和园林建筑设计上都充分利用了原有的自然山水的景观特点和有利条件，遵循了“以人为之美入自然，符合自然而又超越自然”的传统造园思想。宫殿区采取中轴线控制，主体建筑居中，附属建筑置于两侧，基本均衡对称，体量较小，采用青砖灰瓦，追求朴素淡雅，与依山就势托起的一座座宏伟壮阔、金碧辉煌的寺庙形成鲜明的对比，体现着康熙、乾隆两位皇帝不惜施重金建庙，结交少数民族首领，以达到安疆固塞的目的。

宫殿区建筑形式采取北方四合院的布局，层层递进，纵深发展。宫殿周围广植花木，或叠石为阶，使避暑山庄宫殿建筑园林化，缓解正宫严肃的气氛。这是避暑山庄造园成功之处。宫殿建筑是皇权的象征，是皇权的物化。这四组建筑因用途不同，所以建筑规制也不同。避暑山庄以多种传统手法，营造了120多组建筑，融汇了江南水乡和北方草原的特色，成为中国皇家园林艺术荟萃的典范。

承德避暑山庄的建筑广泛吸取了地方建筑优点，使得自身散发出特殊的魅力。在这里南北归一，东西合璧，景色的包容度和跨度很大，但是建筑物之间毫不突兀，显得很和谐。避暑山庄更让人叫绝的在于它的功用。康熙和乾隆两位皇帝建此夏宫的目的，是结交少数民族首领。把首领们请到避暑山庄，目的就是要消除他们可能有的火气，给各个首脑们降降温，避免不必要的战争，可以说“避暑”二字深得其妙。这种怀柔政策，赢得了多年的安宁，不得不说这是智慧之举。其实现实生活中也是一样，动刀动枪只会激化矛盾，不如好好沟通。

▷ 成熟在于懂得理想疏导欲望——女儿墙

女儿墙是建筑墙体中的一种形式，最早叫作女墙，又叫女垣，实际名称为压檐墙，民间称城垛子，是一种高出屋面和城墙的矮墙。据说是怕影响城市采光，才设计得比较矮。

有一种说法认为古代未出嫁女子不可以随便见陌生男子，而每当过年节、庙会，有活动的时候，少女们也想看看热闹，于是便登上屋顶，为防止外人见到，就在屋顶上建起一道有空花格的矮墙，以利于向外观望。于是，人们就称墙上的一道矮墙为女儿墙。还有一种说法，认为女儿墙的主要作用是将屋面或屋顶的水挡住防止屋面水四处乱流，将水导入指定水落管排出。当然，女儿墙在军事上也有一定的用途，它一般建立在宫城之中，用作抵挡弓箭和发射弓箭的掩护物，也可以用于巷战。

古往今来，关于女儿墙有很多富有诗意的描述。如“墙里秋千墙外道，墙外行人墙内佳人笑”、“笑渐不闻声渐悄，多情反被无情恼”、“隔墙花影动，疑是玉人来”等，当然现在这道墙的功能越来越多，但名字沿用至今。

如今女儿墙已成为建筑的专用术语，伴随着社会的发展和进步，女儿墙的浪漫和诗情画意也不再是人们津津乐道的内容了，只是国家建筑规范中的90厘米高的砖混结构式的一堵矮墙而已。它回归了建筑的本原，在建筑物上起着它应起的作用。

笔间波澜

女儿墙的名字很有诗意也很有趣。不管它具体的建筑功用，仅仅是关于女儿墙的传说，就具有很大的魅力。古代的女孩不能随便见人，因此便要设计一个女儿墙来，满足一下她们对现实世界的正常了解欲望。这种设计在今天看来有些畸形，但是站在那个时代的角度上来看，这是不可多得的人性化举措。事实上，这也暗合了我们生活的一些规律。当各种限制强加于我们身上的时候，不应该一味承纳和忍受，毕竟每个人的胸怀气度承受能力不一样，找个合适的出口才是心理健康之道。这世界因为各种需求而运转，正常的欲望是我们感知世界的动力，当这些东西受到限制的时候，我们可以给自己找到出口。

▷ 内守外攻，加快战略布局——长城

长城是我国古代劳动人民创造的奇迹。自秦始皇开始，修筑长城一直是一项大工程，据记载，秦始皇使用了近百万人修筑长城，占全国人口的1/20。千百年来的建设，使得它横贯河北、北京、内蒙古、山西、陕西、宁夏、甘肃七个省、市、自治区，全长约6700千米，在世上有“万里长城”之誉。

修筑长城的一条重要经验是“因地形，用险制塞”。所以，凡是修筑关城隘口都是选择在两山峡谷之间，或是河流转折之处。或是平川往来必经之地，还有一些地方完全利用危崖绝壁、江河湖泊作为天然屏障，这样既能控制险要，又可节约人力和材料，以达“一夫当关，万夫莫开”的效果。于是长城翻山越岭，穿沙漠，过草原，越绝壁，跨河流，其所经之处地形之复杂，所用结构之奇特，在古代建筑工程史上可谓一大奇观。因此，长城从整体看来就显得规模宏大，绵延万里，给人以极大的视觉冲击。

明代中期，政府对长城的防御工事作了重大的改进，在城墙顶上设置了敌楼或敌台，以住宿巡逻士兵和储存武器粮草，使长城的防御功能极大加强。而传递军情的烽火台是万里长城防御工程中最为重要的组成部分之一。

长城在建筑材料和建筑结构上以“就地取材，因材施用”为原则，创造了许多种结构方法。有夯土、砖石混合等结构；在沙漠中还利用了红柳枝条、芦苇与沙粒层层铺筑的结构，可称得上是“巧夺天工”的创造。在西北黄土高原地区，长城大多用夯土夯筑或土坯垒砌，其坚固程度不亚于砖石。如甘肃的嘉峪关长城墙体，修筑时专门从关西十多千米的黑山挖运黄土，夯筑时使夯口相互咬实，这种墙体土质接合密实，墙体不易变形裂缝。明代修筑长城以用砖、石砌筑和用砖石混合砌筑为主。墙身表面用条石或砖块砌筑，用白灰浆填缝，平整严实，草根、树根很难在缝中生长，墙顶有排水沟，排出雨水，保护墙身。

康熙帝曾在一首诗中评价秦始皇修长城，说它虽然工程浩大，费尽了民力，仍然没有保住天下。康熙帝悟到了这点，所以采取怀柔政策，建起一道“修德安民”的无形长城，这是相当高明的。从另外一个角度看，历史上的中国讲究“内守外攻”，修长城就是“内守”，而主动攻击则是“外攻”，比如元朝。“内守”、“外攻”兼而用之，成就了过去的辉煌。不过抛却治国的宏大理念，生活中的其他方面，常常在见证这样一个道理，即最好的防守是进攻。唯有进攻，才可以占据主动，这样赢的机会就大一些。

▷ 不因外物的变化而动摇心绪——北京颐和园

颐和园位于北京市海淀区，是利用昆明湖、万寿山为基址，以杭州西湖风景为蓝本，汲取江南园林的某些设计手法和意境而建成的一座大型天然山水园，也是保存得最完整的一座皇家御苑，占地约 290 公顷。

颐和园集传统造园艺术之大成，万寿山、昆明湖构成其基本框架，借景周围的山水环境，饱含中国皇家园林的恢弘富丽气势，又充满自然之趣，高度体现了“虽由人作，宛自天开”的造园准则。颐和园亭台、长廊、殿堂、庙宇和小桥等人工景观与自然山峦和开阔的湖面相互和谐、艺术地融为一体，整个园林艺术构思巧妙，是集中国园林建筑艺术之大成的杰作，在中外园林艺术史上地位显著。

颐和园总体可以分为万寿前山、昆明湖、后山后湖三部分。前山以佛香阁为中心，组成巨大的主体建筑群。万寿山南麓的中轴线上，金碧辉煌的佛香阁、排云殿建筑群、起自湖岸边的云辉玉宇牌楼、终至山巅的智慧海，气势磅礴。巍峨高耸的佛香阁八面三层，踞山面湖，统领全园。碧波荡漾的昆明湖平铺在万寿山南麓，湖中的十七孔桥如长虹偃月倒映水面。蜿蜒曲折的西堤犹如一条翠绿的飘带，萦带南北，横绝天汉，堤上六桥，婀娜多姿，形态各异。涵虚堂、藻鉴堂、治镜阁三座岛屿鼎足而立，寓意着神话传说中的“海上仙山”，将山水势态合理利用到了极致。

颐和园是完美的，它的完美在于对山和水的完美利用。万寿山和昆明湖，这两个景点具有某种特别的指向，一山一水，动静结合，山巍巍而立，水缓缓而行。站在万寿山俯视昆明湖有一种心灵通畅阔达的感觉。孔子说：“智者乐水，仁者乐山。”人和自然是一体的，山和水的特点也反映在人的素质之中。“智者动，仁者静；智者乐，仁者寿。”聪明人就应该像水一样随机应变，以此来明察事物的发展，而仁爱之人则应该和山一样平静，不为外在的事物所动摇，不忧不惧。颐和园的这种山水搭配的风格，正好暗合了人们以山和水为人生楷模的潜意识心态，追求宁静致远，和谐共荣。

▷ 慢工出细活，欲速则不达——苏州古典园林

苏州古典园林是明清时期江南民间建筑的代表作品，它的历史可上溯至公元前6世纪春秋时期吴王的苑囿，私家园林最早见于记载的是东晋（4世纪）的辟疆园。明清时期，苏州成为中国最繁华的地区之一，私家园林遍布古城内外。16~18世纪全盛时期，苏州有园林200余处，现在保存尚好的有数十处。苏州园林是中国南方古典园林的代表，拙政园、沧浪亭、狮子林、留园被誉为苏州四大古代名园。

与皇家园林的宏大、严整、堂皇、浓丽不同，苏州园林小巧、自由、精致、淡雅，以写意见长。以沧浪亭为例，沧浪亭和其他以水为中心的园林相当不同，苏州园林大都外筑高墙，要想窥见美景，必须穿门

越墙才能欣赏，但沧浪亭之美不藏于内。整个园林以水包围，未入园先见景。一条清清溪水绕园而过，隔河相望，亭阁起伏，波光倒影。走过小桥后方能步入沧浪亭园内，园内的结构以假山为胜，建筑物均环绕山丘而建，上山小路曲曲弯弯，迂回盘上，道路两旁翠竹丛生，山上林木葱郁，沧浪亭就屹立于山顶林木之中，景色自然。山南有明道堂、五百名贤祠、看山楼等；园内有藕香榭、闻妙香室、瑶华境界等处，各自组成院落，风格独特。园林厅堂的命名、匾额、楹联、书条石、雕刻、装饰，以及花木寓意、叠石寄情等，既是点缀园林的精美艺术品，同时也储存了大量的历史、文化、思想和科学信息，物质内容和精神内容都极其深广。

古亭石舫上“沧浪亭”三字为俞樾所书，亭柱有联“清风明月本无价，近水远山皆有情”，也许是沧浪亭最好的写照。总而言之，苏州园林具有意境深远、构筑精致、艺术高雅、文化内涵丰富的高雅品质。宅园合一，可赏，可游，可居，这种建筑形态体现了人类与自然的和谐相处。

皇家园林与苏州园林仿佛是中国园林建筑的一对情侣，它们一个宏大堂皇如八尺男儿昂首挺立，一个细致淡雅如小家碧玉亭亭而立。这两种风格的园林给中国传统建筑注入了阳刚和阴柔两种气质。当然这里的阴柔并不是软弱无能，而是细致和小巧。从某个角度讲一个细致的人才算是最接近完美的人。有的人有非常宏大的目标，但是由于没有细致的步骤，目标就仅仅是目标而已。人生说短不短，说长不长，如何度过？浑浑噩噩太可惜，唯有细致地体验生活，品味精彩人生，才会生而无憾。

▷ 从精神上引导，从形势上掌控——成都武侯祠

成都武侯祠又名“汉昭烈庙”，位于四川省成都市南门武侯祠大街，始建于公元223年，是纪念三国时期蜀汉皇帝刘备和丞相诸葛亮的君臣合祀祠宇，也是中国唯一的君臣合祀祠庙。成都武侯祠是中国影响最大的三国古迹，以文、书、刻号称“三绝”的《蜀丞相诸葛武侯祠堂碑》最为知名。

在建筑上，整个武侯祠掩映在森森翠柏中，殿宇坐北向南，大门、二门、汉昭烈庙、过厅、武侯祠五重建筑，严格排列在从南到北的一条中轴线上。以刘备殿最高，建筑最为雄伟壮丽。武侯祠后还有三义庙、结义楼等建筑。大门匾额为“汉昭烈庙”。大门内浓荫丛中，矗立着六通石碑，两侧各有一碑廊，其中最大的一通在东侧碑廊内。这些石碑上有碑文，碑文通篇词句甚切，文笔酣畅，使人百读不厌。二门之后是刘备殿，为单檐歇山式建筑。两侧偏殿，东有关羽父子和周仓塑像，西有张飞祖孙三代塑像。两侧东、西廊房分别塑有蜀汉文臣、武将坐像各十四尊。东侧文臣廊坊以庞统为首，西侧武将廊房以赵云领衔。刘备殿后，下数节台阶是一座过厅，挂有“武侯祠”匾额，就是纪念诸葛亮的地方。

实际上整个祠内有蜀汉历史人物泥塑像47尊，碑碣50多块，匾联60多幅，鼎、炉、钟、鼓10余件，都是价值连城、不可多得的珍贵文物。其中需要注意的是武侯祠低于汉昭烈庙，这象征的是古代君臣关系，建筑上把这些都体现出来了。

笔间波澜

诸葛亮殿的门楣楹柱上挂满了前人留下的匾联。其中最有名的是悬挂在诸葛亮殿正中的一联：“能攻心则反侧自消，从古知兵非好战；不审势即宽严皆误，后来治蜀要深思。”提醒后人在治国时要借鉴前人的经验教训，要特别注意的是“攻心”和“审势”。所谓“攻心”，即从

精神、心理上征服对方，让其心悦诚服，而所谓“审势”，即对形势的准确把握。四字基本上可以概括诸葛亮的高风亮节和文治武功。攻心审势即使到了今天，也是很好的管理策略。无论是在竞争中，还是对组织的内部管理，攻心都是很重要的，很多斗争其实就是心理战，所谓不战而屈人之兵。而审势则更不用多讲，把握形势顺应事物发展势态，我们才可以掌控事物的发展方向。

▷ 事在人为，不寄望于上天——北京天坛

天坛地处北京，在原北京外城的东南部，位于故宫正南偏东的城南，正阳门外东侧。始建于明朝永乐十八年（1420 年），是中国古代明、清两朝历代皇帝用以“祭天”、“祈谷”的建筑，总面积为 273 公顷，比故宫大两倍，据说是因为人们认为“老天”要大于“天子”。

天坛的四周古松环抱，是保存完好的坛庙建筑群，无论在整体布局还是单一建筑上，都反映出天地之间的关系，而这一关系在中国古代宇宙观中占据着核心位置。

天坛在设计上主要突出天空的辽阔高远，以表现“天”的至高无上。内坛位于外坛的南北中轴线以东，而圜丘坛和祈年坛又位于内坛中轴线的东面，这些都是为了增加西侧的空旷程度，使人们从西边的正门进入天坛后，就能获得开阔的视野，以感受到上天的伟大和自身的渺小。就单体建筑来说，祈年殿和皇穹宇都使用了圆形攒尖顶，它们外部的台基和屋檐层层收缩上举，也体现出一种与天接近的感觉。

天坛还处处展示着中国传统文化所特有的寓意、象征的表现手法。北圆南方的坛墙和圆形建筑搭配方形外墙的设计，都寓意着传统的“天圆地方”的宇宙观。主要建筑上广泛地使用蓝色琉璃瓦，以及圜丘坛重视“阳数”、祈年殿按天象列柱等设计，也是这种表现手法的具体体现。

对于今天的北京，天坛的华美建筑只是人们在这里活动的一个大背景，因为这是城区独有的森林公园。明清以来天坛广植松柏，至今已成森然巨林。

笔间波澜

古老的封建统治者们，往往寄希望于上天，希望不要发生灾难，希望可以风调雨顺，五谷丰收。于是统治者们修建各种坛庙，举行盛大的仪式祈福求雨。而人民也把希望寄托在这些举措之上。可是我们都知道天灾难免。即便是祈祷上苍，也未必就能灵验，否则历史上也不会出现朝代更替了。导致这一切的，如果细细追究，我们就会发现多半是人祸大于天灾。从另外一个角度讲，求天不如求己，我们与其把时间浪费在祈祷上，不如做点实实在在的事情。当一切幸与不幸来临之时，勇敢面对、主动解决才是值得赞赏的。自助者天必助之的关键不在于天助，而在于自助。自助的人是值得尊敬的。

▷ 内心富足，淡视一切奢华——秦始皇陵

秦始皇陵位于陕西省西安市以东30千米的骊山北麓（还有资料认为：秦始皇陵位于临潼以东5千米处的下河村，或者位于西安市以东35千米的临潼区境内）。它南依骊山的重峦叠嶂之中，山林葱郁；北临逶迤曲转、似银蛇横卧的渭水之滨。高大的封冢在巍巍峰峦环抱之中与骊山浑然一体，景色优美，环境独秀。陵墓规模宏大，气势雄伟。陵园总面积为56.25平方千米。陵上封土原高约115米，现仍高达76米，陵园内有内外两重城垣，内城周长3840米，外城周长6210米。内外城郭有高8~10米的城墙，今尚残留遗址。墓葬区在南，寝殿和便殿建筑群在北。

秦始皇陵共发现10座城门，南北城门与内垣南门在同一中轴线上。

坟丘的北边是陵园的中心部分，东西北三面有墓道通向墓室，东西两侧还并列着4座建筑遗存，有专家认为是寝殿建筑的一部分。秦始皇陵集中体现了“事死如事生”的礼制，规模宏大，气势雄伟，结构独特。陵墓地宫中心是安放秦始皇棺椁的地方，陵墓四周有陪葬坑和墓葬400多个，范围广及56.25平方千米。举世闻名的兵马俑坑就是秦始皇陵的陪葬坑，位于陵园东侧1500米处。1974年春被当地打井的农民发现，由此埋葬在地下两千多年的宝藏得以面世，被誉为“世界第八奇迹”。

1962年，考古人员绘制出了秦始皇陵的第一张平面布局图，经探测，陵园范围有56.25平方千米，相当于近78个故宫，考古学界震惊了。一代帝王，生前前呼后拥，拥有无上权力，统御庞大帝国，享受了别人享受不到的荣华富贵。从某种角度而言，这样的人生的确是让人羡慕。但是把皇陵修得这么奢侈，以现代人的眼光来看，还是没有必要。人活一辈子，“生不带来，死不带去”。与其劳民伤财造辉煌的陵墓，不如将这些钱花在更值得花的地方。事实上，有一些人不用建立这么辉煌的陵寝也会名满天下，流传万古，这就是“有的人死了，他还活着”的境界。人们没有必要为死后的排场花这么多心思。奢华无用，赤条条来去无牵挂。对于生命而言，淡视一切奢望，这才是“修为”。

▷ 不为带不走的荣华徒增悲伤——明十三陵

明十三陵，是明朝十三个皇帝的陵墓，坐落在北京西北郊昌平区境内的燕山山麓的天寿山，总面积20余平方千米。十三陵地处东、西、北三面环山的小盆地之中，山明水秀，景色宜人。陵区占地面积达40平方千米，是中国乃至世界现存规模最大、帝后陵寝最多的一处皇陵建筑群。

十三陵位于山区，其山属太行余脉，西通居庸，北通黄花镇，南向昌平州。地势组合完美无缺，加之这里杂树丛生，风景优美。这一自然景观被封建统治者视为风水宝地。

明十三陵正是依此而建，整体上看来，陵墓群既是一个统一的整体，而各陵又自成一个独立的单位，陵墓规格大同小异。每座陵墓分别建于一座山前。陵与陵之间少至0.5千米，多至8千米。除思陵偏在西南一隅外，其余均成扇面形分列于长陵左右。在中国传统风水学说的指导下，十三陵从选址到规划设计，都十分注重陵寝建筑与大自然山川、水流和植被的和谐统一，追求形同“天造地设”的完美境界，用以体现“天人合一”的哲学观点。明十三陵作为中国古代帝陵的杰出代表，展示了中国传统文化的丰富内涵。

笔间波澜

明朝有十六个皇帝。开国皇帝朱元璋葬于南京。建文帝朱允炆不知所终，成了悬案。第七帝明代宗朱祁钰被明英宗葬于玉泉山，因此昌平的明皇陵才是十三个。我们单看看朱允炆和朱祁钰，他们二位与其说是命运使然，不如说他们是封建政治斗争的牺牲品。两位的年纪都不大，还没有真正体验人生，就失踪下落不明或病死一命呜呼，确实可惜得很。因此，十三陵里没有他们的位置。不过十三陵上虽然没有他们的陵寝，他们也不必遗憾。因为再豪华，那也不过是个坟墓，生命已经逝去，有无坟墓只是给后人留谈资而已。活着的人应该把目光放得开一点，珍惜眼前的美好生活，不必为了带不走的世间荣华徒增悲伤。

君子和而不同——北京四合院

北京四合院是北京传统民居形式，辽代时已初成规模，经金、元，至明、清，逐渐完善，最终成为北京最有特点的居住形式。所谓“四”指东、西、南、北四面，“合”即四面房屋围在一起，形成一个“口”字形。经过数百年的营建，北京四合院从平面布局到内部结构、细部装修都形成了特有的京味风格。

北京四合院属砖木结构建筑，房架子檩、柱、梁（柁）、槛、椽以及门窗、隔扇等均为木制，木制房架子周围则以砖砌墙。梁柱门窗及檐口椽头有油漆彩画，虽无宫廷苑囿那般金碧辉煌，但也是色彩缤纷。墙习惯用磨砖、碎砖垒墙，屋瓦大多用青板瓦，正反互扣，檐前装滴水，或者不铺瓦，全用青灰抹顶，称“灰棚”。

四合院一般依东西向，坐北朝南，北房（正房）、南房（倒座房）和东、西厢房分居四面，四周再围以高墙形成四合，开一扇门。大门辟于宅院东南角“巽”位。四合院中间是庭院，院落宽敞，庭院中植树栽花，饲养金鱼，是四合院布局的中心。院内墙壁和柱子上辅之以雕刻书法，使得文化韵味十足。整个院落宽绰疏朗，游廊连接彼此厢房，起居十分方便；封闭式的住宅使四合院具有很强的私密性，关起门来自成天地；而在院内，四面房门都开向院落，为一家人的生活提供了足够的空间。

四合院的厢房，围成一个小小的天地，这里的人是一家。当我们在庭院里看着头顶的方天，沐浴着斜射的阳光，不知道人们会不会有一种久违的感动。现代的人们住着高楼大厦，隔壁的邻居老死不相往来，独来独往过着热闹而孤独的生活，钢筋水泥阻隔了人们彼此的思念，甚至是一家人，也因为分住在不同的“笼子”里而相见甚难，因此也很难感受大家庭的温暖。很多情感需要依托于情景，物理上的距离会影响心情，北京四合院的布局和结构，恰恰构成了整个家族的集合群落。在这里一家人谦和有序，爷孙嬉笑，夫妻和睦，兄弟齐心，锅碗瓢盆奏出了和谐的乐章。从天上往下看，一个个方形的院落，就是团团圆圆的一家，他们各自独立，又互有联系，这是属于四合院的风光，它将中国人讲究“圆满”的心态表露无遗。

▷ 按自然规律办事，因势利导——窑洞

窑洞是黄土高原的一景，现如今陕北、山西的部分地区，仍然有不少人住在窑洞里。窑洞一般修在朝南的山坡上，向阳，背靠山，面朝开阔地带，少有树木遮挡，十分适宜居住。

黄土地的特殊结构和干燥少雨的气候特征，为窑洞提供了很好的发展前提。一院窑洞一般修三孔或五孔，中窑为正窑，有的分前后窑，有的一进三开，从外面看各孔各开门户，窑洞的里面有隧道式小门互通。窑洞顶部呈半圆形使得空间增大。内壁用石灰涂抹，使窑洞显得明晃亮堂。窑洞内有炕，而炕的一头都连着灶台。炕周围的三面墙上有绘着各种画的炕围子。窑洞窗户上一般有剪纸装饰。窗格疏朗，阳光可以自由地透进来。

由于自然环境、地貌特征和地方风土的影响，窑洞形成各式各样的形式。但从建筑的布局结构形式上划分可归纳为靠崖式、下沉式和独立式三种形式。以陕北延安窑洞为例，不少窑洞中间夹杂着窑洞式的平顶房。从远处看，窑洞给人悠远旷达之感，其与土地颜色结合搭配，丰富和点缀了黄土高原的单调景色，巧妙地将自然图景和生活图景有机地结合了起来，反映了黄土高原人民的智慧。

笔间波澜

靠山吃山，靠水吃水。当蒙古族人民族建立起蒙古包以适应游牧生活的时候，黄土高原上的人们则挖出了窑洞来抵御寒冷。一片土地的特色就在潜移默化中形成。焦黄色的高原渗透着人们对黄土地的热爱和眷恋。

窑洞艺术以陕北最出名，传统的陕北人一生辛勤劳作，最基本的愿望就是修建几孔窑洞。有了窑洞娶了妻才算成了家立了业。男人在黄土地上刨挖，女人则在窑洞里操持家务、生儿育女，男女和谐搭配，祖祖辈辈在同一片土地上生活。有爱的人精神饱满，有爱的家明亮而宽敞。尽管我们可能背井离乡，但是对家的依恋永远不会淡去。

▷ 宁静致远，思修合一——岳阳楼

岳阳楼屹立于湖南省岳阳市西北的巴丘山下。全楼高25.35米，平面呈长方形，宽17.2米，进深15.6米，占地251平方米。它前瞰洞庭，背枕金鹗，遥对君山，南望湖南四水，北眈万里长江，视野辽阔，十分气派。自古有“洞庭天下水，岳阳天下楼”的赞誉，可见其楼的声名之大，它与江西南昌的滕王阁、湖北武汉的黄鹤楼并称为江南三大名楼。

岳阳楼的建筑构制独特，风格奇异。气势之壮阔，构制之雄伟，堪称江南三大名楼之首。岳阳楼为四柱三层，飞檐、盔顶、纯木结构，楼中四柱高耸，支撑大部分重量。岳阳楼的楼顶为层叠相衬的“如意斗拱”托举而成的盔顶式，这种拱而复翘的古代将军头盔式的顶式结构在我国古代建筑史上是独一无二的。从整体看来，远远望去，它恰似凌空欲飞的鲲鹏。

岳阳楼自唐朝始，逐步成为历代游客和风流韵士游览观光，吟诗作赋的胜地。北宋范仲淹脍炙人口的《岳阳楼记》更使岳阳楼著称于世。千百年来，无数文人墨客在此登览胜境，凭栏抒怀，并记之于文，咏之于诗，形之于画，使岳阳楼成为艺术创作中被反复描摹、久写不衰的一个主题。

滕子京被贬，心情低落，在岳阳楼前长吁短叹怨气颇深，作为老友

的范仲淹则借颂岳阳楼之机来巧妙规劝他“不以物喜，不以己悲”，并以自己“先天下之忧而忧，后天下之乐而乐”的济世情怀和乐观精神感染老友，实在是用心良苦。人生无常，我们每个人都会像滕子京那样遇到很多不顺心的事，怎么办？怨天尤人，还是泰然面对？如何处理体现的是个人的智慧。“不以物喜，不以己悲”是一种高明的态度，无论面对失败还是成功，我们都要保持一种恒定淡然的心态。要知道，不管人生如何繁复变化，其实说白了就是遇见事情然后处理事情的循环过程。如果能理解了这点，那就可以了，以平常心来面对各种表情，活出从容来。

▷ 唯登高处观全局——应县木塔

应县佛宫寺释迦塔位于山西应县城内西北佛宫寺内，俗称应县木塔。始建于辽清宁二年（1056 年），金明昌六年（1195 年）增修完毕。它是我国现存最高最古的一座木构塔式建筑，也是唯一一座木结构楼阁式塔。

木塔位于寺南北中轴线上的山门与大殿之间，属于“前塔后殿”的布局。塔建造在 4 米高的台基上，塔高 67.31 米，底层直径 30.27 米，呈平面八角形。该塔身底层南北各开一门，二层以上周设平座栏杆，每层装有木质楼梯，逐级攀登，可达顶端，各层层内有各种塑像。宝塔的二至五层每层有四门，均设木隔扇，出门凭栏远眺，恒岳尽收眼底。

应县木塔的设计，大胆继承了汉、唐以来富有民族特点的重楼形式，充分利用传统建筑技巧，广泛采用斗拱结构，全塔共用斗拱 54 种，每个斗拱都有一定的组合形式，有的将梁、坊、柱结成一个整体，每层都形成了一个八边形中空结构层。设计科学严密，构造完美，巧夺天工，是一座既有民族风格、民族特点，又符合宗教要求的建筑，在我国古代建筑艺术中可以说达到了最高水平，具有很高的研究价值。

笔间波澜

应县木塔除了它的结构为全木之外，还有一个特点就是它的高。60多米的高度跟群山相比，渺小到可以忽略，但是与其周围的建筑比较，这个高度还是值得关注的。应县木塔周围有很多小牌楼，若置身其间，人们很难把视野放得较远，可是如果你爬上木塔，则方圆几里即可尽收眼底。这种布局和结构，其实也昭示了一种做人的道理，那就是站得高方能望得远。当你处在低处，与更多的人站在同一水平线的时候，你的目光是不会高远的。只有你跳出那个圈子，站在更高的角度，你才会知道你所处的位置，这时你审视自己，也就会多了一分从容，因为关于大局，你已了然于心。

▷ 及时疏解，勿让矛盾积少成多——赵州桥

赵州桥，又名安济桥，位于河北赵县洨河上，是著名匠师李春建造的，因桥体全部用石料建成，所以当地俗称大石桥。它是世界上现存最早、保存最好的巨大石拱桥，建于隋大业年间（公元605—618年），距今已有1400多年历史，是当今世界上现存最早、保存最完整的古代敞肩圆弧单孔石拱桥，被誉为“华北四宝”之一。

赵州桥桥长64.40米，跨径37.02米，高7.23米，是当今世界上跨径最大、建造最早的单孔敞肩型石拱桥。赵州桥最著名的要数它的敞肩型结构。所谓的敞肩型就是指它在大拱两肩，砌了四个并列小孔，而这一创举既增大流水通道，减轻桥身重量，节省石料，又增强了桥身稳定性，这也是赵州桥在经历上千年之后，在大水和地震等自然灾害侵蚀下依然安然无恙的根本原因。

赵州桥的桥联是这样写的：水从碧玉环中过，人在苍龙背上行。人

们从这一描写中大约可见赵州桥的整体风格。实际上它作为中国古代石料建桥的典范，从历史的角度来看，也是桥中的碧玉，洨河上常立不倒的蛟龙。

赵州桥之所以可以经历上千年的时间，在于其独特的设计和让人惊叹的技术创新。别的不说，单就其敞肩和单孔设计就很值得推崇。把以往桥梁建筑中采用的实肩拱改为敞肩拱，这样一来加大了排水量，缓解了大水给桥身的巨大压力。而单孔式的设计方式，使得桥墩变得多余，可以不用设立了，也可以减小河水对桥身的冲击力。其实这二者的思路，就是减少河水对桥身的冲击力。这里的桥相当于我们某种思想，而河水则相当于生活中的烦恼，当烦恼滚滚而来的时候，我们是憋在心里呢？还是找个合理的途径释放呢？赵州桥告诉了我们答案。事实上，烦恼也是宜疏不宜堵。

▷ 山不在高，有仙则名——云冈石窟

山西省大同市的云冈石窟是中国四大石窟之一，已有1500多年的历史，始建于公元460年，由当时的佛教高僧昙曜奉旨开凿。石窟里面有窟龛252个，造像51000余尊，代表了公元5世纪至6世纪时中国杰出的佛教石窟艺术。其中的昙曜五窟，布局设计严谨统一，是中国佛教艺术第一个巅峰时期的经典杰作。

云冈石窟依山而凿，东西绵亘约1千米，气势恢弘，内容丰富。窟中菩萨、力士、飞天形象生动活泼，塔柱上的雕刻精致细腻，上承秦汉现实主义艺术的精华，下开隋唐浪漫主义色彩之先河，美不胜收。

石窟造像气势宏伟，内容丰富多彩，按照开凿的时间可分为早、中、晚三期。早期的昙曜五窟气势磅礴，浑厚淳朴。中期石窟精雕细

琢，装饰华丽。晚期窟室规模虽小，但人物形象清瘦俊美，比例适中，是中国北方石窟艺术的榜样和“瘦骨清像”的源起。云冈晚期石窟的窟室布局和装饰，突出地展现了浓郁的中国式建筑、装饰风格，反映出佛教艺术“中国化”的不断深入。

云冈还没有石窟的时候，也许那里仅仅是一座大山，杂树丛生，野兽横行。那时候的人们可能不会想到这里将会成为佛教圣地。而当石窟修建好以后，那里就不再单纯是一座大山，而成了人们顶礼诸佛的地方。没有豪华细致的装饰，没有色彩斑斓的搭配，纯天然的没有修饰的石像，于幽僻中找宁静，在简陋中见涵养。在自然天成的情况下，得高妙境界。“山不在高，有仙则名，水不在深，有龙则灵”，只要一个人、一件物有内涵，即使外表再朴实无华，也会散发独特的魅力，获得人们的钦佩。

▷ 强大的是内心，而非神通——少林寺

少林寺有“禅宗祖庭，天下第一名刹”之誉，是中国佛教禅宗祖庭，位于河南登封城西少室山，寺院宏大。从山门到千佛殿，共七进院落，总面积达 3 万平方米。相传印度名僧菩提达摩来到少林寺之后，寺院逐渐扩大，僧徒日益增多，少林寺遂声名大振。

少林寺山门的正门是一座面阔三间的单檐歇山顶建筑，它坐落在 2 米高的砖台上，左右配以硬山式侧门和八字墙，整体配置高低相衬，十分气派。门额上有康熙亲笔所题“少林寺”三个大字，更添一道辉煌的风景。

山门内弥勒佛供于佛龛之中，大腹便便，笑口常开，神龛后面立有韦驮的木雕像。过了山门，便是甬道，两旁碑石如林，故称碑林。碑林后是天王殿，内置四大天王。天王殿后是大雄宝殿，释迦牟尼等诸佛供

奉于此。除此之外还有藏经阁、法堂、千佛殿、初祖庵和达摩洞等，结构完整，配套齐全。

总体来看，整个少林宏大庄重，肃穆威严，掩映在群山之中，使得寺庙群落有一种深长悠远的意味。因为是禅宗圣地，整体上给人一种平静的感觉。

笔间波澜

少林古刹的氛围，会让浮躁的人们感到平静，原因在于其建筑风格和诸佛像的感召力。那种感召力是一种强大的精神能量，它的肃穆感会唤醒一个人对生命的尊重。少林寺各个地方都摆满了威严的佛像，祭拜的人自然很多。可是于世人而言，是不是每次唤醒自己的佛性，都要通过这幽静的古刹？不是的，我们生活的环境是嘈杂的，但是人的心灵是可以宁静的。于烦躁时感受平和，在无佛处得见诸佛，只有这样你才能真正面对真如自我。佛在古刹，唤而醒之，不如佛在心间，时刻存在。

第十二章　霓衫华韵衬婀娜，素雅东方美

▷ 顺应天地，敬畏自然——上古服装

一般认为最早的服装是在劳动中起源的，支持这种说法的人认为古代神话中炎帝神农氏的形象就颇似农人。因为神农氏身着红色襦，小腿着绑腿，头戴鸟羽帽，足踏皮制鞋，手执农具，这种说法其实比较有道理。后代人对上古的服装多有揣度，比方说不少人认为当时的老百姓头上戴的是戴尖帽或圆筒高帽等，不过这都无法考证，只能任由后人评说了。

古代人认为，早晨天未亮时，天空是黑色，此时一般称为“玄”，在上衣颜色的选择上，就选了玄色；而大地为黄色，下裳就和地一样，所以服色即用黄色，以此表达对天和地的崇拜。远古时期，以上衣下裳代表服式，还有上衣下裳相连的“深衣制”，这种深衣形式在那时男女没区别。

总的来说，远古时期，生产力低下，为了非常实用的用途，比如人们需要御寒防潮护身免灾等就披上了兽皮和树叶，而在热带地区，因烈日照射，风雨袭击，虫蚁啃咬，人们通常在身上涂上油脂和黏土或披盖树叶和树皮。人类为了获得猎物，往往把自己打扮成猎物食物的形象，如戴兽角兽头帽子，穿某些动物的皮毛，以便靠近狩猎目标，提高狩猎效果，这直接刺激了衣饰的发明。石器时代后，人们掌握了制造工具和使用工具的方法，发明了骨锥和骨针，从此原始服装便产生了。

随着生产力和社会分工的发展，原始社会的解体，人类社会发展进

程出现了一个质的变化，从无阶级社会过渡到了阶级社会。从此，衣冠服饰便成了统治阶级“昭名分，辨等威”的工具。大约在夏商以后，中国的冠服制度初步建立。随着社会生产力的发展和土地所有制的变化，西周时，等级制度也开始逐步确立，与这种等级制度相适应的冠服制度也就逐渐完备。

远古的服饰，虽然是以实用出发，不像今天的服饰这样异彩纷呈，但是由于当时的科学不发达，人们对自然有所畏惧，所以在服饰的选择上，却有今人无法比拟的宗教感和敬畏感。祭拜祖先和天地，成为那个年代的人们需要做的重要的事情，因此符合仪式内容和精神的服装就显得特别重要。上衣如天，天未亮，着玄色；下裳如地，地为黄，着黄色。这种顺应四时，以天地为本的精神，便体现在了穿着上。实际上远古的人的智慧因为其淳朴，而具有不可想象的穿透力，他们的这种思想就是到了今天，都不落伍。因为顺应天地，讲究人与自然和谐的精神，恰恰是今日伤痕累累的地球所需要的。

▷ 与时俱进在于打破常规——深衣、胡服

春秋战国时期，齐鲁等地农业和纺织业发展迅速，纺织原料、染料和纺织品的流通领域很广，那个时候已经出现了丝、绢、缣、绮、绣等高级服装用料。

所以在这个时候，贵族开始运用这些昂贵的丝绸来做衣服，这其中最常见的就是“深衣”。作为贵族衣服，当时的平民把它当作隆重场合的礼服，平常他们只穿短褐。后来这种服饰才慢慢地在民间开始流行，这个过程比较长。深衣不同于上衣下裳，是一种上下连在一起的服装，这种服装在社会上影响很大，到后来的时候不论贵贱男女、文武职别，

都可以穿着深衣。“深衣”分为两种：一为中原地区的宽大式，穿着舒适，长不拖地，下摆不开岔，屈肘可穿，袖长和臂长相等，用大宽带束腰，中原贵族宴乐时喜爱穿用。二为瘦长式，“续衽钩边”，楚地最为流行，较北方的瘦长，领沿较宽，用较厚织物作边，右衽很长。

战国时期的服饰有较明显的变化，比较重要的是胡服的流行。所谓胡服，实际上是西北地区少数民族的服装，它与中原地区宽衣博带的汉族服装有较大差异，一般为短衣、长裤和革靴，衣身瘦窄，便于活动。商周以来的传统服装，一般为襦、裤、深衣、下裳配套，或与上衣下裳配套；裳穿于襦、裤、深衣之外。裤为不加连裆的套裤，只有两条裤管，穿时套在胫上，也称胫衣。这种服装配套极为繁复，在表现穿衣人身份地位的装饰功能方面，具有特定的审美意义。但穿着费时，活动运动也极不方便，尤其不能适应战争骑射的高强度运动。

由于征战频繁，军人服饰进行了改革，废除了上衣下裳，将传统的套裤改成前后有裆，裤管连为一体的裤子。此种服式也融入了劳动人民之中，而社会上层人物依然保持宽襦大裳的服饰风格。

笔间波澜

封建王朝等级制度森严，男尊女卑由来已久。但是在春秋战国的服装里，有一款“深衣”一改西周的贵族属性，而变得亲民，于是我们看到不论是王公贵族，还是平民百姓，都可以将之穿戴出来，这样的变化在整个思想方面是一个解放。另外一个特点是“深衣”也不分男女，这在那个时代，透露出一种非常进步的男女平等的思想。从文化学术方面讲，春秋战国又是百家争鸣的黄金时代，不知道衣服设计思想是不是与这些有关。其实从历史的角度看，社会的进步源于思想的进步，思想进步了伴随着而来的就是其他领域的飞速进步。纵观世界文明，历史如此相似。因此，对于今天的我们，回望过去，能得到的最大智慧就在于解放思想。

▷ 将细小团结成整体就会散发巨大力量——秦装

秦朝是中国历史上第一个幅员辽阔、民族众多的封建统一国家。秦汉时期由于国家统一，服装风格也趋于一致。秦王嬴政当上始皇帝之后，立即着手推行一系列加强中央集权的措施，如统一度量衡、刑律条令等，其中也包括衣冠服饰制度。

不过，由于秦始皇当政时间不长，服饰制度仅属初创，还不完备，只在服装的颜色上做了统一。中国古代各朝的统治者所尊崇的颜色各有不同，据文献记载，传说黄帝时期尚黄，夏代尚青，商代尚白，周代尚赤。秦始皇受阴阳五行学说影响，相信秦克周，应当是水克火，因为周朝是火气胜金，周尚赤，那么秦胜周就是水德，尚黑色。这样，在秦朝，黑色为尊贵的颜色，衣饰也以黑色为时尚颜色了。那个时候，凡重大的庆典、祭祀活动皇帝必须穿黑色衣服。

平常老百姓的穿着还是比较丰富的，以绿、红、紫、蓝四色为主要流行色，其中绿色最受欢迎。秦人很注意上下衣及袖口、领口的色彩相异和搭配。如绿色的上衣，下身穿天蓝或粉紫或红色的裤子；红色的上衣，下穿深蓝色或浅绿色的裤子；绿色的长衣，镶着朱红色的领和袖口；红色的长衣，镶着绿色或粉紫或天蓝色的边缘。这种颜色的搭配采用强烈、鲜艳的对比色，显得明快、热烈，生机盎然。

另外，由于服装统一时间不是太长，服装的等级色彩不是很明显。所以，军官和士兵的服色没有明显区分，军官中将军与中下级军官之间也无严格界限。他们身着的铠甲由政府统一发放的，同一兵种、地位相同的士兵穿的铠甲的形制和颜色比较一致。据考证，基本上都是褐色的铠甲片，红色的甲带。至于其他的衣服，由于秦代并不统一发放，所以因人而异。

秦的大气古朴，自上古以来，无可比拟。秦始皇统一六国后，集权于中央，于是将贵族服饰的颜色定为黑色。清一色的黑色，充满力量感。为什么会这样呢？从视觉上说，任何一种单一色，如果足够大，那种浩瀚的气势，都会很震撼人。整体的力量是巨大的，把细小团结成庞大，进而变成一个大整体，这是我们的特色，这种特色一经发挥，就会散发出巨大的力量来，看北京奥运开幕式上气势磅礴的团体表演，不正事这种团结力量的正面演绎吗？

▷ 察言观色，做正确的事——玄端

玄端是古代诸侯、大夫以及士在祭祀时候穿的布做的服装，举行冠礼、婚礼也可以穿。《仪礼·士冠礼》说："玄端、玄裳、黄裳、杂裳可也。"

华夏乃礼仪之邦，其中很重要的一点就是注重讲长幼有序，男女有别。汉朝以前的最高礼服服种之间都有特定的含义，比如男子上衣下裳，主要取上法先王古制的意思，而女子衣连裳，主要寓意德贵专一。在穿衣的时间上也有讲究，比如男子早上要穿玄端，到了傍晚就要换深衣。据说是因为早上的礼仪更郑重。由此看来，玄端其实是很规范的男子礼服。

事实上在汉朝，玄端确实是通用的朝服及士礼服，是华夏礼服"衣裳制度（衣分两截，上衣下裳）"的体现。后深衣流行，玄端逐渐废止，直到明代恢复古玄端制而造"忠靖服"。

从制作方法上，玄端服为上衣下裳制，玄衣用布十五升，每片布长二尺二寸，因为古代的布幅窄，只有二尺二寸，所以每幅布都是正方形，端直方正，故称端。又因玄端服无章彩纹饰，也暗合了正直端方的内涵，所以这种服制才被称为“玄端”。所谓衣裳之制，玄端主之。可以临祭，可以燕居，上至天子，下及士夫。

玄，为黑色，象征尊贵；端，为方形，象征端正。玄端这种衣服从它的颜色和款式就基本可以看出其定位：严肃，正直，端方，尊贵。之所以这么说，是因为人们对衣服的美学认识，往往是一个人选择服装的标准。比如你穿黑色西装，看起来就要比你穿休闲装要正式很多，你参加一个正式的宴会时，就会选择黑色西装，而不是休闲装。事实上，我们在生活中除了要活得自由洒脱之外，确实有不少场合需要一个人表现出其严肃的一面来，这个时候，我们就不应该以追求自由等理由来拒绝这一切。

▷ 勇于突破，在束缚中绽放——襦裙

襦裙据考证是从战国时期开始，到明末清初的“剃发易服”结束，它是汉族传统服装最基本的形式，也是我国服饰史上最早也是最基本的服装形制之一。2000 多年来，尽管长短宽窄时有变化，但基本形制始终保持着最初的样式，即由短上衣加长裙组成，上襦下裙式的套装。

战国时代妇女的襦裙就已经出现了，后来一直流行到了汉代，汉代之后，由于深衣的普遍流行，穿襦裙的妇女逐渐减少。还有人认为汉代根本不存在襦裙，只是到了魏晋南北朝时才重新兴起。其实，汉乐府诗歌中有不少描写妇女穿襦裙的文字，由此可见汉代妇女并没有摒弃这种服饰。汉代的襦裙样式，一般上襦极短，只到腰间，而裙子很长，下垂至地。

与其他服装形制相比，襦裙有一个明显的特点：上衣短，下裙长，上下比例体现了黄金分割的要求，具有丰富的美学内涵。它们还有一个

共同的特点：平面裁剪，多缘边，绸带系结；上襦变化主要在领形及门襟上，下裙长至鞋面。大凡衣短则裙长，衣短至腰间，裙长至脚踝骨之下；衣长则裙阔，衣长时，长到臀至膝下，而裙露仅几寸，裙子不必显出特色。襦裙忌讳上下平分秋色，会显得呆板少变化。

笔间波澜

襦裙比起汉之前的服饰，在多方面都有进步意义，尤其是在美学上。春秋时的深衣胡服不分男女，因此并不给女性以特色审美需求。但是襦裙则不一样，它是地地道道为女性设计的服装。上衣短，下裙长，具有极高的美学内涵。而且这个时候的女性衣服，开始变得宽大，这样身体活动就更自由。今天以历史的眼光来看，襦裙体现出来的宽松和自由，是一种进步。

▷ 听取民声，积极采纳意见——魏晋南北朝服饰

魏晋南北朝时期的服饰，有两种形式，一种是承袭秦汉遗制的汉族服式，另一种是沿袭北方习俗的少数民族服饰。汉族男子的服饰，主要是衫。衫和袍在样式上有明显的区别，照汉代习俗，袍的袖端应当收敛，并装有祛口。而衫子却不需施祛，袖口宽敞。衫由于不受衣祛等部约束，渐渐成为风俗，并一直影响到南北朝服饰，不管是王公名士，还是黎庶百姓，都以宽衫大袖、褒衣博带为时尚。这种情景，在传世的绘画作品及出土的人物图像中多有反映。除衫子以外，男子服装还有袍襦，下裳多穿裤裙。

魏晋南北朝时期妇女服装承袭秦汉的遗俗，并吸收少数民族服饰特色，所以在那个时代，妇女们一般上身穿衫、袄、襦，下身穿裙子，款式多为上俭下丰，衣身部分紧身合体，袖口肥大，裙为多折裥裙，裙长曳地，下摆宽松，从而达到俊俏潇洒的效果。衣衫以对襟、交领为多，

领、袖都施有缘边。下着长裙，腰用帛带系扎。男子服饰主要为袴褶及两裆等。两裆虽多用于男子，但妇女也可穿着。只是在最初穿着时，一般多穿在里面，以后才将其穿在交领衫袄之外。

魏晋南北朝时期冠帽很有特色。汉代的巾帻依然流行，但与汉代略有不同的是帻后加高，体积逐渐缩小至顶，时称“平上帻”或叫“小冠”。小冠上下兼用，南北通行。如在这种冠帻上加以笼巾，即成“笼冠”。笼冠是魏晋南北朝时期的主要冠饰，男女皆用。因以黑漆细纱制成，又称“漆纱笼冠”。

南北朝服饰的最大特点，在于其容许多民族各种服装形式存在。一方面承袭秦汉，另一方面又容纳、允许少数民族特点。这与秦的大一统是截然不同的。南北朝的这种服装政策对少数民族和汉族是双重尊重，尊重他们的风俗，也尊重他们的历史。这使得两个民族间的融合就有了一定的文化基础。可以说，把中国传统“和”的智慧发挥到了极致。生活中，我们也要吸取这种智慧。因为我们难免会遇见这样一种情景，两个你都想要交的朋友，但是他们却都有你不喜欢的一些缺点，你怎么办？如果硬要求他们符合你的标准，你有可能失去一次交朋友的好机会，这个时候就需要我们用“和”的思想来包容他们。

经典永远都不褪色——唐装

唐装沿袭了自东汉以来华夏妇女传统的上衣下裳制，因此服装形式上类似汉服，也是襦、裙装，这种风格在初唐时期非常流行。唐装上衣的穿法基本上是右衽交领或对襟系上带结，下面的裙子围起来系上长长的裙带，上衣或者掖到里面或者自然地松散着，后来这种松散的上衣不断加长，一直覆到膝盖部，就后来发展成了明代的褙子。

随着发展，唐代的妇女上衣种类渐渐分为襦、袄、衫三种。襦是一种衣身狭窄短小的夹衣或棉衣。袄长于襦而短于袍，衣身较宽松，也有夹衣或棉衣。襦、袄有窄袖与长袖两类。衫是无袖单衣，可吸汗，有对襟及右衽两种。唐代，裙子流行高腰束胸，宽摆拖地的样式，既能显露人体结构的曲线美，又能表现一种富丽潇洒的优美风度。

到了中晚唐时期，服装中加强了华夏的传统审美观念，开始复古，从以显出女子身材为主逐步恢复到秦汉那种宽衣大袖，飘逸如仙的风格，服式越来越肥，这种风格一直影响到后期华夏女装的基本理念，既宽松随体肥大，这在后来也成了礼教所要求的对象，柔和自然，无形无欲。中晚唐女装华丽大气，一般类似于礼服，她们里面直接穿抹胸——抹胸原本是内衣，在唐代和裙子结合形成了一体，它不系腰带，宽松自然。外面直接套上罩衫，罩衫一般很华丽，基本上都是拖摆至地，有的达几米长，衣摆的长短决定着妇女的身份地位。

现在大陆流行的“唐装”，不是真正的唐装，而是由清末的中式着装演化而来的新设计的服装，是“唐人街华人的中式着装”。这种服装事实上是清朝马褂的延续与改良，属于满服的范畴，与“唐朝的服装”（汉服）在风格、款式上面并无丝毫相似之处。目前很多国人都把这种源于“唐人街华人的中式着装”的满装马褂误认为是“唐朝的服装”。

笔间波澜

唐朝在中国历史上是一个辉煌的时代，国人对那个时代极有自豪感。但是我们现在所知道的唐装，其实不是唐朝的衣装。这种改良自满装马褂的服装具有满族人的风格，而不是唐装，今天的人们却认为这就是唐朝的服装。这种历史的误会，其实体现的是今天的中国人渴望国家强大，展现自信的一面，从另外一个角度讲也是在演绎隔代的自信，因为见中国的世界影响力日益在壮大。

▷ 从夹缝中走出进步——宋装

宋装继承唐装，女服仍以衫、袄、褙子、裙、襦、袍、褂、深衣为主。现在出土的衣服都在领边、袖边、大襟边、腰部和下摆部位分别镶边或绣有装饰图案，采用印金、刺绣和彩绘工艺，饰以牡丹、山茶、梅花和百合等花卉。可见宋装绝大部分是直领对襟式，无带无扣，颈部外缘缝制着护领。服式采用衣袖相连的裁剪方式。

宋代宫中的官服与前代相仿，分为朝服、祭服、公服、戎服、丧服和时服，这主要是由于宋代品官制度基本上沿袭前代。朝服是统一样式，官职的高低以搭配的不同来区别的。主要是在有无禅衣和锦绶上的图案上做级别变化。

公服即常服，又名从省服，以曲领大袖，腰间束革带为主要形式，另有窄袖式样。这种衣服以用色区别等级，如九品官以上用青色，七品官以上用绿色，五品官以上用朱色，三品官以上用紫色。到宋元丰年间用色稍有更改，四品以上用紫色，六品以上用绯色，九品以上用绿色。

时服是按季节赐发给官臣的衣物。上至将相皇帝大将下至侍卫步军，赐发的品种有袍、袄、衫、袍肚、裤等。所赐之服大部分织有鸟兽锦纹。

宋代男子除在朝的官服以外，平日的常服也是很有特色的，常服也叫私服。宋官与平民百姓的燕居服形式上没有太大区别。只是在用色上有较为明显的规定和限制。宋时常服有袍、襦、袄、短褐、衫、裳等。

此外宋代男式衣着，还有布衫和罗衫。内用的叫汗衫，有交领和颌领形式。质料很考究，多用绸缎、纱、罗，颜色有白、青、皂（黑）、杏黄、茶褐等。袄的质料有布、绸、罗、锦、丝和皮。袄的用色有青、红、枣红、墨绿、鹅黄等几种。贵族裤子的质地十分讲究，多以纱、罗、绢、绸、绮、绫，并有平素纹、大提花、小提花等图案装饰，裤色以驼黄、棕、褐为主色。

宋代的服装也是分等级的，这点在历代的服装上来看，基本上大同小异。但是宋代服装中值得一提的是常服，或者叫私服，即除官服外的衣服。因为这种衣服体现出了统治阶级在缩小官僚阶级和平民百姓的距离。在朝有官服，平时着常服，常服实际与老百姓穿的衣服没有什么区别，唯一的区别就在于颜色。不要小看这点进步，实际上每一次大的进步，无不是以一些小进步积累的形式来进行的，今天进步的是服装，明天制度就有可能进步。宋代常服的这种接近“贵贱无等差”的思想，是一种历史的进步。

▷ 勇于在困境中前进——明朝服饰

明朝立国不久，就下令禁穿胡服，恢复了唐朝衣冠制度，法服与常服此时得以并行。法服大体与唐朝一致，只是进贤冠改成了梁冠，并增加了忠静冠、保和冠等冠式。官吏戴乌纱帽，穿圆领袍。

袍服除了品色规定外，还在胸背缀有补子，并以其所绣图案的不同来表示官阶的不同，事实上区别等级的还有官员的腰带，由于品级的不同，腰带在质地上是不一样的。明朝服饰的一个重要特点就是服装体现了等级限制的严格。

明朝的书生多穿直裰或曳撒，戴巾。平民则穿短衣，戴小帽或网巾。明朝女子髻式也颇多，且常在额上系兜子，名“遮眉勒”。衣裙近似宋元两朝，但内衣有小圆领，颈部加纽扣。衣身较长，缀有金玉坠子，外加云肩、比甲（大背心）等。

明装与唐装相比，在于衣裙比例的明显倒置，由上衣短下裳长，逐渐拉长上装，缩短露裙的长度。衣领也从宋代的对领蜕变成以圆领为主。明代女装上衣是三领窄袖，身长三尺有余，露裙二三寸。裙装在明代初年用色偏向浅淡；崇祯时期提倡白色裙。裙边有一二寸绣边。明初裙宽为六幅，明末时发展为八幅、十幅。裙褶十分盛行，有细密褶纹，也有大褶纹。褶纹装饰十分讲究。有一种名为彩条裙，每条选用一种颜色缎，每条色缎上绣出花鸟纹饰，带边镶以金线可成为独立的条带，将数条这样的各种彩条拼合在腰带上，就成为彩条飘舞的裙子，因此取名“凤尾裙”。有的还将整块缎料用手工做成细褶纹，取名“百褶裙”。一种二十四褶裙取名“玉裙”。

明式服装的另一个特色是襟上佩挂饰物，并且十分醒目，都是些金、珠、玉等材料做成的各种饰物。其中垂挂在胸前的叫“坠领”；系在前襟的叫“七事”；走起路来有响声的叫“禁步”，这些佩饰统称叫“杂佩”。另有一种特别的佩饰，是在一条金链上，以环相连挂着四件小物件——镊子、牙签、耳挖子和小刀，均是妇女的生活实用品。

笔间波澜

明朝的服装等级严格，这在品色和腰带的配饰上可以看出来，从皇帝到官员到百姓一目了然。明朝服装的一个显著特点在于其襟上佩挂饰物的多样性。这是人们在有限的狭窄的服装选择空间下，对衣着空间的另外一次拓展。以金链条串起来的镊子、牙签、耳挖子和小刀都可以作为饰品，也可见当时人们的想象力。其实很多东西，包括艺术都是在夹缝中被逼出来的。人的生命力和适应能力是毋庸置疑的，就如同沙漠里的野草，环境再恶劣也要生存下去。

▷ 量体裁衣，按实际情况办事——旗袍

旗袍是一种富有传统风情的妇女服装，由满族妇女的长袍演变而来。由于满族称为“旗人”，故将其称为“旗袍”。在清代，妇女服饰可谓是满汉并存。清代一开始的时候，满族妇女主要穿长袍，而汉人妇女则穿

上衣下裙，并以之为时尚；清中期，满汉两族之间互相仿效；到了清代后期，满族效仿汉族的风气更盛，于是不少满族人将自己的服装改成了汉族服装，有的甚至将宫袍截作短衣裳，可见汉文化对满族文化的影响，而汉族仿效满族服饰的风气，也于此时在一些达官贵妇中流行起来。

到了20世纪20年代，受西方服饰影响，经过改进之后的旗袍逐渐在广大妇女中流行起来。这种旗袍是汉族妇女在吸收西洋服装样式后，通过不断改进，流行起来。到了民国时期，旗袍成为中国妇女穿着的一种常见的带有传统风格的长衫。

旗袍的外观特征比较显著，一般具有以下特征：第一，右衽大襟为开襟或半开襟形式，立领盘纽、摆侧开衩；第二，单片衣料、衣身连袖的平面裁剪。当然开衩只是旗袍的很多特征之一，并不是唯一的，也不是必要的，在当时有不少旗袍并不开衩。

满族旗装一般采用平直的线条，两边开叉，衣身宽松，胸腰围度与衣裙的尺寸比例较为接近；在袖口领口有大量盘滚装饰。满族旗装上是工艺精细的手工制作品，比如各种刺绣、镶、嵌、滚等工艺。而近代旗袍则不一样，它实际上进入了立体造型时代，衣片上出现了省道，腰部更为合体并配上了西式的装袖，旗袍的衣长、袖长大大缩短，腰身也更为合体，刺绣精细。与满族旗袍不同，近代旗袍由式样简洁合体的线条结构代替精细的手工制作。

总体看来，旗袍是一种内与外和谐统一的典型传统旧时时装，被誉为近代中国女性时装的代表。它以其流动的旋律、潇洒的画意与浓郁的诗情，表现出近代中国女性的贤淑、典雅、性感、清丽，诠释着20世纪上半叶的中国城市女性特有的时尚性情与气质。

笔间波澜

今天，唐装和旗袍成了外国人认识中国的一个经典标签。前者象征了我们对盛唐的回望，体现的是中国对辉煌唐朝的文化认同，而后者则是因为带有近代的印记，而为西方所熟知。旗袍的设计思想，受中西文化的影响很大，衣服上不少元素直接取材于西方的服装。带有传统风格，又能突出表现中国女性美的旗袍，兼顾南北，吸取东西精华。利用他人的长处，才能取得不俗的成就，一个人要想独领风骚，必须博采众长。

▷ 勿让奢侈品束缚心灵——黄马褂

马褂是中国清朝时一种官方服饰。它是清朝官员制服的一种，因为设计的时候为了方便骑马，于是由此而得名。马褂的颜色和用料与穿者的阶级有关，其中黄色是皇帝的专用色，只有皇帝近身的侍卫，或者获皇帝特别赏赐者才可以穿。在清朝，能获得赐穿黄马褂代表得到了皇帝的宠信，是一种个人的荣耀。

马褂一开始又叫行褂，行褂穿在袍的外面，长度刚好到了臀部，而袖子不长只到肘关节附近——这样设计主要是为了骑马方便，而短袖设计则是为了射箭方便，所以行褂后来又叫“马褂”，在满语里叫“额伦代”，有一个时期还叫作“得胜褂”。

根据清代官方规定，有三类人可以黄马褂：

第一类是皇帝出行时，各御前大臣、御前侍卫等随从，须穿黄色马褂以壮行色。这种黄马褂称为“行职褂子”，没有花纹及图案。因为是因职而穿，所以离开工作岗位以后，或者不是与皇帝同行时就不能穿了。

第二类黄马褂是皇帝狩猎时所赏赐的。清代的各位皇帝一直到咸丰为止都有狩猎的习惯。当皇帝围猎、校射时表现出众，或者向皇帝献猎物者，便可能得到皇帝赏赐黄马褂。这种黄马褂称为“行围褂子”，按规定只有在跟随皇帝狩猎时才可以穿。平时无故穿上属于犯禁，是要被治罪的。

最后一种黄马褂是因特殊功勋而得到奖赏。这种赏赐又称“武功褂子”，得赏者可以在任何隆重的场合穿。这种马褂实际上就是一般人所理解的“赐穿黄马褂”。比如清末慈禧太后就曾赏赐为其开火车的司机黄马褂一件。

一件黄马褂，在清代的时候，象征了权力，不是谁都能有，也不是谁都能穿。黄马褂是皇帝宠信的标志，拥有某种潜在升值的可能，所以当时的达官贵人们，也以黄马褂来作为自己升值的筹码。事实上，虽然时过境迁，人们的拜物主义并未消失，反而有所增长，只不过当时的黄马褂改成了现代的范思哲和香奈儿等洋品牌。这种对奢侈品的钟爱，实际上也是权力扩张的一种表现，它所体现出来的对审美的垄断，恰恰给那些无力消费的人群造成了客观上的心理创伤，本质上与黄马褂的贵族性没有区别，因此说这一场拜物，潜藏着另外一种意思，就是男人们一直在通过驾驭权力来做着某种具有攻击性的游戏。

▷ 随波逐流未必不是好选择——吉服

吉服，在古代是人们在祭祀时所穿的衣服。因为祭祀为吉礼，所以称吉服。经过漫长的演变之后，吉服逐渐变为礼服的泛称。其实服饰文化不仅与物质生活，也与精神生活有着密切的联系。趋吉避凶是人类的普遍心理，过节、过生日、结婚是吉事是好事，灾荒、兵败、死亡是凶事是坏事。所以中国的礼法，很重视吉事穿吉服，凶事穿凶服。

中国人过传统节日时，在力所能及的范围内，穿着尽量好些。比如南北朝时的风俗，讲究正月初一时，不管年龄大小都要“正衣冠”。孟元老《东京梦华录》记宋朝过年节时，京城热闹地段都张灯结彩，各种店铺，里面东西琳琅满目，像珠翠、头面、衣头、花朵、领抹、靴鞋到处都是，这些都用来供市民购置过节，即使是贫寒人家，也要换新衣服，实在买不起，也要将旧衣洗干净，可见人们的重视。从元旦到立春日，妇女都戴五彩绸制成的华胜，而有钱人家则穷极工巧，金银首饰珠翠流光。据记载，在唐睿宗先天二年，正月十五、十六、十七夜在长安安福门外举行灯会，从民间和宫里出来游玩的女子，个个都是花枝招展，装饰华贵。这些人在高二十丈的灯轮下载歌载舞，三日不绝，由此可见其盛况。连一些偏僻的坊巷，在元宵前后也“巧制新妆，竞夸华丽”。到了三月，在水边祓禊，也是古代传统风俗。这个时候，西晋的王公大臣都争着到洛水边去，这时的服装也有讲究，“男则朱服耀路，女则锦绮粲烂”。当时的张协还写了一篇《洛禊赋》，特别提到“顾新服之既成，将祓除于水滨”。宋朝时冬至也是一个大节，当时的京城对这个特别看重，即使是非常贫困的人，也要把仅有的一点积蓄拿出来，置办新衣。可见当时贫富虽然悬殊，但人们都力求在服饰上显示出吉庆气象来。

笔间波澜

趋吉避凶是再正常不过的心理了。人类都有这方面的本能。对于中国人而言，在衣食住行方面的讲究，是趋利避害的特有方式。这种民族习惯和性格，深刻地影响了现如今的中国人。如果从科学角度来讲，这是没有道理的。但是如果从社会学角度讲，却很有道理。因为当大家都认为穿一件衣裳可以趋吉避凶时，不这么认为的人，一般情况下会被前一种人边缘化。这样的话，这个人在与他人的交往中，可能就成了被排挤的对象。这样一来，因为不讲究趋吉避凶最后真的是遇上了凶事，要是讲究的话，可能就是另外一番景象。当多数人选择某个决策的时候，“随大流”有时也是一种好的策略。

▷ 参透生死不如关照身边小事——凶服

凶服指的是丧服，又称孝服、丧服，是生者在丧礼上为死者穿戴的孝服。一般来说根据与死者关系的远近，丧服分为五等：斩衰、齐衰、大功、小功、缌麻。斩衰，乃由生麻制成，边际开散，不缝制，三年的丧期；而齐衰，则是熟麻制成，边际整齐，乃由手工缝制，丧期分为四种：齐衰杖期（一年），齐衰不杖期（一年），齐衰五月，齐衰三月；大功，粗白布制成，九个月的丧期；小功，细白布制成，五个月的丧期；缌麻，更细的白布制成，三个月的丧期。

披麻戴孝，死者为大。生命走向灭寂，后来者为之痛苦，为之哭泣。但是每个人都将离去，倒是庄子想透了一切，妻子亡故，鼓盆而歌，超凡脱俗，非常人能比得上。普通人不是圣人，要求参透生死，那是不现实的，也是不人道的。感情深的人，人们会永远记得，这样的人一旦突然失去，失落感自然会让人忍不住痛哭。想想过去，是他们的陪伴，才让我们走过生命的历程，他们为我们排遣了寂寞，带来了欢乐和信心。他们让我们体验到了世界上最美妙的感情。

▷ 不以恶意揣度他人——藏族服装

哈达是藏族人民社交活动中的必备品，它是礼仪用的丝织品，类似于古代汉族的礼帛。实际上哈达是一种特制的丝织物或麻织物，上面一般绣有“云林”、“八宝”等民间花纹图案，长度通常为5尺左右，宽度不等。在藏族地区，献哈达是一种既普遍又崇高的礼节。无论拜会尊长、迎送宾客、婚丧嫁娶、民俗节庆、朝觐佛像、音讯往来、求情办事以及新房竣工、认错请罪等都有献哈达的习惯。献哈达是对对方表示诚心、纯洁、尊敬和忠诚的意思。

藏族为什么会长期盛行使用哈达这一礼仪之品？其实主要是由于哈达的丰富文化内涵决定的。藏族人认为洁白、无瑕最能表达和象征人们真诚、纯净的心愿，所以藏族人自古以来在社会交往中使用洁白的哈达，以表达自己真诚、纯净的心愿。这实际上是藏族人反映其文化心态的一个重要媒介和载体。

藏族人有尚白心理，早在佛教入西藏之前，藏族先民就崇仰白事、白道，回避、忌讳黑事、黑道。像《格萨尔王传》及其他民间故事中，白人、白马、白云、白鹤等白色一般用来象征和代表正义、善良、高尚的人或事，而黑人、黑马、乌云等黑色则是象征和代表邪魔、罪恶和不幸的。白色象征纯洁、忠诚、喜庆、祥和、无瑕、善业和正义，而黑色则相反，一般都是邪祟、罪恶和不祥之兆，这已成为鲜明的藏族文化观念中的重要内容。

从这个角度来看，哈达是尚白文化心态的一种载体、一种反映，当然并不是唯一。早在丝织品没有出现之时，藏族先民就以白色的羊毛、糌粑或白石、白灰等来表达和象征纯正、洁白的善心诚意。随着藏民族同内地各民族之间的交往不断增多，文化的相互辐射更加频繁。于是到了后来，汉族地区发达的丝织业，又使藏族的尚白文化心态进一步找到了表达的具体形式和便当载体。

笔间波澜

人们常说黑白颠倒，用来比喻那种歪曲事实混淆是非的人。我们知道这种人通常是令人痛恨的。这说明了我们内心里有一个倾向就是尚白。对洁白无瑕真诚纯净的强烈向往，造就了藏族人具有特点的文化品质，即深刻的尚白心理。这种黑白分明的文化观念，是哈达反映民族特性的一个基点。其实不独藏族也不独我们，世界上任何一个民族，本质上讲都是向善的。在生活中，我们不应该总以恶意去猜测别人，毕竟大部分人心中都有向善的愿望。

▷ 趁年轻，让生命如花绽放——苗族服装

苗族服饰可以用华丽来形容，苗族姑娘们喜戴银饰。假如盛装的苗

族姑娘会聚在一起，那一定会变成一个美丽的银色海洋。她们常常绾发髻于头顶，戴上高约 20 厘米、制作精美的银花冠，花冠前方插有六根高低不齐的银翘翅，上面大都打制着二龙戏珠图案，整体看起来特别漂亮。

苗族一些地区，银冠上除插银片外，还插银牛角，在牛角尖上系上彩色飘带，更显得高贵富丽。银冠下边，圈挂着一条银花带，下面垂着一排小银花坠，脖子上戴着好几层由银片打制的花和小银环连套而成的银项圈。前胸戴银锁和银压领，胸前、背后戴的是银披风，下垂许多小银铃。耳环、手镯都是银制品。只有两只衣袖才呈现出以火红色为主基调的刺绣，但袖口还镶嵌着一圈较宽的银饰。苗家姑娘盛装的服饰有的是几代人积累继承下来的，因此常常有数公斤重。正因为如此，所以苗族姑娘有“花衣银装赛天仙”的美称。苗家银饰的工艺，华丽考究、巧夺天工，充分显示了苗族人民的智慧和才能。

苗家姑娘的裙子叫百褶裙，但实际上一条裙子上的褶有 500 多个，上面层数很多，有的多达三四十层，这样看起来，裙子非常蓬松但是又有整齐的韵律感。这些裙子从纺织布到漂染缝制，一直到最后绘图绣花，都是姑娘们自己独立完成，再加上亲手刺绣的花腰带、花胸兜，真是异彩纷呈，美不胜收。

苗族服饰从总体来看，保持着中国民间的织、绣、挑、染的传统工艺技法，往往在运用一种主要的工艺手法的同时，穿插使用其他的工艺手法，或者挑中带绣，或者染中带绣，或者织绣结合，从而使这些服饰图案花团锦簇，流光溢彩，显示出鲜明的民族艺术特色。从内容上看，服饰图案大多取材于日常生活中各种活生生的物象，有表意和识别族类、支系及语言的重要作用，这些形象记录被专家学者称为“穿在身上的史诗”。从用色上看，苗族姑娘善于选用多种强烈的对比色彩，努力追求颜色的浓郁和厚重的艳丽感，一般均为红、黑、白、黄、蓝五种。纷繁复杂的苗族服饰分为湘西型、黔东型、川黔滇型、黔中南型以及海南型五大类别和若干款式。

苗族服装可以用绚丽或者流光溢彩来形容。它那种花团锦簇的美，吸引了无数的人，让不少女人为之震撼。爱美之心，人皆有之。我们应该在年轻的时候，绽放出青春的美丽，用盛装打扮自己，活出一份潇洒来。

▷ 用心感受而不是用眼睛评判——袈裟

袈裟是和尚法衣的音译名，又作袈裟野、迦罗沙曳、迦沙、加沙，翻译过来的意思是这样的：坏色、不正色、赤色、染色等。之所以起这些名字，据说是因为它的颜色不正。

袈裟的制作方法比较简单，第一步先把布截成小片，然后再缝缀起来，因为其形状像一块块的田，所以又被称为福田衣、割截衣，也可以叫作慈悲服、无上衣、离尘服、解脱服等。袈裟分各种不同种类，一般包括安陀会（五条衣）、郁多罗僧（七条衣）、僧伽梨（九条大衣）三种，具有三种功用：防止法衣他用，使僧尼舍离对衣服的贪欲，避免他人盗取。

人靠衣装，衣服的作用是非常重要的，袈裟在佛教界是圣贤的标识，因此特为佛教教团所尊重。佛教认为穿着袈裟的好处有十：一者，菩提上首；二者，处众人天；三者，父母返拜；四者，龙子舍身；五者，龙披免难；六者，国王敬信；七者，众生礼拜；八者，罗刹恭敬；九者，天龙护佑；十者，得成佛道。

袈裟的颜色在佛教律令中各有各种不同的说法，不过都赞同三种坏色之说，即以青、泥（皂、黑）、茜色（木兰色）三种为袈裟真如法色（或谓若青、若黑、若木兰色）。

佛教传入中国后，在汉魏时僧人们主要穿赤色衣（被赤衣），后来又有黑衣（缁衣）、青衣、褐色衣。唐宋以后，紫衣、绯衣流行，那时候朝廷常以这些服装赐给高僧们。明朝佛教分禅（禅宗）、讲（天台、华严、法相宗）、教（又称律，从事丧仪、法事仪式）三种类别，朝廷明令规定禅僧穿茶褐色衣和青绦玉色袈裟，讲僧穿玉色衣和绿绦浅红色袈裟，教僧穿皂衣和黑绦浅红色袈裟，然后来一般皆穿黑衣。

在佛教里，袈裟有挂在两个肩膀的东西，叫作“通肩”，也有裸露右肩披挂在左肩的“偏袒右肩”两种。这两种的区别在于，对佛及师僧修供养时，偏袒右肩；要是外出游行或入俗舍时，就要披通肩法。

袈裟即法衣，是和尚们穿的，这是一种身份标志。就像道袍，身着黄色长袍，飘飘洒洒而来，那我们基本上就可以认定，这是道门中人。袈裟也一样，红底黄边田字格，那定是和尚无疑。当然僧有高和低，袈裟也相应不一样。但是长翅膀的不一定是天使，也许是鸟人。穿袈裟的也不一定就是和尚，也许是冒充的。不穿袈裟的，也不一定就不是和尚，也许恰恰是个真和尚。人世间的事，真真假假，如果不长一双慧眼，是不好分辨虚实的。所以我们在生活中，要多留心，看见的未必就是真的。佛与魔，外表上是看不出区别来的，只能靠心灵和智慧才能分得清楚。

第十三章 手眼身法势恢弘，精神气力功

▷ 宁循理以求精，毋越理而争胜——太极拳

太极拳起源于中国，它是根据《易经》阴阳相生之理与中医的经络、导引、吐纳等理论和技法综合而成的拳术，具有刚柔相济、快慢相间的特点。太极拳松活弹抖，符合人体结构，是一种具有大自然运转规律的拳术。

太极拳历史悠久，流派众多，主要有陈式、杨式、孙式、吴式、武式以及武当、赵堡等。作为传统拳术的太极拳既可技击防身，又能增强体质和防治疾病，因此深受人们喜爱。太极拳在早期曾被称为“长拳”、“绵拳”、“十三势”、“软手”。至清朝乾隆年间，山西武术家王宗岳著《太极拳论》，才确定了太极拳的名称。“太极”一词源出《周易·系辞》，含有至高、至极、绝对、唯一的意思。

太极拳在技击上别具一格，特点鲜明。它要求避实就虚，以柔克刚，以静制动，借力发力，主张一切从客观出发，随人则活，由己则滞。为此，太极拳特别讲究“听劲”，所谓“听劲”就是要准确地感觉判断对方来势。当对方未发动前，自己不要冒进，要用招法诱敌，探其虚实，这就是所谓的“引手”。一旦对方发动，自己要迅速抢在前面，“彼未动，己先动”，将对手引进，或者分散转移对方力量，乘虚而入，全力还击。

太极拳也比较讲究劲道，劲以曲蓄而有余，周身之劲在于整，发劲要专注一方，须认定准点，做到有的放矢。劲起于脚跟，由脚到腿，再

由腿到腰，高手再集而发之，形于手指，这一过程完整一气，不会有丝毫间断。总之，太极拳需要注意引进落空、借力打人，周身须完整统一，动则俱动，静则俱静，劲断意不断，才能一触即发。牵引在上，运化在胸，储蓄在腿，主宰在腰，蓄而后发，其威力无穷。

天地之间，万物与机缘，无时无刻不在变化。所以只有“变”是不变的。太极拳的要旨就在于把握这种变化，所以其含有的智慧何止万千。动静开合，刚柔快慢，上下左右，顺逆缠绕，虚虚实实，这就是太极拳。从外形上看太极柔弱不堪，而且动作缓慢，但是这正是克敌制胜的亮点。人们常说以柔克刚，以静制动，太极拳的精要即如此。生活中许多人当遭遇对手或适逢困难时，沉不住气，不是硬碰硬玩“七伤拳”，便是未战先输，走为上，这两者皆不可取。真正高明的做法，就是勇敢面对、以柔克刚，在不让自己受伤的基础上用各种办法让对手败退，而太极的拳理正是最好的参考。

▷ 对应来势，借力打力——八卦拳

八卦掌又称游身八卦掌、八卦连环掌，是一种以掌法变换和行步走转为主的拳术。由于它运动时纵横交错，分为四正四隅八个方位，与《周易》八卦图中的卦象相似，故名八卦掌。

八卦掌是我国流传很广的拳种，是武当内家拳三大名拳之一，也是道家养生、健身、防身阴阳掌的一种体现。八卦掌以八大桩法为转掌功，集八大圈手于一体，加上精致的摆、扣、顺步法，使得八卦掌本身灵动扎实。它以绕圈走转为基本运动路线，在走转中全身一致，步似行云流水，走如游龙，翻转似鹰。手法主要有：穿、插、劈、撩、横、撞、扣、翻、托等。

八卦掌的特点是身捷步灵，随走随变，与对方交手时身体起伏拧转，敏捷多变。拳谚说它“形如游龙，视若猿守，坐如虎踞，转似鹰盘”。其基本功以桩步、行步为基础。除此之外，身形、步伐、身法等都有严格的要求。比如八卦掌要求练者在不断走圈中，改变敌我之间的距离及方向，避正击斜，伺机进攻。

八卦掌以掌代拳，步走圆形，突破了以拳为主、步走直线的传统拳法，为中国武术开辟了一方新天地。灵活的步法和身法，常常能使对手感到眼花缭乱。用这样的功夫来应敌，避实击虚，手打肩撞，随意而为之，威力无穷。

八卦掌有单练、对练和散打等形式。根据老拳谱记载，八卦掌拳系还有十八趟罗汉手、七十二暗脚、七十二截腿，只是目前很少有人传习。八卦掌的所有器械，有刀、枪、剑、戟等，练法仍体现随走随变、械随身走、身随步换、势势相连的特点。另外，还有鸳鸯钺、鸡爪锐、风火轮、判官笔等短小的双器械，这在其他拳种中较为少见。

笔间波澜

八卦掌的显著特点在于它的掌法变换和行步走转。无论是步法还是掌法都变化多端。其实说白了这种功夫的特点就是灵活，于敌未防处而攻之，以敌出击处而防之。多样的手法，配合灵活的步子，使得在运用八卦掌的时候可以随机应变。当然，不仅八卦掌，其实所有的功夫都讲究灵活。毋庸置疑，人生如技击，如果势均力敌，死板的一方必然会溃败。灵活的人知道找通向目的地的捷径，在这样一个讲究效率的时代，这一点显然很重要。灵活处世，本分做人，这不矛盾。

舍己从人，形成强大合力——形意拳

形意拳发源于山西太谷，它与太极拳、八卦掌一起被认为是我国三大著名的内家拳，同时还是“中国四大名拳”之一。与太极八卦不同，形意拳的风格是硬打硬进，电闪雷鸣，在内家拳中算是比较独树一帜。

相传，形意拳出现于明末清初，为山西蒲州人姬际可（字龙峰）所创。时值天下大乱，姬际可考虑到处于乱世可执枪护身，倘若处于太平之世，不带兵刃，一旦遇到不测，将何以自卫？于是他变枪为拳，取“以意为始，以形为终”之义，创编出迅猛雄悍的形意拳。

“有内无外不成拳，有外无内难成术”，形意，顾名思义，就是外形与内意的高度统一和结合。因此形意拳在动作上，讲究中正不倚，打法上可刚可柔，不同体质的人都可练习。形意拳总体上的特点是拳势恢弘，劲力刚猛，实战性强。

形意拳基本属于象形拳，它的主要套路多是模仿一些动物的动作，然后“象形而取意”，一般模仿对象有虎、猴、马、鸡、鹞、燕、蛇、鹰、熊等。在流派分布上，山西、河北两派多用拳掌，河南派更注意发挥中节、根节的作用，多以肘膝和肩胯击敌。山西地区练法，拳势紧凑、劲力精巧；河南地区练法，拳势勇猛、气势雄厚；河北一带练法，拳势舒展，稳健扎实。当年形意拳宗师郭云深曾创下“半步崩拳打天下”的武林佳话。

形意拳古朴、纯厚、富于攻击性。其外形不拘一格，打法变化多端。在打拳过程中，重点突出所学动物的进攻技巧，不求形象但求意真，技击技法讲究金、木、水、火、土的内涵。由于形意拳注重实战，打法凶狠，所以尤其适合战场作战，在群殴中以一敌十的威力也不可小觑。

笔间波澜

如果说太极拳看上去像一个深藏不露的英俊小生，那么形意拳则像是威猛凶悍的精壮汉子，它显现出来的暴力美让人叹服。而形意拳的实战性得益于拳师们对动物的模仿，无论是老虎追猎的有力前扑，还是猴子摘桃的迅捷手法，形意拳都学而用之。它将众多动物的长处学而取意，加之人力的爆发，发挥出了强大的威力。这里面体现出的“取人之长，为我所用”的思想，值得我们现代的人学习。因为每个人都有各自的特点，都有自己的比较优势。我们要发挥最大的力量，就要让每个人发挥他们的长处，即比较优势。

▷ 乘胜追击，让对手防不胜防——戳脚

戳脚是一种以腿脚功夫为主的拳术，相传起源于宋代，有“北腿之杰”之称。《水浒传》里武松醉打蒋门神，便使用了戳脚里的玉环步、鸳鸯脚。近代戳脚流传于河北肃宁，有一种说法认为是由武术大师冯克善所创。另说，太平天国时，太平军战将赵灿益隐居河北后将戳脚、翻子拳传给当地群众，遂流传于世。

戳脚以腿见长，主要腿法有踢、撩、飘、点等。它十分强调手脚并用的技击方法，在身法上要求中正、灵活，腰部用力猛烈，肩胯作为辅助。出手劲道由脊背而发，出脚劲道从臀部输出，二者常与地趟动作相配合。拳法有“八根”、“九枝”两派。“八根”多下盘腿法，“九枝”多上盘腿法。一步一腿，一步一脚，连环踢打，手脚并用。

戳脚分文、武两种趟子，武趟子是戳脚的本源，文趟子是其发展变化。武趟子舒展大方，矫捷刚健，放长击远，刚柔兼施，以刚为主。传统的武趟子套路也叫“九转连环鸳鸯脚”。一共9路，各路可互接互换练习，故称“九转”；每路的腿法都是一步一脚，环环相套，连连发出，故称“连环”；其腿、脚连环出击，成双配偶，左右互换，故称“鸳鸯脚”。文趟子发劲柔中寓刚，架小紧凑，灵活善变，绵里藏针。传统的文趟子套路叫“八根”。其战术讲究一步一脚，出其不意，诱敌深入，后发制人，下肢发脚，动作迅捷，似踢非踢，声东击西。东北一带还流传一种东北戳脚，腿法独特，技击性强，是胡奉三所创。

戳脚功夫的特点在于其击打的连续性，目标精准，用力一气呵成，连环踢打，让人防不胜防。被攻击的人，刚受了一脚，第二脚就已经过来了，如此往复，来势凶猛，不好承接。其实什么都是一样，就怕连续，就怕积累。一两脚接住没问题，接三四脚就没有力量了。水一点一点地上涨，那水坝就有溃塌的可能。人们常常说某人不自量力，喜欢用蚍蜉撼大树这个词。但是只要足够多的蚍蜉，一起来“撼”大树，树焉有不倒之理？所以说不要小看微小的动作，积累起来就是很大的力量。

▷ 及时沟通，避免信息不对等——潭腿

中国武术有“南拳北腿”之称，“北腿”则以潭腿等为代表。其名称来源有几种说法：一说此拳法注重腿法，发腿疾速，以大腿带小腿，集力于足，突发迅击，快速伸屈，弹如弹丸，故名弹腿。一说此拳起源于河南潭家沟或山东龙潭寺，两地均有“潭”字，故名。后来，潭腿传于回族，所以在回族中有“教门弹腿”、“回门秘拳”之说。

日出于泰山之巅，空旷间，大开大合，蹿纵跳跃，舒展大方，这也可以看作是潭腿的风格。潭腿是以腿功见长，拳势古朴，功架完整，刚劲有力，节奏明快，意气相合，精神饱满，动作精悍，配合协调。步型多弓步、马步，腿法多弹踢。弹腿技击讲究上下盘同步出击，迅捷无比，令对手防不胜防。下盘发招讲究腿三寸不过膝，上盘进击以劈砸招数最多，力度大，拳势猛。套路有十路弹腿、十二路弹腿、六路弹腿、十八趟砸拳等，除此之外，还有各种器械和对练等。潭腿有各种流派，如临清潭腿、少林潭腿、精武潭腿、教门弹腿、通备弹腿等。

临清潭腿为五代后周龙潭寺昆仑大师所创，其有十路拳；少林潭腿

是明朝正德年间，河南嵩山少林寺相济禅师和山东临清龙潭寺跃空大师将少林的罗汉拳与临清潭腿结合所创，共十二路；其余如精武潭腿、通备潭腿等，都是分十路或者十二路，可见其传统和渊源。这些流派名目不同，且各有特点，但功夫精髓不变。

月悬于小桥之上，竹林间，短桥寸劲，阔幅沉马，迅疾紧凑，这是南派武术的风格。这与南方人的个性和身体特征比较相符，细腻、婉约，健硕、精干。而北派的武术风格则与南派大不一样，舒展大方，大开大合，符合北方人的特征，粗犷、豪爽，高大、彪悍。比起南派的含蓄，北派更显真性情。从现实的角度讲，落落大方的北派风格，在生活压力日益加大的今天，是值得提倡的一种处世法则。它规避了由于含蓄而导致的信息不对称，使得人与人之间能够敞开胸怀充分交流，这无论从沟通还是从合作方面来讲，都节省了成本。

▷ 结合自身和他人的力量，顺势而为——刀法

刀为“百兵之胆”，是中华武术中最重要的器械之一，也是中华武术中的珍品。刀的种类、形式甚多，各门各派练法也不同。自古至今，练武术的人用刀的最多，也总结了许多刀法套路，形成了许多刀法派别。

武术里的刀法，除了具有实战性的刀法外，就是器械套路，器械套路不仅具有气势庞大的观赏性，也有一定的实战性。在器械套路方面，现存的主要刀法派别有：日月乾坤刀、少林双刀十八滚、太极刀、梅花刀八门、金锁刀、八卦刀等。

使用的刀种轻重、柔韧各有不同，而且刀法也不一样，有的偏轻灵，有的偏凝重，有的偏精准，有的偏凶猛。但是不管怎样，不同门派

的刀法虽各有特点，但总结起来也有共同点：一是沉猛的刀招，与剑相比，刀法大开大合，变化较少而威力不减，凭借刀自身的力量，和人力的劲道，顺势使之，威力无穷。二是凶猛的刀招都带有相应的步法，在刀法中步法极为重要，常常起辅助攻击和保持身体平衡的作用。

刀法经过岁月的淘洗之后，依然散发出耀眼的光芒。今天，虽然早已不是冷兵器时代，但是在传统武术之林里，依然可以看见刀的身影。

武术中的刀法，暗藏力道于大开大合之间，其锋芒不可阻挡，其劲势不可硬拦。手起处，刀光寒闪，危急已至，凶险万分。比起剑法的轻灵巧妙，刀法的风格则比较凝重，如果说剑法的曼舞轻点，恍若一个翩翩少女的话，那刀法的暗沉劲道，则仿佛一个不死金刚。刀法的性格里没有细腻，只有狂放和豪爽。狂放和豪爽有时会因为太直接而不能被人们接受，但是有这种性格的人一般比较可爱，没有太多绕人的花花肠子，虽然粗鲁，但是率真，虽然狂放，但是真诚。比起那些自诩君子的人们，他们少了一分虚伪。什么是君子，虚伪的不是君子，那是伪君子。所以看一个人不要看他的外表，而要看他的内心，不要因为表面的狂放粗俗而否定一个人，也许在那些你所不屑一顾的外表之下，是一颗真挚的心。

▷ 稳而不死，活而不滑——枪法

枪，乃“百兵之王”，刚猛无比，气势如虹。

长枪的发展历史悠久，在遥远的车战时代，除了弓箭之外，双方交战最常用的就是长矛，后来渐渐演化成了长枪。不过当时只是用长枪互相乱刺，并无章法。

枪从晋代开始逐渐流行，当时所用的多为青铜矛头，唐代善枪者甚多，宋代以后，矛基本上就被枪代替了，而且宋代枪法也逐渐成熟，当时有十八种宋代长杆铁枪，如捣环子枪、单勾枪、马突枪、拐枪、拐突枪、双钩枪、锥枪等。南宋抗金名将岳飞极善使枪，至今尚有岳家枪法。明代是武术发展和分支的盛期，所以枪术在这个阶段，理论和技术都有明显的提高，各家枪法竞相争艳。

著名的实枪流派很多，比如岳家枪、六合枪、八马家枪、罗家枪、杨家枪、沙家枪、母枪、子龙枪、大犁花枪等，各有精研，各有所长。但基本枪术技法还是比较一致的。枪法主要以拦、拿、扎为主，此外还有点、崩、挑、拨、缠、舞花等法。当然还有比较花式的枪法，如挑枪、拨枪、带枪、圈枪、穿梭枪、劈枪、崩枪、拉枪、架枪、扑枪、点枪等。

具体说，枪法一般要注意很多，如持枪要稳要活，稳而不死，活而不滑。持枪讲究顶平、肩平、脚平、枪平四平。根不离腰，鼻尖、枪尖、脚尖三尖相对。扎枪要直出直入，须平正灵活迅速，力从腰腱发劲从枪尖出，其势如潜龙出入。扎枪又分为上平、中平和下平，以中枪为法，并有“中平枪、枪中王，当中一点最难挡”的说法。从武术招式上讲，枪长短能兼用，不论虚实都可尽其锐利，进不可挡，速不能及，最著名的要数杨氏梨花枪法。

笔间波澜

俗话说：枪扎一条线，棍打一大片。棍无尖，杀伤敌人靠的是棍端抽打。枪有尖，杀伤敌人靠的是枪尖刺扎。因此枪法中有棍法中的影子，而棍法却没有枪法的锋芒。“百兵之王”的优势便从这里显现出来了。棍法的抽打因无锐气之锋，而显得下手含混，有点类似寻常人的不露锋芒。枪法则不一样，因为有了金属枪头，而浑身散发着锋锐，这和那些敢爱敢恨的人类似，刚气外秀。枪法有棍法的影子，就像一些人有着天然的善良，而枪法又有棍法没有的锐利，当路遇不平或是其他情况需要出手时，则毕露锋芒。作为一个堂堂正正的人，本分生活自然让人赞叹，但是更让人钦佩的，就是这种该出手时便出手的豪情，让人明了什么是英雄本色。

▷ 精准迅猛，迅速瞄准要害——戟术

戟是将戈和矛结合在一起，具有钩啄和刺击双重功能的格斗兵器，杀伤力比戈和矛都要强。戟在商代即已出现，西周时也有用于作战的，但不普遍。到了春秋时期，由于戟比戈和矛更为先进，它很快成为将士们作战的格杀利器。

因为戟是在戈和矛的基础上演进而成的，所以它既有直刃又有横刃，呈“十”字或“卜”字形，卜字矛戟突出了矛的优势，刺杀有力，但钩啄易掉头。另一种以戈为主，前有援，尾有内，上有刺，下有胡，呈“十”字形。这种戟形体单薄，易脆易折，不适于实战，多属仪仗用的饰兵器。尽管卜字戟有些许缺点，但是它还是作战的利刃，因为它具有钩、啄、刺、割等多种用途，其杀伤能力胜过戈和矛。

古代戟分马上戟、步战戟、双戟等不同用法，明清以后，同样形制的戟，各种武术流派，亦有各种不同练法。目前仍有练戟者，戟的练法与刀、枪不同，戟一般不做舞花，以剁、刺、钩、片、探、挂搒、磕为主要的招式。由于它的这种特性，戟自问世以来虽不被个人习武者常用，却深得兵家赏识，几经变迁，几番征尘，作为军队中的主要兵器，留下了血刃敌寇的战绩。

个人习武者练戟术的，一般很少有花式动作，主要是发挥其棍法的实用性和戟的钩、刺功能，习戟者主要着意的地方在进攻上，刺讲究迅猛，精准，手握戟柄既要讲究紧，又讲究灵活。钩主要在于力量的使用，一般顺势而钩，常使敌人因站不稳而摔倒。由于戟柄足够长，所以磕也是戟术的一个主要技术，用金属戟头，瞄准对方身体关键部位击打也有不可小觑的杀伤力。

与其他器械类武术不一样，戟术没有太多的花样，比如翻腾和特定的套路等，戟术最重要的就是直接、实用，该钩则钩，该刺便刺，直取要害，刹、探、挂、磕，以棍法中实用的招数为基础，以金属戟头攻击对方，使对方措手不及。在生活中，如果说你是一个普通人，你可能没有刀那种近乎天生的凝重，也没有剑那么超群灵动，你就不如老老实实地做一柄长戟：实在、实用、实际。把实用发挥到极致，同样也可以取得成功。

▷ 张弛有度，刚柔并济——剑术

剑是武术中短兵器的一种，是由古兵器演化而来。《释名·释兵》中说："剑，检也。"剑术是中华武术的重要组成部分，在中国传统武术中有着很高的地位，剑为兵器中之神，有君子之风。所谓剑术，顾名思义，即武术中用剑的技术。

在传统文化中，行侠仗义者、文雅高尚者、将军统帅多佩剑，剑自古以来就是武术文化的精髓，是衡量功夫境界高深的尺码。刀剑在古代被视为武士的灵魂与精神象征，故在所有的古武术门类中，剑术是武士必须掌握、流传也最为普及的武艺技法之一。剑术在古时又称剑法、击剑、平法、兵法等。

剑的击法有：劈、刺、点、撩、崩、截、抹、穿、挑、提、绞、扫等。武术谚语有"刀如猛虎，剑如飞风"，"刀似下山猛虎，剑如翻海蛟龙"。剑术的特点是：轻快、灵活、敏捷、潇洒、飘逸，气势连贯，步法轻快，腰似蛇行，演练起来变化多端，剑神合一，一气呵成。剑术根据练法又分为行剑、长穗剑、双剑、势剑、双手剑、反手剑等。剑术套路繁多，常见的有：自选剑术、青萍剑、武当剑、三才剑、三合剑、云龙剑、八卦剑、太极剑、螳螂剑等。剑术还有许多种套路，根据不同拳种而定。总的看来，剑术一般快捷凶猛，刚柔相济，潇洒大方。

笔间波澜

刀剑有别，有刀的沉稳凝重，便有剑的轻灵洒脱。有时候，人们觉得唯有凝重，才让人觉得实在，否则表现得洒脱就有可能被讥为轻浮。但是现代人背负有太多的压力，除了那种天生就像即将老去那样成熟的人能够时刻如刀一样沉稳，多数人其实需要放松一点，而像剑一样轻灵。生活中有太多的事情要面对，好的、坏的、让人兴奋的、令人委屈的，这些我们都要承受。但是如同水库需要泄洪，我们也要释放压力，要不然滔水般的压力让人无法承受的时候，我们是否还可以挺过去？那太难。生活之美在于张弛有度，因此人们应该学会放松，以迎接下一个挑战。

▷ 闹中守静，不囿于眼前纷扰——静功

气功基本分两大类，一类以动为主，一般用柔和的运动操、按摩等方法，经常锻炼可以增强体质。另一类以静为主，静立、静坐或静卧，使精神集中，并且用特殊的方式进行呼吸，增强循环、消化等系统的功能。

静功是气功除了动功之外的又一类修行功夫。在古代，静功不称为静功，在道家，一般把静功称为服气、炼丹、修道、养气、练气等；而在佛家，静功则一般叫坐禅。二者都是运用精神内守和调整呼吸的方法，着重练身体内部，所以也称为内气功。

静功认为人体是一个自动平衡和稳定的系统，通过身体和精神的入静，可以让人体自动进行平衡调整。

近现代以来，武术和气功逐步分离，但是武术静功和气功静功基本

一致，都是运用静立、静坐或静卧，在精神集中的前提下，通过腹式呼吸来完成。

通常情况下，练功者用各自的办法排除多种念头，将思维集中于一念，并尽量将此一念定下来。定得好的甚至将此一念也除去了。所有这些静功，如果练得好，“定”到一定程度，就能出现“内视”、幻听、直觉等诸多现象。

静气功采取卧、坐、站等外表上静的姿势，放松入静，排除杂念，呼吸自然，主要练法有寂照法、扩容法、压气法、转圈法、聚散法等。

静功根据练法的不同也分各种派别，吐纳派强调呼吸锻炼，禅定派强调意念锻炼，要求练功者思想内敛，静坐凝心，一般采取一些不复杂的方法来集中意念，一般的静坐均属这一派；存想派也强调意念锻炼为主，但要求用一种想象幻视到某种事物；周天派强调在思想内敛的基础上意气相依，推动内气感觉沿自己体内的任、督脉等经络路线周流，也称为内丹派等。总而言之，都是通过周身的运气而达到入静的目的。

放松入静，排除杂念，呼吸自然，一切的一切主要是为了让一个人变得安静，变得能感觉到自己的存在，然后一直变到忘我之境。从传统理论来看，静功可以让一个人的身体保持内外的平衡。不过从个人修为方面来看，静功倒不失为提升自己灵魂境界的一种方法。一个人能在嘈杂中感到宁静，是高境界，不容易。但是一个人在宁静中能体验奔腾，倒是更高的境界了。因为外物的嘈杂难敌内心的安宁，但是环境的安宁却不容易让人兴奋。当人们被静谧所吞没的时候，是兴奋不起来的，因此在宁静中让自己的内心变得活力四射就显得更难得。

▷ 修己以清心为要，涉世以慎言为先——动功

“动功”统摄于气功疗法中，是气功的一个分支，它是相对于“静功”而言的。理论上动静两者不能分割，统一了它们的关系，才能达到“由动入静”。但是实际练习中又要分开而练，才能显示出“动”、“静”的作用不同。这种理论就是所谓“动静相因”、“表理相循”。根据这种理论，动功是静功的基础，也是练功夫的入门正路。因此丹道家对于练气功夫，订立了一个“动静两骸”的总原则，创造了一套“由动入静”、“以静制动”、“用柔济刚”、“行气导脉”，非常精致的动功方法，以达到有病治病，无病强身，所谓祛病延年、治疗保健的宗旨。

动功的方式，各宗各派，各个不同，精粗有别，互有短长。然而，它们有完全相通的方法、一致的要点。动功讲究“柔道”，要求全身的筋骨、皮肉全部放松，不可带一点儿硬性和使用一丝的气力。然后气沉丹田，下盘要稳，整个运气过程要缓慢平和。其次，呼吸要讲究柔软，延绵不绝。最重要的是动功的柔，也在于动作的缓慢和细致，要能够感觉什么是“蛇行”和“涌动”。让人在这个过程中，体验自然和人自己本身，以达到内外一致的境界。

除了讲究“柔道”，动功还注重阴阳气脉的交变和五脏六腑的分经运气。在一个动作之中，这些主要部分都要发生一定的气脉变化，表现于运行的迟速，流注的多寡，阴阳的变换，经络的交会。初步练功的人，一般对于真气运行的体会，都自觉酸、麻、胀、疼、寒、热等“动触”现象。功夫慢慢进步了，自觉的滋味也随之而发展。从前的酸、麻、胀、疼，一变而为轻松舒适，神清气爽，所谓如饮醍醐，如灌甘露。即使在工作疲劳之后，专心练一套动功，疲劳反而会消失，精神恢复之外，还会增长。

如此反复用心研习，不论外界是什么状态，我自柔然应付，自信从容。时日一长，勤加演练，不论练哪一派的动功，都会练到很高的境界，所谓外练筋、骨、皮，坚如金刚，柔似止水，外邪不侵，疾病不

生。如果练得炉火纯青，全身气脉了如指掌，动念即动，止念即止，打下了静功的基础，就是上了“由动归静”的正确道路，一旦打坐去练静功，顺理成章，即可走向气功的另一重境界。

笔间波澜

“动功”的精髓在于把握“柔道”，所谓柔道，简言之就是虽然是动功，但是不是让人们胡乱伸胳膊踢腿，而是让人们用心去感受动作的缓缓流动，去体察身体的细微变化。气功疗法的入门，就在于人们在舒缓的动作中，体味身心的统一，感悟内外的一致，用术语说就是要使气脉交汇、阴阳和合，进而入静功的门道。如果单纯从艺术的角度来理解，动功就是让一个人锻炼在嘈杂中感悟宁静的能力。而这门“功夫”，何止是练气功需要，生活在高楼林立、车水马龙的城市里的每一个人都需要这样的“功夫”，因为我们生活的环境实在不容乐观，怎么办？除了逃离，去寻找自己的世外桃源，另一个更加高明的办法就是学习这门“动功”，在嘈杂中感悟宁静。让自己的心灵在沉思中入定，忘记周遭的嘈杂。

▷ 从最难的开始做起——轻功

轻功，在武侠小说中被赋予了浪漫色彩，几乎成了飞的代名词。并且因为小说的巨大影响力，而使轻功即便是在现实中，也被涂上了不少神秘色彩。

在传统武功中，轻功占有极其重要的地位。古时练武之人，不论习哪家哪派的功夫，都极重视身法的轻灵，若动作呆滞，则不仅难以制人反易为人所制。故习武者，多兼习轻功。

轻功跟寻常的跳高不一样，不需要奔跑，只需两足一蹬，即可起高和跃远，其起如飞燕掠空，其落如蜻蜓点水，着瓦不响，落地无声。轻功与现代体育运动中跳高、跳远的不同，就在它“轻”和“稳”的特点。能“轻”和“稳”，全赖浮劲在身。

古传内家轻功，以趺坐练气，或早或晚行功，能将气自由提起与沉着，数年之后能起数丈之高，身轻如羽，墙壁可走，水面可行。

内家轻功以吐纳打坐，练气行功，其理玄妙，除有恒心苦练外，尚需有较高的悟性。除内家轻功外，古时习武之人练的轻功虽方法各异，但归结起来，不外乎顶功和铁锡碑两种。顶功，即垂手直立，用脚前掌向上跳，此练弹劲，不可屈膝，不可用拙力，多练则可增身体的汲取功，把体重提向顶部，不使下沉。所谓铁锡碑，即用锡瓦铁衣附于身上，按一整套的程序练功。这种轻功练法，必须先在体重之外又加上各种重物往返，这样一开始就感到很沉重，但经过刻苦锻炼，就会逐渐适应而不觉沉重。一旦去掉附加的身外重物，自然就顿感十分轻松，行走奔跳也会非常舒适和迅疾。轻功练成之后，蹿上纵下如落叶，在平地行走，则步履轻疾，不扬微尘。

其实，关于世界上有没有轻功的问题，人们多有激辩，但是鲜有结果，倾向于有的人，往往拿不出有力的证据来证明，仅仅是口头传诵一些故事，让人不得不怀疑其真实性，当代的人则更倾向于没有轻功。若是硬要说有轻功，那可能就是所谓的身体敏捷吧，在长时间的训练之下，很多人飞檐走壁、高跳翻墙倒也不是不可能。

从科学的角度讲，轻功不可能像武侠小说里描写的那样玄乎，但是飞檐走壁、高跳翻墙的本事对于那些练过功夫的人是有可能做到的。其实，武术的本质，在于对自己身体能量的开发。所谓的轻功正是身体能量在短时间内的爆发。这一点类似于人的发展，你只有足够努力，足够刻苦，才能学到真本事，发挥出自己巨大的潜能来。换句话说，你的一生其实也是在学习功夫，只不过你学的不是拳打脚踢的功夫，而是生存能力。

▷ 光鲜背后是艰辛的付出——铁砂掌

铁砂掌又名黑沙手，为硬功外壮，属阳刚之劲。顾名思义，铁砂掌是用铁砂练出来的掌功，属于硬气功范畴，是少林寺武僧经常练习的重要功夫。

其实，在中国大地上流传的数百个武术门派中，大多都有自己门派的铁砂掌功夫，虽然名目繁多，但练法大同小异，基本上都有一定的规律可循。总起来说，铁砂掌就是用铁砂、药料作为练功辅助物，通过特定的练功方法修炼出来的一种兼具攻击、防守的掌上硬功夫，修炼日久，具有开砖裂石之功。当然现在这门功夫多被用在表演上。

一般人总认为只有外家门派才有铁砂掌功法，实际上不是这样的，不少内家门派也有这种掌法，比如形意拳、八卦掌等派也都有此掌法流传。可见铁砂掌也是一种基础功夫。事实上，不论修炼外家还是内家拳术，练习铁砂掌之类的功夫，对技击水平的提高也是很有好处的。

练习铁砂掌要注意运气。一般要做到："气自丹田吐，全力注掌心。按实始用力，吐气须开声。"技击动作发出前各关节要放松，待出击时突然伸直，劲达掌心，同时开声一喊，气势上先要压倒对方，令敌人心神猝然一惊，则掌力正至妙处。

至于铁砂，以少林为例，少林功夫中的铁砂掌，是用铁砂和药物配合而操练的，练至掌部坚硬如铁，臂长力增，重伤对方皮肉筋骨。功力深者可以碎砖断石。经过练习铁砂掌功夫，可使掌部的锻炼处表皮增厚，筋骨及表皮组织对外界环境的适应能力大大提高，腕指关节灵活，肌肉韧带的力量增强。

不过特别需要说明的是：练铁砂掌必须靠药物作保护来辅助行功。否则，不用解毒、消肿、止痛之类药物练功的话，毒气就会深入机体，对健康不利。

如同我们看惯了舞台上演员们的光鲜，却看不见他们为此在背后艰辛的付出一样，我们也惊叹于铁砂掌的神奇，却不知道练功者为此曾伤筋动骨，流血不止。每一个可上得台面的人，必定付出了比常人更多的努力。实际上生活中的事情无一不是如此。上天是公平的，你付出得多，得到的回报自然也就可观。“宝剑锋从磨砺出，梅花香自苦寒来”，讲的就是这个道理。

▷ 含而不露，用气场征服众人——中华柔术

柔术是软功的一种，作为杂技家族中一个传统项目，被誉为超越极限的人体艺术，其中蕴含着中华民族对圆文化的理解。柔术正式形成于春秋战国时期，成熟于隋朝，唐朝进入宫廷。新中国成立后，周恩来总理正式将其命名为杂技柔术。柔术与中国的戏剧艺术一样，门派、品种繁多，民族文化底蕴深厚。

中华柔术以惊、险、奇、美著称于世，国内有很多的艺术团在国际上演出时，让外国人惊为天人，不少外国名家对中华柔术充满了赞叹和好奇。

中华柔术，本质上有别于瑜伽运动，不求奇巧，但求精美，举手投足之间，纤纤软体，刚柔相济，寓动于静。柔术的艺术精神也有别于舞蹈，情感不张扬于表演之中，寓意超越于形体之外，颇有点类似中国太极拳的意境，柔之浑圆之中，含蓄着力量；软而不屈，坚韧十足。险中求稳，动中求静。沉默的毅力之间，掩饰不住的智慧和超越，尽显我中华民族的精神和追求。柔术是艺术，但是体现的是阴柔之美、女性之美，所以男子不适合练柔术，这也是我们看到练柔术的几乎都是女性的原因。

柔术里复杂的动作，让人惊叹研习者身体素质的不可思议，它的确突破了常人无法想象的身体极限和障碍，在某种无法言说的感动里，我们被这种奇妙的功夫所折服。柔术与瑜伽虽然两派都自称不同于对方，不过从外形上看，其实二者也无本质上的差别，要是细细比较起来，差别可能就在于柔术似乎更强调一个人的意境吧。每每看见杂技里沉默、安静、舒缓的柔术表演，似乎都会给人一股奇妙的力量。这种力量虽不张扬，却可以让一个人变得沉稳。让人在内敛的情绪下，掌控一切，把不确定因素缩减到了最小。这其实也是做人的一种境界，大智大勇，含而不露，内敛沉着，却用智慧将矛盾消解于无形。

第十四章　阴阳五行通经络，着手妙成春

▷ 找到规律，抓住要害——针灸

针灸是中国特有、古代常用的治疗各种疾病的手法之一。针灸是一种“由外治内”的治疗方法，是通过经络、腧穴的作用，并且应用一定的手法，来治疗疾病。在临床上按中医的诊疗方法诊断出病因，找出疾病的关键，做出诊断。按照相应的穴位，进行有效治疗，使其打通堵塞经脉，调理气血，从而使阴阳平衡，协调；使脏腑功能趋于调和，从而达到防治疾病的目的。针灸疗法的特点是治病不靠吃药，在病人身体上找到特定的穴位将针刺入，即可达到刺激神经，从而引起身体的有效反应。由于针灸疗法具有独特的优势，因此具有广泛的适应证，疗效显著，操作简便易行，医疗费用经济，极少有副作用，受到人们的青睐。

针灸不仅治疗疾病效果显著，而且有很好的保健作用。在唐代，针灸保健已占有相当位置，如在《千金方》中，就论述了许多针灸方面用以保健的材料。宋代王执中著的《针灸资生经》里，记载了针灸疗法可以预防多种疾病的产生。明代医家亦倡导针灸保健，高武在《针灸聚英》里说：“无病而先针灸曰逆，逆，未至而迎之也。”逆，即防病之义。清代潘伟如在《卫生要求》一书中还阐发了针刺的保健作用，他说：“人之脏腑经络血气肌肉，日有不慎，外邪干之则病。古之人以针灸为本……所以利关节和气血，使速去邪，邪去而正自复，正复而病自愈。”至今人们生活中也经常用到针灸来治疗疾病。

笔间波澜

中餐、针灸、功夫、中药美誉海外，可称为“新四大国粹”。针灸受到如此的追捧，必然有其可取之处。针灸不需要吃药，只需找准穴位将针刺入即可达到治疗疾病的目的。小小的一根针，刺入穴位，就可以使全身动起，从而达到治百病的目的。从中看出找准穴位是治疗疾病的关键所在，我们做事也应该遵循抓关键、看准事情的主要方面，从而找出解决问题的最好方法。做事要抓住要害，才会达到事半功倍的效果。

▷ 窥一斑而见全豹——脉诊

脉诊是最具中医特色的征象，在我国历史悠久，它是我国古代医学家在长期医疗实践中总结出来的。《史记》中记载了春秋战国时期的名医扁鹊，他就是以精于望、闻、问、切的方法特别是以脉诊而著名的。脉诊是通过按触人体不同部位的脉搏，以体察脉象变化的切诊方法。又称切脉、诊脉、按脉、持脉。脉，指脉道。其实脉不单是血液汇聚的地方，也是气血运行的道路。

由于脉诊在中医诊断学中独特的地位和作用，历代医家对脉诊均十分重视。脉诊是临床诊断疾病的重要手段之一，通过切脉可以了解病的属性是寒还是热，机体正气是盛还是衰，来测知病的成因及病的位置，从而对症下药，根治疾病。正如《内经·灵枢经·经脉》所说：“经脉者，所以能决生死处百病，调虚实，不可不通。”脉诊可以判断病人的生死，还可以处理百病，调理虚实。从脉象的权衡规矩，可以识别疾病所主的脏腑；从病人的脉象去辨别浮沉滑涩，可以知道疾病产生的原因。这是从把人体看成一个整体的观点出发的，而这种整体观点又是以经络学说作为基础的。中医认为经络是人体气血运行的通路，它内通脏腑，外连四肢肌肉骨节，使全身形成一个整体。脉是整体中的一个部分，因此从脉象的变化可以测知病理。所谓“有诸内，必形诸外”，就是说，外部表现是通过人体内部的变化传达出来的。

与西医依靠医疗器械检查不一样，中医查找病因最重要的手段就是望、闻、问、切，这四大“法宝”里，切脉脉诊是最精要的部分。而脉诊的精髓就在于通过对表象（心脏跳动）的感知，来推导判断身体内部是否异常。这种“窥一斑而见全豹”的智慧，在中医里屡见不鲜。实际上生活中很多时候我们也难以一下认知事物的本质，我们直接看见的那些东西都是表面现象，你怎样在这样一个环境里游刃有余，就需要你通过对现象的观察逐渐了解到事物本质，这其实也是一个脉诊的过程，只不过这里的脉，并不是心跳，而是各种不同的现象。

▷ 以食而疗，治理于根本——食疗

食疗又称食治，利用食物来影响机体各方面的功能，使其获得健康或预防疾病的一种方法。食疗由来已久，在隋唐时期已经有很多关于食疗的专著了，例如，孙思邈的《千金方》记载“为医者，当晓病源，知其所犯，以食治治之，食疗不愈，然后命药”，体现了“药治不如食治”的原则。元代饮膳太医忽思慧的《饮膳正要》一书，继承食、养、医结合的传统，对如何健康饮食做了很多的阐述。

人们通常认为，食物是为人体提供生长发育和健康生存所需的各种营养素的可食性物质。也就是说，食物最主要的是营养作用。其实食物的作用不只有这些，中医很早就认识到食物不仅能起到营养的效果，而且还能疗疾祛病。

“药疗不如食疗”的这种观点很受人青睐，因为食疗不会产生毒副作用，药物在这方面不能与之相比，长期使用药物往往会产生各种副作用或者依赖性，而且还会影响人的身体健康；而且用来药疗的这些食物都是我们日常生活中比较常见的，同时价格相对药物也很低廉，使我们在用餐中便可达到治疗疾病的目的；食物为药还具有无痛苦的优点，让人们在享受美食的过程中祛除病痛，避免了打针、吃药，甚至手术之苦。食疗确实对防病治病有很好的功效，有不同于药物治疗的优点。食疗文化源远流长，食疗是一种长远的养生行为。食疗有很好的治疗疾病的作用，但是不等于它就一定能包治百病，也不能因此完全代替药物治疗。

中医有一种思想叫作“上医治未病”，而食疗恰恰贯彻了这种思想，因为它讲究“药治不如食治”的原则。食疗，以食而疗之，这是从根本上增强人的身体素质，这种疗法可以从根源上预防疾病的产生，可谓是标本兼治。从源头上来治病，是中医面对疾病的态度，实际上也是理性人面对问题的态度，当某人或某事可能或已经出现问题的时候，对表象上的东西纠正和改观是应该的，但是不能仅限于此，还要认清楚问题的实质。当然如果能举一反三，意识到可能发生的问题，并防患于未然，那就更高明了。实际上中医历来都致力于此。

▷ 给情绪一个疏通口——推拿

推拿是指用手直接作用在人体上，按照人体的经络、穴位进行推、拿、提、捏、揉等，来达到治疗疾病的一种方法。推拿又被称为“按摩”，又有“按跷”、“跷引”、“案机”诸称号。它是以中医的脏腑、经络学说为理论基础，并结合西医的解剖和病理诊断，用手法作用于人体体表的特定部位以调节机体生理、病理状况，达到理疗的目的。推拿，是一种非药物的自然疗法、物理疗法，即以人疗人的方法。它的历史由来已久，于是出现了“元老医术”这个称号。推拿疗法的起源，可以追溯至远古时期。先民们在生存竞争中遇到意外损伤时，由于用手按抚体表患处而感到疼痛减轻或缓解，从而逐渐发现其特殊的治疗作用。

推拿不仅治疗疾病疗效显著，它还具有保健功能。现代医学认为，推拿手法是通过机械刺激，将机械能转化为热能的综合作用，以局部组织的温度得以提高，促使毛细血管扩张，使血液和淋巴循环得到改善，达到血液黏滞性减低，降低周围血管阻力，减轻心脏负担，因此可预防心血管疾病的发生。

体内的疾病可以通过推拿的方法得以改善。不仅仅身体需要推拿梳理，人在生活中的不畅快也要时常进行梳理。成为一个快乐的人是每个人的心愿，而生活中经常会发生不愉快的事情，使我们怎么也快乐不起来。正因为有了这些不愉快，我们才愈加感受到了快乐的异常珍贵，因此在我们感谢快乐的同时，也要感谢不愉快，是它教会了我们如何成长。不要遇到不愉快就懊恼、埋怨、谴责，这样不愉快之外又多了许多的烦恼，也就是自寻烦恼。现代人生活在一定的压力之下，例如婚姻、恋爱、失业、升职等问题困扰着我们。在自己不开心的时候去找朋友、亲人聊天，把心中的烦恼说出来，你会感觉轻松许多。所以有烦恼就应该发泄出来，同时要正视它，并且在内心真正接纳烦恼，这样我们才不至于自寻烦恼，才能心态平和，过好生命中的每一天。

▷ 积跬步，至千里——足疗

由于人们的健康与保健意识在逐渐增强，出现了一个新名词——足疗。足疗是根据中医原理，以检查、治疗和保健为一体的无创伤自然疗法。足疗是一种非药物疗法，通过对足部反射区的刺激，调整人体生理机能，提高并且增强免疫系统功能，达到预防疾病、治疗疾病、强身保健的目的。

通常称人有四根，即鼻根、乳根、耳根、足根。鼻、耳、乳是精气的凝聚点，脚才是精气总的集合点、交汇点。人们通常认为足部是人体的第二心脏，足部在人体中距心脏最远，如果足部末梢循环产生障碍，很容易导致血液循环不畅，进而导致新陈代谢不畅、全身组织器官功能下降。足部是人体健康状况的晴雨表。

足疗中的足浴有温水足浴、药物外治及足反射区刺激三种作用，它们可以互相作用。药物趁热易于从皮肤、腧和呼吸道吸收，易于发挥药物的治疗作用。足浴可视为内病外治的疗法。药浴时借助药力和热力相互作用，疏通经络，调理气血，达到祛除疾病的目的。

足底按摩疗法是通过对人体各脏器在足部相对应的反射区进行手法刺激的一种疗法。进行足部按摩，可使足部的血液循环顺畅，促进全身血液循环，加速机体新陈代谢、补充营养，使你的机体健康、正常地运转。如果说“手”为我们创造了一切，那么，“足”使这一切成为现实与可能！常言道，千里之行始于足下。随着现代社会竞争压力的日渐增强，足疗概念的提出与传播就显得尤其适时与重要。健康就是财富，健康更需要一点一滴的重视与积累！

笔间波澜

人有脚，犹如树有根。脚是人的根本，所以足疗实际上就是为了养精固本。脚健康，身体也就会变得轻松。脚的重要不言而喻。当然这是从生理上讲。其实做任何事情都一样，都得从脚开始，“千里之行，始于足下”。古往今来，在事业上取得伟大成就的人比比皆是。他们取得的成就和荣誉令人敬佩、羡慕。由于每个人的理想不尽相同，有的远大，有的现实，作为一个有志者，应该牢记这句名言：千里之行，始于足下。走一千里路，是从迈第一步开始的。万事的成功，都是从小到大逐渐积累发展起来的。“不积跬步，无以至千里；不积小流，无以成江海。”一个人无论有多么远大的理想，要建功立业，都必须从小处做起，从平凡处做起。

▷ 汇集众力，则无敌于天下——药膳

所谓药膳就是以药物和食物作为基本原料，通过烹饪形式加工制成一种具有食疗作用的膳食。它是运用中国传统的医学知识与烹调经验相结合而产生的。“寓医于食”，它既将药物作为食物，又将食物赋以药用，药借食力，食助药威；不仅具有较高的营养价值，而且可以起到防病治病、保健强身、延年益寿的作用。

药膳既不同于中药方剂，又有别于普通的饮食，是一种兼有药物功效和食品味美的特殊膳食。食用者不仅得到美食享受，而且可以在享受中，使其身体得到有效的滋补，使疾病得到很好的治疗。中国传统药膳的制作和应用，既是一门科学，又是一门艺术。

《内经》提出，“药以祛之，食以随之”。古代医家主张在病邪炽盛阶段依靠药物，一旦病邪已衰，在用药治疗的同时，饮食营养亦须及时给予保证，以恢复正气，增强人体抗病能力。

几千年来，中国传统医学一直十分重视饮食调养与健康长寿的关系，中医学在长期的医疗实践中积累了宝贵的药膳食疗保健经验，形成了独特的理论体系，因而药膳学是中医学的重要组成部分。

药膳需要多种食物和药物在一起烹调然后食用，才能发挥其巨大的作用。各种药物之间和食物本身的相生相克，互助互补实际上能体现一种合作精神。能用众力，则无敌于天下矣；能用众智，则无畏于圣人矣。单丝不成线，独木不成林。合作可以调动每个成员的所有资源和聪

明才智。如果合作是出于自觉自愿的，它将会产生一股强大而且持久的力量。因此要想激发团队的合作精神，前提条件是要先组织一个好的团队。这个团队绝对不是凑合在一起的乌合之众，而是为实现一个共同的目标，按照必备的条件，经过严格的挑选和周密部署而组织起来的精干的团体。所以，了解团队每个成员的特点，发挥每个人的智慧，乃是激发团队合作精神的关键和重点。

▷ 拔出毒性，发泄情绪——拔火罐

拔火罐是一种物理疗法，而物理疗法中最优秀的疗法之一。拔火罐疗法又称“角法”，古时候对外科痈肿的治疗，起初并不是用罐，而是用磨有小孔的牛角筒，罩在患部排吸脓血，因此有些古籍中又为其取名为“角法”。后来，牛角筒逐渐被竹罐、陶罐、玻璃罐所取代。

拔火罐通过物理的刺激和负压人为造成毛细血管破裂瘀血，调动人体干细胞修复功能，以及坏死血细胞吸收功能，这样能够促进血液循环，滋养精气，调理气血，起到提高和增强人体免疫力的作用。虽然拔火罐和针灸都是物理疗法，但拔火罐不像针灸那样对穴位定位要求十分准确，拔火罐主要是以点、线、面相结合，通过中医的寒、热、虚、实辨证，选择一些经络所经过的部位或经气聚集的部位。

拔火罐是一种充血疗法。它是利用热力作用排出罐内空气，从而产生负压，这样会使罐紧吸在施治部位，造成一种充血现象，从而起到治疗的作用。因为这种方法简便易行，而且效果非常明显，所以在民间经过历朝历代而不衰，沿袭至今，就连一些外国人也颇感兴趣。

拔火罐还可以起到保健和医疗的作用，通过后背排罐，尤其是顺着夹脊、督脉和经络排罐，可以起到调理五脏六腑、强身健体的作用。

拔火罐是把体内的毒拔出来，逐寒祛湿、疏通经络、祛除瘀滞、行气活血、消肿止痛、拔毒泻热，具有调整人体的阴阳平衡、解除疲劳、增强体质的功能，从而达到扶正祛邪、治愈疾病的目的。没有疾病的困扰，身体自然舒畅起来。其实人的心情也需要调节，在心情不好时就要发泄出来，不能憋在心中。在生活中，人们总会遇到令人烦恼、愤恨甚至悲伤的事情，从而产生不良情绪，久而久之，身心会产生疾病，此时应该控制自己的不良情绪，进行有效的调节，把愤懑的事情坦率地说出来，以消怒气，或者面对着沙包、人头像猛击几拳，这样可达到松弛神经的目的。

▷ 深层挖掘，透过现象看本质——刮痧

刮痧，是传统的自然疗法之一，历史悠久。它是以中医皮部理论为基础，用器具，例如牛角、玉石、火罐等，在皮肤相应的部位进行刮拭，从而达到疏通经络、活血化瘀的功效。刮痧，就是凭借刮痧器具，对经络穴位进行刮拭，通过这种良性的刺激，可以充分发挥营卫之气的作用，使经络穴位处实现充血，促进局部的微循环，起到祛除邪气、疏通经络、舒筋理气、祛风散寒、清热除湿、活血化瘀、消肿止痛的作用，以增强机体自身潜在的抗病能力，同时可以增强免疫机能，达到扶正祛邪、防病治病的功效。

刮痧疗法发展至今已经成为一种适应多病种的治疗，而且受到肯定和广泛应用的自然疗法。刮痧可以起到扩张毛细血管，增加汗腺分泌，促进血液循环的作用，对于高血压、中暑、肌肉酸疼等所致的风寒痹症都有立竿见影的功效。

刮痧疗法还具有预防保健作用，预防保健作用包括健康保健预防与疾病防变两类。刮痧疗法作用部位是体表皮肤，皮肤是机体暴露于外的最表浅部分，直接接触外界，且对外界气候等变化起适应与防卫作用。

皮肤之所以具有这些功能，主要依靠机体内卫气的作用。卫气出于上焦，由肺气推送，先循行于皮肤之中，卫气调和，则“皮肤调柔，腠理致密”。健康人经常刮痧，可起到调整经气，解除疲劳，增强免疫功能的作用。

笔间波澜

运用刮痧疗法治疗疾病，就是将刮痧器皿在人体的表皮经络穴位上进行刮治，直到刮出皮下出血凝结成像米粒样的红点为止，这时毒才会随即排出体外，从而达到治愈的目的。运用刮痧疗法治病必定对人的身体造成一定的破坏，但是却能达到治病的目的。从中看出，虽然是小小的破坏，却有大大的益处。人也一样，只有经历风雨的洗礼，才能够茁壮成长。孟子说：“天将降大任于斯人也，必先苦其心志，劳其筋骨，饿其体肤”。的确，一切成大事者无一不是经过重重的考验，才达到成功的彼岸。

[1]（汉）许慎．说文解字［M］．北京：中华书局，2013.

[2] 许长荣，石颖川．最美丽的民俗与中国文化［M］．北京：新世界出版社，2008.

[3]（清）刘树屏．澄衷蒙学堂字课图说（全四册）［M］．北京：中国文史出版社，2014.

[4] 南怀瑾．历史的经验［M］．上海：复旦大学出版社，2012.

[5] 林语堂．吾国与吾民［M］．南京：江苏文艺出版社，2010.

[6] 李逸安．三字经 百家姓 千字文 弟子规［M］．北京：中华书局，2009.

[7] 范曾．国学开讲［M］．北京：中信出版社，2014.

[8] 启功．启功谈中国名画［M］．北京：中华书局，2012.

[9] 陈静，燕泥．图说中国文化［M］．长春：吉林人民出版社，2009.

[10]（清）李渔．觉世名言［M］．西安：三秦出版社，2012.

[11] 王涵．名人名言录［M］．上海：上海人民出版社，2009.

[12] 鲁美．名人名言录——青少年成长智慧书［M］．济南：山东美术出版社，2009.

[13] 沈秀涛．国学名句故事会：庄子、老子、论语、孟子（全四册）［M］．成都：天地出版社，2009.

[14] 吴礼权．中国经典名句鉴赏［M］．长春：吉林教育出版社，2010.

［15］雅瑟，青萍．中华词源［M］．北京：新世界出版社，2011．

［16］邵珠磊．中华上下五千年［M］．北京：人民邮电出版社，2014．

［17］赵荣波．古代兵法名句赏析［M］．武汉：湖北辞书出版社，2007．

［18］魏强．诸子百家名句赏析［M］．武汉：崇文书局，2007．

［19］《国学典藏书系》丛书编委会．国学典藏书系：成语故事［M］．长春：吉林出版集团有限责任公司，2010．

［20］孙文华．中华成语千句文［M］．南昌：二十一世纪出版社，2013．